# 产业集聚、结构演化与经济绩效

于斌斌　著

中国财经出版传媒集团

经济科学出版社
Economic Science Press

图书在版编目（CIP）数据

产业集聚、结构演化与经济绩效/于斌斌著 . —北京：
经济科学出版社，2018.12
ISBN 978 - 7 - 5218 - 0115 - 6

Ⅰ.①产… Ⅱ.①于… Ⅲ.①产业结构调整 - 研究 -
中国 Ⅳ.①F269.24

中国版本图书馆 CIP 数据核字（2018）第 292201 号

责任编辑：赵　芳
责任校对：刘　昕
责任印制：邱　天

产业集聚、结构演化与经济绩效
于斌斌　著
经济科学出版社出版、发行　新华书店经销
社址：北京市海淀区阜成路甲 28 号　邮编：100142
总编部电话：010 - 88191217　发行部电话：010 - 88191522
网址：www. esp. com. cn
电子邮件：esp@ esp. com. cn
天猫网店：经济科学出版社旗舰店
网址：http://jjkxcbs. tmall. com
固安华明印业有限公司印装
710 × 1000　16 开　13.25 印张　240000 字
2018 年 12 月第 1 版　2018 年 12 月第 1 次印刷
ISBN 978 - 7 - 5218 - 0115 - 6　定价：48.00 元
（图书出现印装问题，本社负责调换。电话：010 - 88191510）
（版权所有　侵权必究　打击盗版　举报热线：010 - 88191661
QQ：2242791300　营销中心电话：010 - 88191537
电子邮箱：dbts@esp. com. cn）

# 序 言
## PREFACE

　　迄今为止，中国经济的高速增长与其工业化与城市化的进程密切相关。目前，中国经济增长的动力已经由原先的工业化"单引擎"转向工业化与城市化的"双引擎"。受后金融危机和所处工业化阶段的双重影响，产业结构调整压缩了劳动生产率持续高增长的空间，导致经济增长由"结构性增速"进入"结构性减速"的经济"新常态"发展阶段，这也缘于产业结构变迁是一个"创造和破坏并存的过程"。在世界范围内，产业集聚尤其是城市集聚经济依然是区域经济增长的主要动力，而区域经济可持续发展的关键在于产业结构科学、合理的演化。城市集聚经济产生的规模经济效应至关重要，不仅有利于市场成长和劳动生产率提升，还起到了扩大内需的作用。在中央提出"供给侧结构性改革"的重大战略背景下，正确把握产业集聚与经济结构变迁的演化规律对于大力推动中国产业结构战略性调整以及加快推进新型城镇化建设就显得尤为重要。本书从演化经济学、产业融合理论、空间溢出效应三个视角对产业集聚、结构演化与经济绩效的相互关系及经济机制进行了理论和实证研究，并涵盖了静态与动态两个方法、区域和城市两个层面、时间和空间两个维度、集聚和扩散两个方向的研究内容。

　　根据研究背景和研究目标，本书采用演化经济学的演化范式构建了一个基础理论分析框架，并对产业集聚与城市化的共同演化进行了分析。共同演化作为演化经济学的前沿理论，力求推动经济学研究从"均衡"范式向"演化"范式转变，以提高对现实经济现象的解释能力。本书尝试采用这一研究范式对产业集聚、结构演化与经济绩效进行理论逻辑梳理和案例检验。其中，对产业集聚与城市化的共同演化分析，发现产业集聚与城市化在结构、内容、动力和阶段的共同演化过程中，形成了一个包括微观、中观、宏观多层级互动的共同演化结构，实现了生产要素、产业结构、空间布局及制度环境等多层级、多阶段相互嵌套、相互影响、相互作用的动态演化路径，并依赖于创新、选择和扩散三种演化动力，内生性地推动产业集聚与城市化从萌芽起步阶段向耦合发展阶段再向创新整合阶段不断地进行层级转换和阶段跃迁。在案例分析方面，选择城市化主导模式的"义乌商圈"和产业集聚主导模式的"柯桥商圈"进行比较分析。两个商圈的特征事实支持产业集聚与城市化共同演化的理论分析框架，即两个商圈的起步虽存在差异性，但共同演化的过程和方向均一致：专业市场与产业集群的良性互动、相互嵌套是两个商圈的演化动力，而演化的最终方向都选择通过发展城市经济实现产业集聚与城市化在更高层次和更高阶段上的跃迁与升级。

在演化范式的基础上，本书继续将产业集聚、结构演化与经济绩效的宏观理念深入至中微观层面，并进行了理论凝练与实证检验。首先，本书借鉴产业融合理论的相关成果，构建了一个关于制造业与服务业互动效应的中观理论分析框架，并运用演化博弈方法刻画了制造业与服务业共同演化的微观机制与演化路径。理论分析发现，挤出效应、偏利效应和互惠效应是决定制造业与服务业共同演化的主要动力，并且存在城市化主导型、产业集聚主导型和产业集聚与城市化共演型三种模式，而采取何种演化路径取决于地区之间初始禀赋和产业文化的异质性，这也佐证了采用演化经济学分析范式的合理性。随后，进一步将"义乌商圈"和"柯桥商圈"的统计数据引入共生演化模型，刻画了制造业与服务的共同演化路径图。从两个商圈2012年以后60年的演化路径图可知，制造业与服务业在不同发展阶段存在不同的互动效应，但服务业超过制造业是两个商圈的最终演化路径，而制造业与服务业各自所占的比重则取决于两个商圈产业结构的初始状态。"柯桥商圈"的问卷调查则从企业微观层面证实，企业竞争力的提升也是根据自身规模、资金实力和技术基础进行"干中学"的动态演化过程。

为了进一步实证检验产业集聚、结构演化与经济绩效的理论机制，本书运用空间计量技术和中国城市数据进行了多维度分析。首先，本书实证研究了产业集聚与结构演化对劳动生产率的影响效应。研究发现，地理距离是影响产业集聚与扩散的重要因素，三次产业劳动生产率存在空间溢出效应。其中，工业劳动生产率容易受到运输成本、土地价格的影响而出现产业转移，空间溢出半径达到1700千米，而服务业依赖于城市尤其是人口规模较大的中心城市，其空间溢出半径仅为950千米。不仅如此，产业集聚与结构演化对劳动生产率的影响效应还受到地区差异、发展阶段与城市规模的约束：一是产业专业化集聚对东部产业劳动生产率有显著的负向效应，而对进入服务化阶段的地区产业劳动生产率却存在明显的促进作用；二是产业多样化集聚是大中型城市产业劳动生产率提升的重要来源，但却不利于工业劳动生产率的提高；三是产业结构快速变迁有利于东、西部地区工业劳动生产率的提高，但正处于工业化阶段的地区并不适用于产业结构高级化或服务化调整。这意味着中国经济发展整体上仍处于工业化阶段而非服务化阶段，而且工业内部产业链的延伸和价值链的攀升更能促进劳动生产率的提升，切忌一味地"退二进三"或对服务业的"腾笼换鸟"。

其次，本书采用随机前沿方法（SFA）对中国城市经济效率进行了测度，进一步检验了不同产业集聚模式、集聚外部性对城市经济效率的影响机制，并在城市群框架下进行了拓展性分析。研究结论显示，制造业集聚对中、西部地区的经济效率都具有显著的负向影响且支持"威廉姆森假说"，而生产性服务业集聚、制造业与生产性服务业共同集聚对中、西部地区的经济效率具有明显的促进作用；"开放性假说"适合东、西部地区的制造业集聚对生产效率的作用效应。从集聚外部性效应看，MAR外部性和Porter外部性对中国城市经济效率都存在显著的负向影响，而Jacobs外部性仅对东部地区的经济效率具有显著的正向影响。该结论不仅对东部城市产业结构优化的效果提供了证据支持，更重要的是为中、西部城市对于产业的低水平发展和同质化竞争提出了警示。随后，选择中国十大城市群作为研究对象，并利用门槛面板回归模型检验了产业集聚对经济效率的影响效应。研究发现，产业集聚对经济效率的影响受人口规模、经济发展水平和对外开放程度的门槛约束，也进一步验证了"开放性假说"在中国城市群的适用性。

最后，基于中国二元经济结构的典型特征，本书构建了一个两部门经济增长模型，并运用动态空间面板模型对产业结构调整和生产率提升的经济增长效应进行了实证检验。这也是在理清城市集聚经济效应的基础上，进一步对产业结构演化与生产率提升的经济绩效进行的理论与实证研究。经验证据表明，中国城市经济增长动力已由产业结构调整转换为全要素生产率提升，并且证实产业结构"服务化"倾向的高级化调整是导致中国经济发展进入"结构性减速"阶段的重要原因。进一步研究发现，工业化阶段的地区经济增长更多地依赖于全要素生产率的增长与提升，而城市化阶段的地区经济增长则可以从产业结构的合理化调整中获得较为明显的"结构红利"；中等规模及以上城市的经济增长动力逐渐转换为全要素生产率的增长，而中小城市的经济发展需谨慎地推进产业结构高级化调整，以避免破坏具有"结构性增速"特征的工业化结构。因此，全要素生产率的提升不仅是未来中国经济增长的主要动力，也是化解产业结构调整对经济增长负影响的主要途径。

# 目 录
*CONTENTS*

# 第 1 章

# 绪　　论

中国经济的高速增长，与其处在工业化与城市化的进程之中密切相关。在工业化和城市化快速推进的过程之中，产业集聚形成的规模经济效应起了关键作用，规模经济的增长有利于市场扩张，也有利于提高劳动生产率（陆铭等，2011）。未来中国经济的持续增长，仍然需要进一步发挥城市化进程中产生的规模经济效应。关于中国城市化问题的讨论，在持续提高城市化水平这一方面是存在共识的，争议的焦点在于城市产业体系如何合理化。而城市产业体系合理化是在生产要素自由流动的前提下，在劳动者自由迁徙和企业自主选址的条件下，在城市发展的集聚效应和拥挤效应权衡机制下实现的。因此，具有不同自然、地理、历史等条件下的城市都会达到劳动生产率最大化的最优规模，从而形成不同功能、不同规模城市的专业化分工和共同发展的现代产业体系。

## 1.1　研究背景与问题提出

城市作为现代经济活动的集聚地，其重要性随着全球经济格局的演变和世界城市化进程的加速而日益突出。全球的经济活动主要集中在大城市或特大城市，全球1.5%的土地面积上囊括了世界1/2的生产活动。例如，仅占埃及国土面积0.5%的开罗，经济产出超过全国GDP的一半以上；同样，占巴西总面积15%的中南部三州，贡献了全国一半以上的GDP（世界银行，2009）；在亚洲（如泰国、菲律宾和印度尼西亚），大部分的人口和产业都集中在少数几个大城市或沿海港口城市（Fujita and Mori，1996）；中国地区之间也具有显著的"空间集聚"和"空间依赖"现象，沿海城市和大城市的经济发展速度比国内其他地区更快（Ho and Li，2010；许政等，2010）。在中国的城市化和工业化进程中，城市集聚经济产生的规模效应至关重要，不仅有利于市场成长和劳动生产率提高，还起到了扩大内需的作用（陆铭、向宽虎，2012）。根据《中国新型城市化报告（2013）》的数据计算发现，全国排名前100位的城市占国土面积2.65%，承载着全国17.57%的人口，却贡献了全国一半以上（52.52%）的GDP，而全国所有城市对GDP的贡献超过70%。① 在快速提升城市化水平的背景下，未来中国经济的持续增长，更加需要进一步发挥城市化进程中产生的规模经济效应。

从世界范围来看，"二战"后发达国家的人均GDP增速普遍加快，20世纪60年代之后才开始下降，而"亚洲四小龙"的人均GDP也经历了30余年的快速增长后，于1970后进入减速阶段。这正是由于产业结构服务化的调整压缩了劳动生产率持续高增长的空间，导致经济增长由"结构性增速"转换为"结构性减速"（Maddison，2006；袁富华，2012），也是任何国家在工业化发展道路上都无法回避的阶段。随着服务业所占比重的增高，经济活动和人口布局开始向大城市及周围集聚。以美国为例，在经历1950～1980年的人口规模下降后，一些大城市（如纽约、洛杉矶和波士顿）的产业结构转向金融、知识、新技术、专业化和多样化服务等思想密集型（idea-intensive）产业，又进入了人口规模和劳动生产率同时增长的发展阶段。而像底特律这样的传统工业城市，由于没有发展起思想密集型的产业而出现了萎缩（陆铭和向宽虎，2012）。一些传统的大城市或港口城市在历史上曾集聚了大量人口，但由于产业结构没有做出相应的调整而出现衰落或离散。如果是这样，中国也不会例外，也就是说，产业结构调整会影响城市的发展模式及可持续发展。

从世界城市经济版图可以看出，城市在规模分布和产业构成上存在明显差异。许多中等城市的某几个产业会高度专业化，如美国的底特律、法国的克莱蒙弗朗、英国的谢菲尔德和日本的丰田（Henderson，1997；Duranton and Puga，2000），但像美国纽约、日本东京这类大城市却是高度多样化的，容纳了很多并无直接关联的产业（Chinitz，1961；Fujita and Tabuchi，1997）。根据作者的实际测算，中国的伊春、白城、鹤岗等中等城市的专业化程度较高，而太原、西安、南京等规模较大的省会城市则呈现出典型的多样化特征②。那么中国城市发展应该走专业化还是多样化道路？相关研究显示，城市发展模式的选择应以提高城市劳动生产率为标准。这缘于产业结构变迁是一个"创造和破坏

---

① 本书全部数据不包括香港、澳门、台湾。
② 中国地级及以上城市的专业化指数和多样化指数的计算方法详见第5章，具体排名见附录1。

并存的过程": 一方面, 产业结构变迁使得生产要素从低生产率部门向高生产率部门转移, 而且资源再配置效应会加速新兴行业及现代服务业的发展, 从而增加就业规模和提高城市劳动生产率; 另一方面, 产业结构变迁通常伴随产业之间的剧烈转换、资本构成的不断提高以及传统产业的急剧衰退, 进而降低了城市的就业规模和压缩了劳动生产率提升的空间。

中国经济增长的动力已经由原先的工业化 "单引擎" 向工业化与城市化的 "双引擎" 转变。而且, 根据笔者对 2011 年中国 287 个地级及以上城市数据的统计发现, 第三产业占 GDP 的比重超过第二产业的城市只有 93 个, 仅占 32.4%, 中国城市经济结构的 "服务化" 或 "高级化" 调整还远远没有完成。因此, 制造业集聚与城市化的互动发展仍然是中国区域经济发展的主要动力。制造业的发展如果脱离了服务业的支持, 就会很快遇到发展瓶颈, 在现实中存在的产业结构调整缓慢和升级相对困难的地区大都是脱离大城市或中心城市的传统农村工业区或中小城市地区。而且, 现代服务业尤其是生产性服务业 (如金融服务、现代物流、技术研发、信服服务等), 作为制造业的中间投入, 也不能脱离制造业而孤立存在。中心城市因大力发展现代服务业而提出的 "退二进三" 成为城市发展的普遍诉求, 而各类制造业集聚区的建立也是区域经济发展部门的主要兴趣。那么, 如何建立合理的产业发展顺序, 优先发展制造业集群还是优先促进服务业集聚? 怎样在一个城市或区域内实现制造业与服务业协调发展? 这将涉及中国城市发展模式的选择问题。

通过上述背景分析可以看出, 在世界范围内, 产业集聚尤其是城市集聚经济是区域经济增长的主要动力, 而区域经济可持续发展的关键在于城市产业结构的合理化变迁。因此, 研究城市产业集聚与经济结构变迁的演化机制并提供典型的案例支持和相关的计量分析就显得尤为重要。鉴此, 本书将尝试解决以下三个问题: (1) 产业集聚与城市化进程是否存在某种演化规律? 能否提供典型的案例支持, 以找寻演化规律中的普遍价值和实践意义? (2) 城市集聚经济的产业结构如何合理化, 尤其是制造业与生产性服务业集聚对城市或区域经济发展存在怎样的影响机制, 而这些机制又受到哪些因素的影响? (3) 为什么有些产业会集中在一些特定城市, 有些城市发展迅速, 而有些城市发展滞后? 这可以从影响城市集聚经济产业结构变迁的关键因素, 即地理距离以及区域间的相互作用中找到原因。(4) 产业集聚与结构演化如何影响城市经济绩效? 这将涉及工业化与城市化如何以经济效率为导向, 怎样互动协调及可持续发展的问题。为此, 在实证研究方面, 本书拟运用空间计量方法检验和评估城市产业集聚与经济结构演化的空间溢出效应及经济绩效。

## 1.2 研究内容和研究意义

### 1.2.1 研究思路与写作结构

本书的主要研究目的在于考察城市产业集聚与结构变迁的内在演化机制及经济绩效并进行相应的实证检验，即研究影响我国城市经济结构调整和空间分布的微观机制以及这种经济集聚对地区劳动生产率和经济可持续发展的影响效应，从而为我国推进新型城镇化建设和经济重心进一步向城市集聚的事实提供一种新的解释视角，并在此基础上提出一些具有针对性和可行性的政策建议。鉴此，本书拟从演化经济学、产业融合理论、空间溢出效应三个视角深入研究产业集聚与结构变迁的演化机制及经济绩效，内容结构安排如下：

第1章，绪论。本章主要从国际和国内的现实背景入手，引出所要研究的关键问题，并对研究内容、研究意义、研究方法和可能的创新点进行简要的介绍和总结。

第2章，相关理论及文献综述。本章主要围绕演化经济学、产业融合理论、空间经济学等理论展开，对城市集聚经济和产业结构变迁的相关研究进行综述，为下文的分析提供理论支持。此外，本章还对空间计量方法做了简要的介绍。

第3章，产业集聚与城市化的共同演化：演化经济学视角。本章主要采用演化经济学的"演化范式"分析产业集聚与城市化共同演化的结构、内容、动力机制和阶段性特征，并选取中国颇具典型性的"义乌商圈"和"柯桥商圈"进行案例分析，以检验演化经济学的分析框架对于产业集聚与城市化共同演化的解释力。

第4章，城市经济集聚与变迁：产业融合理论视角。本章以制造业与生产性服务业之间的互动效应为基础，运用演化博弈论分析制造业与生产性服务业相互融合的微观机制，即制造型企业与服务型企业之间的博弈关系和演化均衡。同时，构建制造型企业和服务型企业的共生模型，并运用"义乌商圈"和"柯桥商圈"在1993~2012年制造业和服务业的统计数据来检验制造业与服务业的共生演化关系，刻画两大商圈制造业与服务业的演化路径图。

第5章，产业集聚与城市经济结构调整：空间溢出效应视角。大多数研究将地理距离处理为一个"黑匣子",掩盖了城市之间的相互作用,因而忽视了产业集聚和城市经济结构调整的空间溢出效应。本章尝试利用中国 285 个地级及以上城市的统计数据,将产业结构调整分解为波动化和高级化两个方面进行测度,并运用空间计量方法引入地理距离来讨论集聚外部性和产业结构调整影响中国城市劳动生产率的空间溢出效应。同时,通过对城市的区域分布、发展阶段、城市规模等进行分组性检验和拓展性分析,进一步揭示了城市集聚模式和产业调整方式对劳动生产率影响的差异性。

第 6 章,产业集聚与城市经济效率差异。本章的重点是运用空间计量技术对产业集聚与城市经济效率之间的关系进行深入分析,以检验产业集聚方式如何影响城市经济效率提升,从而为城市发展选择怎样的产业集聚类型提供理论和实证依据。本章的研究结论还将为威廉姆森假说和开放性假说提供一个新的解释,同时还会探讨集聚外部性对城市经济效率的影响效应,希望能从集聚外部性视角为城市经济效率改善提供政策建议。

第 7 章,产业结构调整与生产率提升的经济增长效应。本章的重点是构建了一个两部门经济增长模型并进行了拓展,运用动态空间面板模型对产业结构调整和生产率提升的经济增长效应进行了实证检验。本章的研究结论也为中国经济发展为何进入"结构性减速"阶段提供了实验证据,进一步揭示了中国经济增长动能转换的趋势和特点。

第 8 章,结论与启示。这一部分是对本书研究内容和主要结论的总结和评论,并提出一些有针对性的政策建议,以及指出相应的研究不足和未来展望。

## 1.2.2 研究意义

在理论层面,产业和城市本身就是一个复杂性适应系统,涉及微观(生产商或服务商)、中观(产业或区域)、宏观(环境)等多个领域,并且各个领域之间又交叉、互动,产业集聚与城市经济结构的演化是动态的、阶段的,这些都迫切要求理论研究范式及视角从"静态均衡"转向"动态演化"而走向真实。而演化经济学则强调个体与个体、系统与系统以及个体与系统等不同主体、不同层级之间的相互影响机制(Nelson,1994;Luigi and Marc,1997;黄凯南,2009),从而成为探索产业结构调整与城市化变迁的内在演化机制的有效分析工具。另外,虽然多样化经济和专业化经济能够说明城市集聚经济的形成与发展的原因,但无论是多样化经济和专业化经济,都只考察了单一城市内经济主体的外部性,基本没有考虑城市与城市之间的相互作用,尤其是地理临近城市之间的影响效应。因此，本书将用空间经济学和空间计量方法来分析城市产业集聚与经济结构变迁的演化机制及经济绩效以解决这一困境。

在实践层面，一个城市选择制造业集聚还是服务业集聚与其所处的工业化和城市化阶段密切相关。但是，具体到一个城市或区域，服务业的发展如何影响制造业的空间布局，或者制造业的发展又将怎样带动服务业集聚？明确这两者之间的关系对于现实中产业集聚与城市经济结构调整的规划引导具有非常重要的现实意义。近几年来，生产性服务业与制造业的协调发展已成为产业与城市发展的重要问题。一方面，为了推进城市化和发展现代服务业，各个城市纷纷提出的"退二进三""腾龙换鸟"等引导政策；另一方面，为了保持区域内的经济增长，各个城市经济发展部门又纷纷通过招商引资建立各类制造业集聚区。这种自相矛盾的发展思路成为困扰产业结构调整和新型城市化发展的一大难题。因此，如何建立合理的产业发展顺序，怎样在一个城市或区域内实现制造业与服务业协调发展就成为一个迫切需要解决的现实问题。而要解决这些问题，必须要正确把握制造业与生产性服务业的互动关系，这也是研究产业集聚与经济结构变迁的演化机制及经济绩效的实践价值之所在。

## 1.3 研究方法与可能的创新点

### 1.3.1 研究方法

鉴于所研究问题的复杂性、系统性，本书尝试综合运用产业经济学、演化经济学、空间经济学、制度经济学、城市经济学、区域经济学、经济地理学等多科学的基础知识，涉及产业集聚理论、演化博弈论、复杂适应系统理论、产业结构理论、区域增长理论、区域分工理论等相关理论。在研究方法上，本书力求做到定性分析与定量分析相结合、静态分析与动态分析相结合、理论推导和实证检验相结合、纵向比较与横向比较相结合四个结合，并采用文献研究法、案例分析法、检验假设法、统计分析法等方法。

**1. 定性方法**

（1）文献研究方法。通过对国内外的相关文献进行总结与评述，提炼出推动产业集聚与城市经济结构变迁的关键要素作为研究基础，同时在影响因素、演化阶段、融合程度等内容方面也将结合定性研究，如构建产业集聚与城市化共同演化的概念模型等。

（2）案例分析方法。案例分析方法又称个案研究法，是与"真实世界经济学"相紧密联系的一种分析方法，从而区别于"黑板经济学"。它既能将理论研究与实践研究相结合，又能使研究问题更加形象、生动，而且能更好地反映所研究问题的现实指导意义。本书重点选择了能代表"浙江模式"的"义乌商圈"和"柯桥商圈"作为案例研究的对象，通过分析两个商圈的发展模式，探讨产业集聚与城市化共同演化、制造业与服务业相互融合的逻辑结构与变迁路径。

（3）动态比较分析方法。一方面，本书之所以比较浙江两个商圈的产业集聚与城市化之间的互动机制和演化路径，其目的是可以提炼出产业集聚与城市化共同演化的普遍机制和特殊机制，从而能够针对性地提出一些政策建议；另一方面，对我国东、中、西部地区的产业集聚、产业结构、劳动生产率等方面进行比较分析，结合各地区的实际发展情况，研究我国城市之间的产业集聚与城市经济结构变迁的演化特点与演化路径，以及这些变化对区域经济发展差异化的影响，从时间序列上反映出城市产业体系演化趋势。

**2. 定量方法**

（1）系统论方法。通过系统化地分析区域内部的比较优势、产业结构的动态演化、区域内外的要素流动以及空间结构的分化变迁等，在整个系统内且从微观、中观、宏观三个层面考察各个子系统之间的有机联系，以及如何实施分工、协作，以达到整理经济效益最大化，从而为产业集聚与城市化的共同演化提供一个新的解释视角。

（2）统计分析方法。统计分析方法是通过对研究对象所涉的各类数量关系（如速度、规模、范围、程度、效率等）的分析研究，以描述和揭示事物之间的相互关系、变化规律和发展趋势，进而实现对研究对象的解释和预测。本书主要采用 MATLAB、ArcGIS、Geota、Stata 等计算机软件来刻画产业集聚与城市化、制造业与服务业、产业结构调整与劳动生产率、城市集聚经济结构变迁与经济效率等变量之间的演化规律和演化路径。

## 1.3.2　可能的创新点

本书可能的创新之处包括以下四个方面。

（1）从演化经济学的视角构建理论分析框架，对产业集聚与城市化的共同演化进行了较为系统的理论分析和实证研究。主流经济的范式危机源于其机械论和简单论的方法基础，主要以静态比较方法为主，忽视了有限理性（bounded rationality）、多样性（variety）、行为连续性（behavioral continuity）、路径依赖（limited path dependence）等组织行为对经济绩效的影响，离现实越来越远。自20世纪80年代以来，演化经济学的迅速发展对主流经济学的研究范式提出了严峻挑战（Nelsonand Winter，1982），主流经济学中的"静态""均衡""最优化""同质性"等理论因远离现实而受到越来越多的质疑（多普菲，2004），经济学分析呈现出从"均衡范式"向"演化范式"不断发展的趋势（Nelson and Winter，2002；贾根良，2004）。本书借鉴演化经济学有限理性、多样性、行为惯例、路径依赖等特点，构建了创新—选择—扩散的理论分析范式，并结合"义乌商圈"和"柯桥商圈"中制造业集聚与城市化共同演化的典型经验，深入揭示产业集聚与城市化动态演化的机制与过程，提炼产业集聚与城市化动态演化的阶段性特征及阶段间转化条件，从而为学术界关于产业集聚与城市化的互动研究提供理论补充。

（2）从产业融合尤其是制造业与生产性服务业互动效应的视角，从理论和实证两个方面刻画了城市经济集聚与结构变迁的演化路径图。在既定的空间范围、要素禀赋条件下，一个区域（城市）的制造业与服务业之间必然存在争夺空间和资源的竞争性和排他性特征。因此，本书利用文献研究方法创造性地将两者的互动关系总结为"挤出""偏利"和"互惠"三种效应。在此基础上，一方面，本书以演化博弈论为基础，通过构建制造业与服务业微观主体之间的博弈关系，探讨了两者融合演化的微观机制、作用条件和实现路径；另一方面，本书借鉴生物学中描述不同种群共生现象的Logistic模型，来分析制造业与服务业的动态演化过程，同时利用"义乌商圈"和"柯桥商圈"的制造业与服务业在1993～2012年的统计数据，测度了两大商圈制造业与服务业的互动效应，并在两大商圈现有产业结构的基础上刻画了制造业与服务业的演化路径图。

（3）采用SFA模型对中国城市的经济效率进行测度，并检验产业集聚对城市经济效率的影响效应，为构建合理的城市产业体系提供理论和实证依据。经济活动的空间集聚能否提升地区经济效率，不仅是新经济地理学者关注的焦点，也是连接新经济地理学和新经济增长理论的核心理论问题之一。在既有研究的基础上，本书将利用中国285个地级及以上城市的统计数据，对产业集聚对城市经济效率的影响效应进行检验和分析。主要的边际贡献体现在：第一，本书并没有使用劳动生产率或地区生产总值增长率等传统指标来度量经济效率，而采用随机前沿分析方法（Stochastic Frontier Analysis，SFA）来估计中国城市的经济效率，以反映城市经济效率的结构性变化；第二，进一步会运用空间计量方法引入地理距离来分析产业集聚对城市经济效率的影响机制，希望能为威廉姆森假说和开放性假说提供一种新的解释视角；第三，拓展性地分析城市集聚经济的 MAR 外部性、Jacobs 外部性、Porter 外部性三种外部性对城市经济效率的影响效应，期望能从集聚外部性的视角为产业集聚与城市经济结构变迁的演化趋势提供政策依据。

（4）运用空间计量技术将地理距离引入到回归模型之中，深入分析产业集聚、城市经济结构调整对于中国城市劳动生产率、经济增长的影响机制和演化趋势。需要指出的是，鲜有文献将产业集聚和城市经济结构变迁引入中国城市化问题的研究之中，而且大多数研究将视野锁定在省级单位和三次产业结构的变动，对于产业结构调整的测度指标单一，同时尚未将地理距离引入分析模型，掩盖了城市之间的相互作用；即使在个别考察地理因素的文献中，也仅仅考虑了省域层面或少数选定的几个大城市，降低了结论的可信度。因此，本书尝试利用中国 285 个地级及以上城市的统计数据，将产业结构变迁分解为波动化和高级化两个方面进行测度，并运用空间计量方法引入地理距离来讨论集聚外部性和产业结构变迁影响中国城市劳动生产率的空间溢出效应。不仅如此，本书还通过对城市的区域分布、发展阶段、城市规模等进行分组性检验和拓展性分析，揭示了城市集聚经济和产业结构变迁对劳动生产率差异化影响的演化规律；进一步运用动态空间面板模型分析了产业结构调整与生产率提升对经济增长的影响效应，指出了中国进入"结构性减速"的原因及动能转换的趋势与特点。

# 第 2 章

# 相关理论及文献综述

城市的产生与发展是一个纷繁复杂的历史过程，展现了人类社会从草莽未辟的蒙昧状态走向现代文明的历程（乔尔·科特金，2010）。对于城市问题比较系统的研究可以追溯到农业区位论、工业区位论和城市区位论等德国的古典区位理论。虽然这些理论局限于所处的社会历史背景，但却是城市形成理论的一个非常有力的分析工具，这是由于在古典区位理论中蕴含着阿罗 - 德布鲁一般均衡的理论框架（Arrow - Debreu Framework）（Samuelson，1983）。需要指出的是，冯·杜能的理论体系代表了德国古典区位理论和马歇尔空间集聚理论的核心内容，甚至包括了新经济地理学（NEG）的理论思想（Fujita，2012）。可以说，古典区位理论是新经济地理学的伟大奠基人。当然，这是涉及本书主题的主流经济学理论基础，然而，本章另外一个重要任务是总结、评述与本书相关的非主流经济学的理论脉络，即演化经济学的研究范式。因此，本章将围绕演化经济学、产业融合理论、新经济地理学、空间计量方法等关于产业集聚与城市经济结构演化的相关理论和文献进行梳理和评述。

## 2.1 演化经济学的研究范式

演化经济学是现代西方经济学的一门新兴学科，兴起于 20 世纪 80 年代，其主要借鉴生物进化的思想以及自然科学的最新研究成果，以动态的、演化的视角来分析经济现象和经济规律。通过对 Econlit 数据库中经济文献的统计发现，在过去 50 年间，有 90% 的有关演化的经济学文献是在 1990 年以后发表的（Silva and Teixeira，2009）；而在中国期刊数据库的统计发现，截至 2012 年底，关于演化经济学的研究文献有 90% 是在 2005 年以后发表的。在过去 30 年里尤其是金融危机以后，主流经济学（新古典经济学）过分追求形式逻辑的均衡分析范式逐渐远离现实，受到了越来越多的质疑，而演化经济学的发展尤为迅速，关于演化的研究主题也越来越多。一些经济学家甚至认为，经济学正在从"均衡"范式走向"演化"范式，经济学理论即将迎来"第三次分叉"，而演化经济学在未来也可能成为主流经济学（贾根良，2003；Hodgson，2007a；刘志高，2007）。本章尝试对演化经济学理论体系的形成和发展进行系统梳理，以期为后面的研究理清演化经济学的研究范式。

## 2.1.1　理论源起

### 1. 历史渊源

演化经济学最初源于老制度学[①]的代表人物派凡勃伦（Veblen）于 1898 年在《经济学季刊》上提出"经济学为什么不是一门演化的科学"的宣言，主张借鉴演化论的方法研究经济学。[②] 而演化经济学的奠基之作是博尔丁（Bouding）在 1981 年出版的《演化经济学》以及纳尔逊（Nelson）和温特（Winter）在 1982 年合作出版的《经济变迁的演化理论》两书。20 世纪 90 年代以来，随着 1988 年在欧洲成立"演化政治经济学协会（EAEPE）"、在 1991 年创刊《演化经济学》杂志以及 1997 年在日本成立"演化经济学会"等重要事件的发生，演化经济学流派不断涌现，其理论被广泛应用于技术创新、制度变迁以及产业演化等各个领域（贾根良，2004）。而国内学者对演化经济学的引入和研究较晚，第一篇论文是贾根良于 1999 年发表的《进化经济学：开创新的研究程序》一文；第一部著作是盛昭瀚和蒋德鹏在 2002 年出版的《演化经济学》一书；第一套演化经济学丛书是由贾根良主编并于 2004 年出版的《演化经济学译丛》；第一个研究机构是于 2004 年 6 月在南京成立的"中德演化经济学与中国经济发展问题研究中心"；第一个开辟演化经济学栏目的杂志

---

① 霍奇逊（Hodson）指出，至少有六种文献使用过"演化"这一术语，它们分别是老制度学派、新熊彼特学派、奥地利学派、斯密、马克思和马歇尔（Hodson，1999）。根据多普菲（Dopfer）和波茨（Potts）对演化经济学涵盖范围的广义描述，可以分为西方经济学异端学派；演化理论、自组织理论及复杂适应系统等在自然科学中产生的新理论；演化博弈论和基于主题计算的计算方法等数学方法（Dopfer and Potts，2004）。

② 演化经济学的萌芽最早可以追溯到以弗格森（Ferguson）、休谟（Hume）、孟德维尔（Mandeville）和斯密（Smith）等为首的苏格兰道德哲学中。随后，在德国历史学派和马克思主义经济学中，演化思想也被广泛运用于分析社会经济结构变迁。在达尔文主义的进一步推动下，演化经济学的发展更为迅猛，尤其在"二战"期间，演化思想在经济学中广泛流传，并成为当时经济学的主流语言范式。

是《南开经济研究》。

**2. 兴起原因**

（1）均衡分析的范式危机。主流经济学的范式危机源于其机械论和简单论的方法论基础（梁正，2003），主要以静态比较方法为主，离现实越来越远（马永涛，2009）。例如，产业组织理论没有真正关注技术创新演化和经济结构变革（安东内利，2006）；新制度经济学并没有考察制度失衡后个体间的互动和协调过程（诺斯等，1994）；新增长理论将经济增长视为移动均衡（moving equilibrium）过程，并不涉及任何知识增长过程等，忽视了有限理性（bounded rationality）、多样性（variety）、行为连续性（behavioral continuity）、路径依赖（limited path dependence）等组织行为对经济绩效的影响（Kahneman and Tversky，1979；Tversky and Kahneman，1986；Simon，1986；Nelson and Winter，2002）。

（2）自然科学的迅速发展。耗散结构理论、量子力学理论、混沌理论、综合进化论、演化博弈论等自然科学理论的兴起和发展，发现和突显了隐含在主流经济学中的范式危机，如耗散结构理论否定了主流经济学理论中隐含的经济过程可逆和线性系统的假设，认为均衡是可变的（非稳定性），并且经济系统可以自行产生自主性和相干性等自组织现象（杨宏力，2008）；混沌理论发现了机械决定论的弊端，认为经济系统的不确定性因素可能会被放大甚至可以影响整个经济发展方向，是不可以忽略的；综合进化论的"生物学隐喻"为演化经济学的发展提供了更多可以使用的语言和理论灵感，如个体群方法（a population approach）（杨虎涛，2006）；演化博弈论强调参与人的有限理性行为（Smith，1982）等。

（3）演化思想的积累渗透。演化思想在社会科学领域的积累和渗透，成为演化经济学发展的重要思想来源。典型的有：马克思对生产领域中保持平衡的经常趋势与平衡经常遭到破坏的反趋势之间的论述；在德国历史学派和达尔文进化论的影响下，凡勃伦认为社会结构的演进是制度上的一个自然淘汰过程（凡勃伦，1997）；熊彼特（Schumpeter）把创新看作经济变化过程的实质，强调了非均衡和质变在经济体系中的作用（Schumpeter，1934）；哈耶克（Hayek）的"自发秩序"理论将组织秩序分为人为秩序和自发秩序，认为自发秩序产生于个体为实现自身利益的过程中，是非目的性的适应进化结果（Hayek，1973）等。

**3. 理论超越**

（1）演化对均衡的超越。主流经济学重视企业平衡状态的研究，忽视了达到均衡的过程，而演化经济学认为，社会经济系统是一个不可逆的历史演化过程。多西（Dosi）和梅特卡夫（Metcalfe）认为，"路径依赖"说明个人或组织等参与者的行动将对经济系统的未来结构及其演化发展路径产生重大影响。演化经济学的历史演化过程突出了路径依赖、不确定性和时间不可逆等重要特征，认为企业决策是连续的，新要素随时间的推移而创生。

（2）满意对最优的超越。有限理性和完全理性、满意与最优是演化经济学对主流经济学理论假设的重要反叛和超越（Nelson and Winter，2002；刘梅英和蔡玉莲，2008）。演化经济学认为，随机因素对社会经济系统具有关键作用，尤其是在企业决策和创新过程中，随机因素的不确定性使得企业在长期难以实现最优化决策。在经济变迁的动态过程和有限理性的基础上，演化经济学接受了马奇（March）在行为主义中的满意假设（次优选择），认为均衡只是暂时的并且存在"多重均衡"，最终实现或接近哪种均衡依赖于演化的路径。

（3）多样性对同质性的超越。主流经济学侧重使用类型学思考方法，将所有的变异都看作是对理想类型的偏离，是由暂时力量导致的"畸变"（Nelson and Winter，1982）。而演化经济学采用超经济人的个体群方法，认为"新奇"创生而形成的多样性是社会经济系统演化变迁的基础。因此，演化经济学将个人选择置于群体的多样化行为之中，更加强调个人行为的异质性和主观偏好的特质性对"新奇"创生和创新过程的重要性（贾根良，2004）。

## 2.1.2　研究框架

如果主流经济学是研究存在（being）的经济学，那么演化经济学就是研究生成（becoming）的经济学，是对经济系统的创生、变异、扩散和由此所导致的结构演变进行研究的科学。因此，演化经济学的研究框架应该具备三个最基本的特征：（1）理论研究的是一个经济系统的动态演化过程或解释这一系统为何或如何达到某一状态（Hodgson，2002）；（2）理论解释既包括随机因素又具有选择机制，而演化结构既具有不确定性，又带有因果关系（Hodgson，2006）；（3）通过选择机制生存下来的特征具有一定惯性，因而可以观察很多变量在相对较长时间内的运动轨迹和模式（Hodgson，2007b）。

**1. 过程分析范式**

演化经济学引入时间因素和动态分析，演化过程就成为演化经济学关注的核心问题。纳尔逊和温特（Nelson and Winter，1982）沿用达尔文进化论的观点，采用经济基因遗传机制、搜寻机制和选择机制的研究框架分析了企业、产业、市场、经济增长、宏观政策等不同层次上经济系统的动态变迁过程。我们将达尔文进化主义的研究框架，总结为遗传—变异—选择的过程分析范式。

（1）遗传机制。霍奇逊（Hodson）将人类习惯（Veblen）、个人（Malthus）、组织惯例（Nelson and Winter）、社会制度等都视为经济系统中的"基因类比物"（Hodgson，2008）。纳尔逊和温特（Nelson and Winter，1997）将这些"基因类比物"与企业组织联系起来，称为"组织基因"，也称企业惯例。企业惯例具有相对稳定的特性和惰性，可以历时传递，并且这种惯例具有学习效应的获得性遗传特征，对一个行业或群体而言具有重要意义。

（2）变异机制。变异机制也称为"新奇"的创生，是经济系统演化的核心（多普非，2004）。变异机制的主要问题是"新奇"为什么出现和怎样被创造。对于前者而言，"新奇"的创生是对现有要素重新组合的结果；而对于后者而言，当企业处于不利竞争地位时，就会在已知的技术和惯例中（路径依赖）搜寻新技术和新惯例，创生出新技术和新惯例。但是，创新改变原有惯例获得较多利润的情况只是暂时的，后来者可以通过模仿或创新追赶先进者。

（3）选择机制。选择机制是复杂的经济系统在演化过程中如何寻找和确定演化路径的机制，主要研究变异或"新奇"在经济系统中扩散的原因、时间和方式。企业在面对复杂的内部环境（如创新引起的结构变化等）和外部环境（要素供给、产品需求、价格波动等市场环境）时，要选择与环境变化相适应的习俗、惯例和行为方式。

**2. 结构分析范式**

演化经济学的结构分析范式将经济系统描述为一个多层次的复杂系统，解析其内部结构，并研究内部组成部分之间的互动关系和演化过程。

（1）微观领域。演化经济学的微观领域认为，企业是异质的、有限理性，因此企业的目标不是利润最大化，而是实现正常利润。演化经济微观领域的理论依据是企业的"惯例"（如括有规律、可预测的企业行为模式），研究重点则在于动态过程而非静态过程。因为企业的"惯例"有一定的惰性，除非存在强大的内部动力和外部压力，否则企业很少去改变原有惯例，这也很好解释了不同企业的绩效差异（马涛和龚海林，2012）。演化经济学对于企业组织和企业行为的关注，更加贴近现实，而主流经济学就没有给企业"变异"留有余地，导致整个分析缺乏动态基础（Nelson and Winter，1982）。

（2）中观领域。演化经济学对中观领域的研究重点是对技术创新的分析。与主流经济学缺乏对时间因素的考量相比，演化经济学将时间和空间两个维度都纳入分析框架。在时间维度上，演化经济学主要涉及技术创新与产业发展的协同演化（Dosi，1997），即产业演化的基础是企业行为的惯例，动力是企业间的相互竞争，如通过适应性学习、搜寻正利润和选择市场的联合作用，企业和产业都随着时间进行演化。在空间维度上，演化经济学主要关注产业集聚现象，认为产业集聚是企业自组织的综合体，通过长期的技术扩散、知识溢出及合作竞争等方面的协同演化机制而形成的。

（3）宏观领域。演化经济学和主流经济学都关注经济增长问题，但是演化经济学的增长理论是以企业异质性为理论基础和出发点，没有主流经济学中的生产函数概念。演化增长理论突破了主流经济学的严格假定的束缚，认为企业的异质性、竞争、选择、模仿以及新企业进入都会导致创新（变异）的发生，由此决定经济长期增长的演化过程（Nelson，1994）。这也意味着，宏观层面的经济变迁都是由微观因素驱动的。

### 3. 系统分析范式

主流经济学虽也强调微观（个体）是宏观（群体或系统）的基础，但事实上将微观到宏观的过程割裂开来，而演化经济学将微观、中观、宏观看作一个系统，并可以借助类似的演化机制进行分析，没有孤立地分析任何一个层次。

（1）层级结构。演化经济学将分析系统划分为不同层级，每一层级都包含各自的微观个体和宏观群体。最小的微观个体是主观性的个人，个人又组成微观的社会组织（如家庭、企业），而微观组织又构成产业和市场等中观组织，中观组织又构成经济系统，之上又有文化系统、生态系统等。某一宏观群体都可以看作一个系统层级，包括个人（消费者）、企业、产业、经济系统等，而系统层级内的微观个体相互影响，不同层级之间也相互影响。

（2）变量层级。在描述系统演化时，根据可变量的变化程度可以划分出变量层级，如根据变量变化速度可以分为市场交易、劳动分工、知识分工、技术、制度、文化和生态演化等变量层级。主流经济学缩小这个变量层级的范围，重点研究市场交易和劳动分工，忽视了这些缓慢变量或将其视为外生变量（凡勃伦，1997）。而演化经济学则看重这些缓慢变量（包括技术、制度、环境等），强调内生变化，如市场交易和劳动分工影响企业的短期经营，技术和制度则影响企业的长期发展，而文化和生态变化也会间接影响经济系统的演化变迁。如何对层级系统进行划分以及采用哪些系统变量，依赖于分析目的和研究对象的特征。

（3）系统发生。系统发生是指微观个体之间的相互影响而引起群体（系统）的变迁，从而又影响到微观个体的演化。例如，当某一企业组织研究开发出新技术被其他企业模仿和学习，从而超出企业边界影响到整个宏观群体时，就变成了系统发生（Hodgson，2002）。系统发生是一种个体群思维，根据不同的层级结构和变量层级，引发系统表层结构（资源或要素的联接）和深层结构（技术和知识的联接）的演变。因此，经济演化不仅意味着经济组织和经济现象的变化，还会引致技术、知识、文化、生态的变迁。

### 2.1.3 应用前景

**1. 两种分析工具：演化博弈论和复杂适应系统理论**

（1）演化博弈论。演化博弈论的发展和演化经济学的复兴几乎处于相同时期（Maynard，1982；Smith，1982；Nelson and Winter，1982），但演化博弈却是最有可能促使演化经济学成为主流的理论之一（Friedman，1999）。演化博弈论与演化经济学之间存在很多理论互补性：①两者都包括创新—选择—扩散的演化机制，而演化博弈论能很好地刻画三种机制的演化过程；②演化博弈论能够将偏好、技术、制度等的演化从个体选择扩充到群体选择，能很好地解释偏好与制度之间的协同演化（Gintis，2007）；③演化博弈论遵循有限理性的假设，从演化过程考察理性的生成，从数理逻辑上验证了演化经济学的有限理性观（Vernon，2003）；④演化博弈论也采用"种群思维"（population thinking）的方法论，描述不同主体间的互动，强调演化主体异质性；⑤演化博弈模型都基于特定的时间和策略频率的初始分布，强调历史时间和路径依赖的重要性。尽管演化博弈模型更加开放，也包含了许多策略的演化信息，但是它并没有关注参与者对博弈形式的学习和创新，无法解释外生参数变化导致一种博弈变成另一种博弈之间的内生关联，这是演化博弈论自身的理论局限。

随着博弈论的发展，有些学者提出，主观博弈论（subjective games）或者归纳博弈论（inductive games）可以解释制度内生演化问题，或许能成为演化经济学建模的重要工具（黄凯南，2012）。主观博弈论假定，参与者不拥有全部客观知识、对博弈形式的认识是主观的，参与者通过学习主观博弈形式，在既定的客观博弈形式下，通过创新策略推动主观博弈形式的演化。主观博弈解释了参与者对博弈形式的认识问题，但是却不能改变既定的客观博弈形式，这意味着主观博弈论还是处于相对固定的技术环境。因此，主观博弈论要想更加准确地解释制度内生化问题，就需要将客观博弈形式纳入分析，正如格雷夫（Grief）指出的，多次重复博弈的累积效应可能会改变客观博弈形式（Grief，2006）。

（2）复杂适应系统理论。复杂性适应系统理论（简称 CAS）改变了主流经济学的同质性假设，以"适应性造就复杂性"为理论内核，其强大的模拟能力为演化经济学寻找理论工具提供了希望。适应性就是指主体能在与环境及其他主体之间的持续互动中获取知识和累计经验，从而改变自身结构和行为方式，产生新的聚合、新的主体和环境多样性，这种主体间的适应性互动就是系统演化的动力。CAS 理论的应用得益于计算机技术的迅速发展，如计算机人工智能领域的元胞自动机（Cellular Automata，CA）、蚂蚁算法（Ant Colony optimization，ACO）、分类器系统（Classfier Systems）、遗传算法、神经元网络等，尤其是人工股票市场模型、A‒SPEN 模型、宏观经济的 SWARM 建模、自组织临界态模型等能模拟现实中复杂的经济主体互动，引起了演化经济学家的强烈兴趣（Luigi and Marc，1997）。[①]

当前，CAS 理论中的一个新的工具——多智能体建模（multi-agent modeling），正受到越来越多演化经济学家的关注。这种模型能很好地满足演化经济学的分析需要：①模型能够涵盖不同主体的多元特性，摆脱了主流经济学的同质性假设。在模型数值化运算中，主体的不同特征不会阻碍这一过程的运算，很好地包容了主体间的差异性。②"路径依赖"在模型中得到了很好的包容，主体每一次行动的结果都能反映在下一步的过程中，由运行规则确定主体下一步的起始状态，这一处理使得主流经济学的极大化和均衡不再成为必要。演化经济学运用多元代理模型的试验方法可以得到纯粹的理论推导所不能得到的东西。[②]

---

① 演化经济学家为探讨哪一种复杂性模型更适合分析经济演化问题而专门召开了学术研讨会，其中，科曼（Kirman）曾主张使用完全互动和局部互动的阶段转换模型（Phase Transition Models）；梅特卡夫（Metcalfe）倡导使用基因算法（Genrtic Algorithms）；戴勒（Dalle）则提出用 Gibbs 随机场作为重要的手段等（Luigi and Marc，1997）。

② 对于 CAS 理论的应用，一部分演化经济学家也持抵制态度，如霍奇逊（Hodgson）、罗斯比（Rossby）、贾根良等认为，CAS 模型将演化经济学异化成了单纯的数值模拟，抹去了主体的能动性和创造性。但是笔者认为，模拟建模存在一定局限性并非 CAS 理论本身的谬误，至少这种"时期分析"在没有计算机的时代是很难完成的，而且在描述复杂性和系统涌现特征上很具有直观性。

### 2. 一个重要分支：演化经济地理学

迄今为止，经济地理学经过 3 次大的转向，即基于社会学、文化学和政治学的"制度转向"（Martin，1999）和"文化转向"（Barnes，2001）；引入空间范畴的新经济地理学（Krugman，1991a）或地理经济学（Ottaviano，2011）；产生于演化经济学的演化经济地理学的"演化转向"（Boschma and Lambooy，1999；刘志高和尹贻梅，2005；Boschma and Frenken，2006；李福柱，2011）。演化经济地理学作为演化经济学里面的一个重要分支，在 2006 年以后其理论主张和研究范式才变得较为清晰和系统。

（1）基本的理论主张。刘志高（2005）最早将国外演化经济地理学的基本理论引入国内，并将有限理性、动态过程、结果非最优化、"新奇"创生、历史演化、企业惯例、多样性等演化经济学的概念融入了演化经济地理学的分析框架（刘志高和尹贻梅，2005）。演化经济地理学的理论主张有：①企业异质性是产业、市场、城市和区域多样性发展的理论根源，为解释空间经济的异质性提供了微观基础（Essletzbichler and Rigby，2007）；②市场的竞争性选择决定了企业的获利能力、增长空间及形成新惯例的能力，为企业的区域进入、发展和退出机制以及本地创新与技术变迁等研究提供了新的研究视角；③在选择过程中，企业惯例遵循路径依赖，在一定空间范围内具有连贯性，保留了企业在行为、演化动力等方面的差异，揭示了空间经济异质性的历史演化过程（Knudsen，2002）。

（2）研究的基础层面。①在企业（组织）层面，研究有限理性状态下的企业区位选择与行为决策制定，以及企业之间和企业与环境之间的相互作用对区域发展的影响机制（Boschma，2004；Mackinnon and Cumbers，2009）。②在产业（区域）层面，引用"区位机会窗口（Windows of Locational Opportunity，WLO）"（Storper and Walker，1989）概念研究产业部门的新兴空间、空间扩张及衰退，以及企业、技术与制度的相互作用（Frenken and Boschma，2007）。③在空间系统层面，偏好用"路径"概念对空间系统的集聚与扩散进行分析，如用"最适路径（optimalpath）"解释空间系统的集聚（Boschma and Frenken，2006）；用"路径锁定"解释空间系统的扩散与衰退等。④在制度层面，涉及企业（组织）、产业（区域）、系统、环境等之间互动与协同演化的制度分析。

（3）关注的重点议题。演化经济地理学重点关注三个方面的研究：①研究企业集聚的形成机制及其空间演化特征（Lammarino，2005；Frenken and

Boschma，2007）；②深化演化经济地理学对集聚外部性的本质特征和空间演化的解释力（Alcacer，2007；Giuliani，2007）；③将制度置于动态演化分析框架，以新的视角阐释企业制度、技术创新和市场结构在不同空间的协同演化对区域经济发展的作用（Boschma and Frenken，2011）。

### 3. 一个理论前沿：共同演化

共同演化是演化经济学的重要进展之一，是指两个或两个以上同时涌现的种群之间的相互适应和相互因果的关系，即当且仅当种群之间持续存在重要的因果关系影响时，才存在演化关系（Murmann，2003；Malerba，2006）。目前，共同演化的研究领域主要集中在产业与产业、产业与技术、产业与企业、产业与环境、制度与组织、技术与产业结构等之间的互动因果关系（Malerba，2006）。李大元和项保华（2007）认为，将共同演化引入组织研究应该要重点关注多向因果、多层嵌套、路径依赖、非线性、有机性、正反馈等特征对演化过程的影响（Lewin and Volberda，1999；Porter，2006；李大元和项保华，2007）。共同演化系统是相互依赖、因果循环、递归反馈的，共同演化分析还需要注意以下要求（Lewin and Volberda，1999）：在历史演化中进行跨期研究；关注微观、中观与宏观层次的多向因果关系；分析即时、交互、时滞、嵌入等多种作用效应；考虑路径依赖对演化过程的影响；考察不同国家（区域）制度安排的影响机制；研究社会、经济、政治等宏观因素的变化态势。基于共同演化的特征和要求，通过借鉴列文和瓦兆达（Lewin and Volberda，1999）模型可以构建企业、产业与环境之间共同演化的分析框架（见图 2 - 1）。

近年来，许多学者意识到组织与其所处的环境是处于共同演化之中的，但是不考虑环境变化和组织行为之间的因果关系，或仅把组织视为对环境的适应就很难正确理解组织的行为与绩效。瓦兆达和列文（Volberda and Lewin）认为，组织与环境的共同演化应包括：（1）运用纵向的时间序列来研究组织历时的适应性演化；（2）需要把组织的适应性特征置于一个更为广阔的社会环境和背景中；（3）正确理解组织的微观演化和环境宏观演化之间的多向因果关系；（4）认识到组织的复杂性特征；（5）路径依赖不仅会在企业层面制约企业发展，也作用于产业层面；（6）考虑到系统不同制度层面的变化，因为企业和产业是内嵌于这些制度系统中的；（7）关注经济、社会和政治等宏观变量随时间序列的变化，以及这些变化对于微观组织和宏观环境演化的结构性影响（Volberda and Lewin，2003）。但是，共同演化所具有的这些复杂性特征，

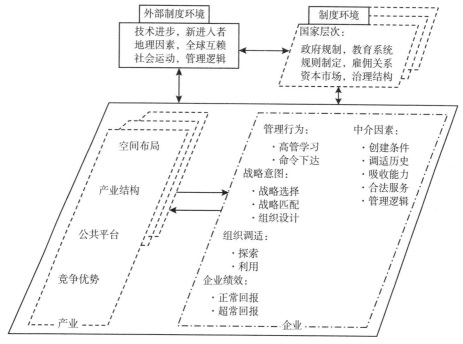

图示：宏观演化 －－－－－；微观演化 －·－·－；共同演化 ◄──►

**图 2 - 1　企业、产业与环境共同演化的分析框架**

资料来源：根据列文和瓦兆达（1999）的模型整理而成。

跨期收集资料难度很大，因此大多数文献只是从理论概念的角度进行分析，实证研究缺乏。如何系统地构建共同演化的微观和宏观体系，形成更加统一的研究框架，运用前沿分析工具进行实证研究，将成为共同演化理论未来的研究方向。

## 2.1.4　困境与展望

与主流经济学相比，演化经济学强调动态化和多元化，更贴近实际并符合现实经济系统的复杂性特征，在过去几年里，其基础理论研究也取得了较大的发展，从最初的框架不统一、理论凌乱、政策不明确的无序状态（杨虎涛，2007），慢慢地形成了自身较为完备的理论体系（见图 2 - 2）。但是，到目前为止，演化经济学尚有很多困境难以突破，主要表现在：缺乏一个系统的、一致的分析范式和严格的数理模型；侧重哲学思辨性而缺乏实证检验性；擅长对经济现象的解释而缺乏明确的预测性；尚未实现系统的层级区分和层级过渡；

涉及领域繁多而没有形成自己的核心领域；还在寻找坚实的自然科学基础和新的理论工具。这些困境也是任何一种新理论在诞生之初的通病。但是，演化经济学对现代经济学的影响不在于能否替代主流经济学的研究范式，而是预示着经济学多元化范式的到来。而经济学研究范式多元化时代的到来，必然要求经济学"复活"长期被压制的信仰、文化、制度、心理、道德等因素应有的理论地位，将理性分析与历史分析、制度分析和心理分析相结合。演化经济学与主流经济学的交锋，实际上是"人文"经济学和"科学"经济学的碰撞。纵观我国经济学的发展历史，可以发现 30 年一次演化：从改革开放前 30 年照搬"苏联模式"的计划经济体制，到改革开放后 30 年大量引入"西方模式"的市场经济体制；在接下来 30 年，我们应该构建适合自己国家经济发展的"经济学科体系"或者叫"中国经济学"。而中国经济快速发展和既有问题等特殊背景，再加上中国经济学界尚未形成"一元化统一"格局，中国是否有可能会成为演化经济学研究的中心，将拭目以待。

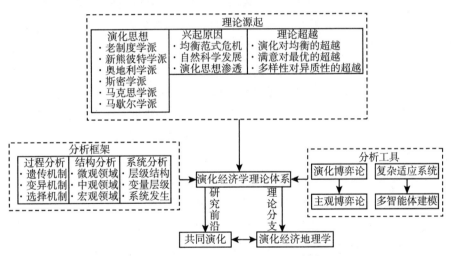

图 2 - 2　演化经济学理论体系的概念模型

## 2.2　关于产业融合的相关研究

从国际和国内产业发展的一般规律来看，在工业化的初、中、后期，三次产业结构依次表现为"一二三""二三一""三二一"的演化规律。但如果不对本地区的经济发展阶段、区位条件变化和资源结构状况有一个清楚的认识，没有对制造业与服务业的关系演化有一个准确的把握，一味地追求"退二进三"并向工业化后期的产业结构调整，将对制造业和服务业的发展均产生不利影响。笔者将结合产业集聚理论、城市经济学、社会网络理论等学科的最新研究成果，从产业和空间层面对制造业和服务业协调发展的相关文献进行综述。

### 2.2.1 基于服务业外部化的研究

服务业的发展存在一个由"内部化"向"外部化"演进的规律性趋势。在经济初期，市场化程度较低、市场交易成本较高时，服务业尤其是生产性服务业都是由企业自身提供，此时服务业在企业内部形成专业化分工和资源优化配置。随着经济发展、市场化程度提高和市场交易成本下降，市场中会出现专门提供诸如营销、设计、咨询、物流等服务的独立市场主体，此时服务业的发展反映的是企业之间的专业化分工和以市场竞争为基础的资源配置体系，即企业可以通过市场交易来购买所需要的服务，而无需自我服务（程大中，2008）。许多学者从分工理论、交易成本理论和产业集聚理论等方面对此进行了解释。

服务业外部化的本质是实现制造业与服务业的社会分工，因而服务业外部化必然就会同时提高两个产业的生产率。服务业的健康发展不仅反映了自身专业化分工的深度（服务质量或效率）和广度（服务门类或种类），还能表征与其他产业的社会分工水平（程大中，2008）。埃塞尔（Ethier，1982）在 D－S 效用函数[①]的基础上建立了生产函数，研究发现增加中间投入品种类可以提高厂商生产率，从而使毫无比较优势的国家或地区内生出一种新的比较优势，促进制造业发展和改变其在分工中的地位。马库森（Markusen，1989）在埃塞尔基础上将生产性服务业引入模型，研究表明获得生产性服务业的边际成本是递减的，而社会分工可以扩大服务业部门的市场范围，并促进服务的专业化、差异化和集聚效应。格鲁伯和沃克（1993）则采用奥地利学派的生产迂回学说来解释制造业与服务业之间关系，指出服务业尤其是生产性服务业能够将人力资本和知识资本导入生产过程中。薛立敏（1993）深化了这一观点，提出生产性服务业能通过供给知识和技术来增加生产的迂回程度，从而促进生产专业

---

① 迪克西特和斯蒂格利茨（Dixit and Stiglitz，1977）建立了一种特殊的效用函数，也被称为 D－S 效用函数，使对社会分工功能的分析能够实现借助数理模型而形式化。

化和资本深化，提高生产要素的生产率。顾乃华等（2006、2010）、江静等（2007）则分别运用省级面板数据和城市面板数据验证了"生产性服务业外部化提高生产率"这一命题。由此可见，随着社会分工的逐渐深化，经济效率将取决于不同生产活动之间的联系属性而非其本身的生产率。

服务业外部化的另一种解释是交易成本理论的视角，巴格瓦蒂（Bhagwati，1984）、丹尼尔斯（Daniels，1988）、胡斯（Goe，1991）、刘志彪（2006）的研究结论相类似，即企业之所以选择服务业外包是基于成本—效率的考虑：服务业的专业化经营可以大大提升服务效率，外部交易成本在规模效应作用下会低于内部组织成本。当然，只有当内部边际组织成本超过了外部边际交易成本时，服务活动才会寻求外部化（吕拉昌和阎小培，2006；卢峰，2007）。陈宪和黄建锋（2004）也指出，服务业外部化虽然是社会分工深化的必然结果，但只有分工收益大于分工成本时才会实现这一机理。需要指出的是，由于资产专用化程度下降和标准化程度加深，服务业外部化的成本也在不断下降，因而内化的服务业也会存在外部性倾向（郑吉昌，2004）。而冯泰文（2009）通过构建生产性服务业与制造业效率关系的中介变量模型发现，中国制造业效率的改善并非主要通过降低市场交易成本实现的，这说明生产性服务业外部化的倾向并不显著。可能的解释是，国内生产性服务业尚处于初级阶段，分工收益并未超过分工成本。

产业集聚由于企业在地理上邻近和产业上相关，降低了企业之间的交易成本，从而为企业从外部购买服务奠定了基础，以此推动了服务业外部化的进程（冯宝轩，2008）。外部化的服务型企业可以在集聚区内与其他经营主体建立频繁的市场相互关系，也解释了为何外部化的生产性服务业都是围绕制造业集聚区进行空间布局。产业集聚强调的是外部规模经济，但也有一些学者从内部规模经济的视角来解释服务业外部化的现象。马库森（1989）研究发现，生产性服务业知识密集型的产业特性使其具有垄断竞争的市场结构，因而在某些领域只会存在大规模化运作的服务商，从而才能为一国甚至全球提供标准化和高质量的服务（周振华，2003）。拜尔斯（Beyers，2003）的实证结果也支持这一结论，即企业在选择生产性服务业外包的众多影响因素之中，最主要的两个原因是技术专家缺乏和经营规模太小。

## 2.2.2　基于制造业服务化的研究

自 20 世纪 90 年代末期，国内外学者的研究中就出现了"基于服务的制造""新制造业""服务增值型制造业"等一系列的概念。这些研究普遍认为，服务业能够显著促进制造业的发展，制造业与服务业相互融合是产业发展的新趋势。"服务化"（servitization）的概念首先是由范德默尔和拉达（Vandermerwe and Rada，1988）提出的，主要指制造业企业由仅提供产品向产品—服务包（product-service package）转变的过程。怀特等（White et al.，1999）在范德默尔和拉达（1988）的研究基础上加入了"基于产品的服务"（product-based services），指出服务化的最终阶段是制造业企业向客户提供完全的服务契约。菲什拜因等（Fishbein et al.，2000）提出了"物品—服务连续区"的概念，反映了制造业企业由单纯出售产品向主要提供服务转变的演化阶段，即处于"直接出售产品"和"主要提供服务"之间存在的交易模式。① 托费尔（Toffel，2002）则认为服务化是一种区别于传统销售模式的业务模式：制造业企业出售不仅是产品本身还有产品功能，并且保留产品使用权和免费维修责任，而客户则根据对产品的使用情况向制造业企业付费。戴维斯（Davies，2003）的研究发现，生产商的供给内容遵循从生产到生产—服务综合体，再到中间服务和运营服务的演化路径。而奥利维亚和卡伦伯格（Oliva and Kallenberg，2003）则将这样的演化过程修改成一个闭合集，在集的两端分别是产品和服务，并为这一演变过程提供了清晰的模型。

对于制造业服务化这种现象的研究不在少数，但只有当制造业企业和服务业企业在空间上集聚、融合，且融合收益大于融合成本时，可以实现制造业服务化，同时这需要社会网络作为基础。网络理论是理解制造业服务化升级的关键，尤其是结构洞理论能更清楚地阐述制造业服务化。任何组织或个人都镶嵌或悬浮于一个由多种关系相互关联结成复杂、交叉、重叠的社会网络之中（孙军锋和王慧娟，2006）。企业发展所具有的资源获取能力与企业所处的网络位置相关联，而制造业服务化这一过程就是制造业企业依赖社会网络获取资源和推动其占据有利网络位置的重要方式。冯宝轩（2008）认为，企业发展所追求的竞争优势不是单纯的资源优势，更重要的是网络位置优势，主要包括信息优势（information benefits）和控制优势（control benefits）。制造业企业与服务业企业之间要么存在强关系，要么存在弱关系，从而完全可以借助社会网络关系获取其服务化所需要的各类要素资源。

---

① 具体而言，物品—服务连续区中的交易模式包括卖产品、卖产品和附加服务、资本性租赁（租赁期满后承租人获得设备所有权）、维护性租赁（租赁期满后租赁人仍拥有设备所有权）、租金和附加服务（租赁期间租赁人承担产品或设备维修的责任）、卖功能（买房使用设备、维修产品、培训人员时需要向买房支付费用）、卖服务（买房仅向卖方支付服务费用）。

制造业企业将服务整合到其核心产品中是为了实现利润最大化（Oliva and Kallenberg, 2003）。由于企业的收益来自于产品整个生命周期的客户群，具有较长生命周期的产品，在整个生命周期内由服务需求（安装、维护、维修、过程支持等）所带来的效益可能要远高于产品本身创造的营业收益（Wise and Baumgartner, 1999）。一般而言，服务的附加值较高、比产品具有更高利润（Szalavetz, 2003），且不受投资拉动和设备采购的经济周期影响，这样就降低了现金流的易变性和脆弱性（Mathieu, 2001）。在日益激烈的市场竞争中，企业为了持续提升竞争力需要建构新的竞争优势，因而在了解供应商、分销商、中间产品需求方、最终消费者等顾客内生价值的基础上，向他们提供可以满足其价值生成的一整套产品和服务，成为唯一能在顾客关系管理中创造顾客价值的要素（Gronroos, 1988）。布朗等（Brown et al. , 2002）、奥利维亚和卡伦伯格（2003）也认为，制造业企业提供产品—服务包（product-service package）的目的是建立与维护与顾客之间的良性关系上，有助于满足顾客需求。

### 2.2.3　基于城市集聚经济的研究

服务业尤其是生产性服务业的区位选择与制造业联系紧密但又不完全依赖之，同时以解释工业企业集聚为目的而建立的产业集聚理论（包括外生性产业集聚理论和内生性产业集聚理论），在解释服务业集聚时有一定适用性，但也存在很多不足之处。霍姆斯和史蒂文斯（Holmes and Stevens, 2002、2004）研究发现，制造业与服务业的集聚程度与企业规模显著正相关，但制造业为了获得规模经济和降低人力成本，倾向于大规模地搬迁到小城市或农村地区，而服务业企业仍然集聚在大都市或大城市地区，其中典型的服务行业有审计行业（Gong and Wheeler, 2002）、金融业（Clark, 2000）、法律服务业（Warf, 2001）。这表明：一方面，服务业有着较小的有效规模，因而对于要素成本上升（如土地价格），存在相对较强的承受能力（Lucas and Rossi - Hanberg, 2002）；另一方面，制造业为了维持有效规模或规模经济，将会转移到要素价格较低的外围地区，而服务业则仍集聚在中心地区。换言之，制造业与服务业在规模经济上的差异化使得两者在同一个城市地区内部的区位选择上存在互补效应。

马歇尔关于集聚经济的三种外部性，即充足劳动力（labor force pooling）、大量中间产品（pecialized intermediate goods）和技术外溢（technological spillover），成为产业区位选择的主要分析工具。在大都市或大城市内部，CBD 是最具可达性的地区，而且由于拥有各类互补性技能的劳动力，因而成为企业总部的首选区位（Millsa and Lubuele，1997）。而服务业企业的可达性因为可以进一步提高企业生产率，提升了 CBD 对于企业总部的吸引力（Davis and Henderson，2003；江静等，2007；顾乃华等，2010）。Shearmur 和 Alvergne（2002）对巴黎生产性服务业企业区位的研究发现，金融、法律等服务业之所以集中在 CBD 是为了更加靠近于企业总部，而服务的对象既有企业也有消费者的服务业（如保险、审计、房地产等）则很少集聚在市中心。另外，CBD 较高的就业密度所带来的企业管理者、技术人员之间的面对面的接触与交流是提高企业生产率的重要原因之一（Lucas and Rossi - Hanberg，2002）。那些从面对面的信息交流中获取收益最多的企业就会倾向于支付较高的土地价格和人力成本以获得可达性较好的地理区位（Mills and Lubuele，1997）。巩和惠勒（Gong and Wheeler，2002）对亚达兰大的研究也表明，CBD 集聚了大量面对面交流的审计行业的就业人员，而是采用计算机和数据处理、信用报告等电子通信的企业则主要分布在城市周边地区。

与制造业相比，服务业具有更高的"劳动密集型"特征（Noyelle and Stanback，1984），尤其是生产性服务业更需要在地理上接近具备知识、信息、技术能力的劳动力资源。这是因为生产性服务业不仅是劳动密集型产业，而且更是知识密集型产业，从而需要不可替代的高技能劳动力。生产性服务业所需要的高质量劳动力，容易受到高质量的文化氛围和公共服务的吸引，从而大多集中在大都市区（Noyelle and Stanback，1984）。伊列雷斯（Illeris，1996）也指出，劳动力因素是作用于生产性服务业区位选择的关键要素：一方面，较为复杂的生产性服务业之所以集中在大城市地区，其目的是为了获取高质量的人力资源；另一方面，对于比较简单的生产性服务业而言，廉价的劳动力资源成为其区位选择的首选因素。

运输成本对于产业集聚的解释一直发挥着重要作用。冯·杜能首先提出了"运输成本"的理念，即将其假设为匀质空间内影响企业区位选择的唯一因素，而新经济地理学派也把运输成本作为分析焦点。但是这些解释大都是建立在工业或制造业的分析之上的，这是因为制造业的生产和消费在时空上存在可分离性，而对于无形的服务产品而言，传统的运输成本就难以解释了。鉴此，陈建军等（2009）提出采用信息传输成本来替代制造业中的运输成本，以作为生产性服务业集聚的重要影响因素。对于标准化的服务产品而言，由于其生产和消费是可以分离的，信息传输成本的降低则会加快生产性服务业的空间集聚（Coffey，1992）。需要指出的是，对于非标准化的生产性服务业而言，其生产和消费是无法分离的，即主要依赖于"面对面"的接触来完成生产和消费的过程，而此时服务产品是没有传输成本的，也正是这种"面对面"零成本的信息传输方式导致了生产性服务业企业集聚在城市的中心地区。这也证实了信息传输成本的降低（为零）促进了生产性服务业的空间集聚。

## 2.3　产业集聚与经济增长理论

新经济地理学将长期被忽视的空间因素纳入一般均衡的分析框架中，解释现实经济生活中存在的不同形式、不同规模的产业集聚机制，并以此分析区域经济增长的规律与途径（Krugman，1991；Krugman and Vemables，1995；Vemables，1995；Fujita and Mori，1997；Fujita et al.，1999）。从理论上看，新经济地理学和新增长理论的研究内容存在较强的内在关联：新经济地理学研究经济活动如何选址，以及解释为什么企业会如此集中；新经济增长理论则重点关注经济活动是如何通过技术创新生成的。因此，完全可以将新经济活动的选址过程与创新过程结合起来考虑。从方法论上看，两个研究领域都是以D－S 模型（Dixit and Stiglitz，1977）为基础发展起来的，从而为两个领域的交叉研究提供了条件和可能。

### 2.3.1　"中心—外围"模型

"中心—外围"模型（Core－Periphery 模型，简称 CP 模型）是空间经济学的基本模型，其建立在规模收益递增、垄断竞争模型和运输成本三个命题之上，考察的是由初始禀赋相同的两地区组成的经济系统，包括垄断竞争的工业和完全竞争的农业两个部门，以及可流动的熟练劳动力和不流动的非熟练劳动力两种生产要素。均衡状态下工业企业的地理分布由向心力（集聚力量）和离心力（扩散力量）的大小决定。其中，向心力具有两个来源：（1）本地市场效应（home market effect）。为了降低运输成本，工业企业倾向于选择在市场需求规模较大的地区进行生产，然后向市场需求规模较小的地区出口产品。（2）价格指数效应（price index effect）。由于产品种类和数量在工业企业比较集中的地区较多，从外地流入的产品种类和数量很少，运输成本的存在使得该地区的商品具有较低的价格水平，因而在两地名义收入相同的条件下，该地区的熟练劳动力就能够获得更高的实际收入，从而导致熟练劳动力流动到工业企业较多的地区。前一种向心力被称为后向关联（backward linkage），后一种向心力被称为前向关联（forward linkage）。离心力也有两个来源：（1）市场拥挤效应（market crowding effect）。这源自两个原因：一方面，在工业企业集聚的地区，更加激烈的市场竞争使本地区的工业企业所面临的市场需求低于另外一个地区；另一方面，运输成本造成的"贸易保护效应"导致外地市场需求对本地工业企业利润的正向效果减小。因此，工业企业最终由于企业利润水平的下降而流向工业企业较少的地区。（2）非流动要素（immobile factors）。由于非熟练劳动力对工业产品也存在消费需求，因而如果对称分布时的非熟练劳动力较熟练劳动力越多，均衡时两地市场需求规模的差异就越小，工业企业的地理分布就越分散。

向心力和离心力的相对强弱决定了均衡时工业企业的空间布局，而运输成本的大小则决定了这两种力量的强弱①。具体而言，当运输成本处于较高水平时，经济系统的离心力大于向心力，从而两个地区会保持比较稳定、对称的空间分布状态。随着运输成本的减少，向心力和离心力都会下降，但是离心力比向心力对运输成本更加敏感，即离心力下降的速度将更快。此时就存在运输成本的某个临界点，即 $\varphi_B$ 称为间断点（break point）。当运输成本低于间断点时（$\phi > \varphi_B$），离心力大于向心力，此时对称均衡不稳定，（见图 2 – 3（a））。伴随运输成本的继续下降，工业企业持续向某一地区流动，两个地区的工业企业数量不再呈对称分布。当运输成本下降至又一临界点，即 $\varphi_S$ 称为维持点（sustain point）。当运输成本低于维持点时（$\phi > \varphi_S$），工业企业都会集聚在一个地区，而另一个地区只有农业部门的生产均衡是稳定的，由此经济系统便形成了"中心—外围"结构。

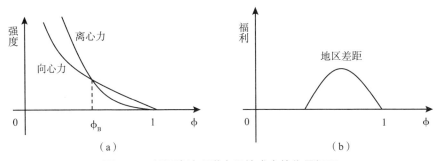

图 2 – 3　新经济地理学中运输成本的作用机理

① 新经济地理学采用的运输成本是萨缪尔森的"冰山型"（iceberg form）运输成本（Samuelson，1954），即运输 $\tau > 1$ 单位的工业产品到目的地，只有 1 单位产品能够到达。定义 $\phi = \tau^{1-\sigma} \in (0, 1)$，其中，$\sigma > 1$ 表示不同产品之间的替代弹性，$\phi$ 反映了经济一体化程度，$\phi$ 越大代表经济一体化程度越高。

由于工业产品的运输需要支付运输成本,使得中心地区的消费者价格指数(CPI)必然低于外围地区,因而中心地区的消费者即熟练劳动力和非熟练劳动力的福利水平就会高于外围地区的消费者,即非熟练劳动力。当运输成本很高时,两个地区会维持对称的初始分布,两个地区的熟练劳动力内、非熟练劳动力内的福利水平相同,但此时熟练劳动力的福利水平会明显高于非熟练劳动力的福利水平。随着运输成本降到间断点之下,部分工业企业开始从一个地区搬迁到另外一个地区,从而带来了两地消费者价格指数和非熟练劳动力福利水平的差异。当运输成本降低到维持点之下以后,两个地区形成"中心—外围"结构,此时两个地区消费者福利水平的大小依次为:中心地区熟练劳动力 > 中心地区非熟练劳动力 > 外围地区非熟练劳动力。当运输成本降低至接近零时,中心地区与外围地区的消费者价格指数趋同,此时两个地区非熟练劳动力的福利水平也相等。因此,我们可以发现,在运输成本从无穷大降低至零的过程中,两个地区消费者的福利水平差距呈现出先增加后降低的倒"U"形趋势(见图 2-3(b))。从中得到的启示是,在经济一体化的过程中,发达地区与落后地区的收入差距会不断扩大,但当经济一体化向纵深继续推进时,地区间的收入差异才会逐渐缩小。

由于最初的"中心—外围"模型在很大程度上依赖于生产函数、效用函数和运输技术等特定的函数形式(Fujita and Mori,2005),因此多数学者在 D-S 框架下对"中心—外围"模型作了进一步的拓展,典型的有马丁和罗杰斯(Martin and Rogers,1995)的资本自由流动模型、鲍德温(Baldwin,1999)的资本创造模型、藤田等(Fujita et al.,1999)的核心边缘垂直联系模型、奥塔维亚诺等(Ottaviano et al.,2002)的企业家自由流动模型等。另外,福斯里德和奥塔维亚诺(Forslid and Ottaviano,2003)在自由资本模型和自由企业家模型的基础上引入了线性模型,将企业之间的相互影响纳入模型分析;博林特和藤田(Berliant and Fujita,2008、2009)构建了知识关联模型,将"中心—外围"模型局限在前、后向关联效应即经济的溢出,拓展到专业化劳动力市场的知识和技术的外溢效应;奥塔维亚诺和皮内利(Ottaviano and Pinelli,2006)重点关注了中间投入品对于企业区位选择的影响效应。关于新经济地理学的理论拓展方向,关键在于逐渐放松"中心—外围"模型的假定,检验模型结论的稳健性,提高其对现实经济活动的解释力,例如在经济实践中,经济活动的空间集聚并不一定导致地区间收入差距扩大。

## 2.3.2 开放经济条件下的产业集聚与扩散

全球化是当今世界经济发展的一个基本趋势,各个国家的经济活动的空间布局不可避免地都会受到经济全球化的影响。贝伦斯等（Behrens et al.，2009）对欧盟一体化的研究发现，有些欧盟成员国从欧盟一体化中收益，而有些欧盟成员国则从中蒙受损失，这种经济一体化导致的利益分配不均是造成政治动荡和社会混乱的重要原因。藤田和胡（Fujita and Hu，2001）对中国经济发展经验的研究指出，对外开放政策是导致中国经济活动向东部沿海地区集聚的主要因素之一。自克鲁格曼（Krugman，1991）以来，大量学者开始探讨在开放经济条件下全球经济一体化对多个国家或地区产业空间布局和社会福利水平的影响（Krugman and Venables，1995；Tabuchi et al.，2005；Furusawa and Konishi，2007）。克鲁格曼和埃利桑多（Krugman and Elizondo，1996）将两区域模型拓展到三区域并探讨了国际贸易政策与城市规模之间的关系，研究发现封闭市场有利于大城市的形成，而开放市场的作用正好相反。曾和赵（Zeng and Zhao，2010）基于"松脚型资本"（footloose capital）的基本假设，即资本可以在国家和地区之间自由流动，构建了一个两国四区域模型，研究发现：一个国家内部的地区差距不仅取决于本国内部的基础设施状况，还取决于其他国家内部的基础设施水平；随着对外开放程度的提高，大国内部的地区差距会呈现"倒U形"的变化趋势。究其原因，主要在于：一方面，工业部门的规模报酬递增技术是产业集聚力量的主要来源，国际贸易成本的下降意味着工业部门面临更大的国际市场需求，从而导致工业和资本向大国或具有大国优势的区域集聚以获得规模报酬递增带来的收益；另一方面，由于本地市场效应的存在，工业企业会因为国际贸易成本的下降而向大国迁移，从而导致国际市场需求对大国工业发展的促进作用逐渐减弱，使得大国工业的空间布局趋向于分散化。

上述模型大都假定一个国家内部的不同地区的国际贸易成本相同，这一假定显然不太符合中国的实际情况。中国的东部地区由于属于沿海地区，其国际贸易成本明显低于中西部地区。对此，中国政府通过政策引导逐渐提高中部、西部地区的对外开放程度，而这一举措势必会影响整个中国的产业空间分布。邓慧慧（2009）构建一个包括两部门、三要素、三区域的开放经济模型，并将中国的东部地区和西部地区分别设定为不同的国际贸易成本，研究发现：当东部地区国际贸易成本足够大时，即使国内地区之间的贸易成本很高，也将导致工业和资本向东部地区集聚；随着西部地区国际贸易成本的下降和东部地区国际贸易成本优势的减弱，工业和资本的空间布局将趋于分散化。宋华盛等（2010）的研究结论也证实，一个国家的国内经济一体化水平的不断提高将使国内不同地区之间的产业规模差距持续扩大。

为什么中国越是落后地区，其地方保护主义和市场分割程度就越高？我们将上述地区间产业规模差异的演化规律和中国的制度背景相结合就会发现，落后地区的政府往往会在地区之间设置贸易屏障，以保护本地区的企业和阻止企业向外迁移，从而为本地区创造更高的就业机会和收入水平。朱希伟等（2005）将地方保护和市场分割纳入新经济地理模型，研究发现：当国外市场进入成本处于本地市场和国内其他市场的进入成本之间时，将导致低能力企业进入本地市场，中能力企业进入本地和国外市场，高能力企业同时进入三个市场；当市场分割使国外市场进入成本低于本地市场进入成本时，低能力企业就会进入国外市场，中能力企业进入本地和国外市场，高能力企业同时进入三个市场。这也就解释了为什么中国大量的民营企业会选择通过 OEM 的方式进入国际市场，而不进入国内市场的"舍近求远"的异常现象。金祥荣等（2008）构建了一个两国三地区的垄断竞争模型，并在市场分割的条件下引入企业异质性假定，研究发现法律和产权保护等制度因素对地区出口差异具有显著的影响，因而通过改善企业发展的制度环境可以缓解地区之间的出口差异和经济发展不平衡。

### 2.3.3 经济地理与经济增长：知识溢出效应

与"中心—外围"的静态模型相比，新经济地理学的动态模型在原有的两部门基础上引入了研发部门，也被称之为资本生产部门，而研发活动往往具有溢出效应。正是国家或地区之间的知识溢出效应为国家或地区经济增长速度差异提供了不同的解释视角，而且随着地理距离的增加，知识溢出的强度也会不断衰减（Glaeser et al.，1992；Jaffe et al.，1993；Henderson et al.，1995）。与新增长理论不同的是，新经济地理学的动态模型关注的不仅仅是经济增长，更重要的是经济地理与经济增长的关系。经济地理与经济增长的关系在很大程度上依赖于资本属性，即在经济系统积累的物质资本和人力资本。需要指出的是，物质资本的所有者既可以本地区投资也能跨地区投资，而人力资本与其所有者不能分离，即物质资本集聚只会带来工业生产活动的集聚，而人力资本能同时带来工业生产和消费的空间集聚。

马丁和奥塔维亚诺（Martin and Ottaviano，1999）将罗默（Romer，1990）、格罗斯曼和赫尔普曼（Grossman and Helpman，1991）的经济增长框架与马丁和罗杰斯（Martin and Rogers，1995）的产业区位框架结合起来，探讨了内生增长与产业区位之间的内在关系，研究发现：当知识溢出是全域性的，经济活动的空间集聚则不会影响区域经济增长，而当知识溢出是局部性的，产业集聚则会促进经济增长。这说明区域之间的运输成本下降会通过影响企业的区位分布来促进经济增长。巴塞维和奥塔维亚诺（Basevi and Ottaviano，2002）在马丁和奥塔维亚诺（1999）的基础上，考察了企业从创新区域向非创新区域迁移的基本情况，研究结论显示：由于区域内部知识溢出的存在，企业具有持续发明新产品的内生动力，而当企业从创新区域迁移到非创新区域以后，会导致产业集聚程度的下降和创新区域的福利损失，从而不利于经济增长。与上述研究假设研发部门以人力资本投入为主不同的是，马丁和奥塔维亚诺（2001）将研发部门的生产投入设定为工业制成品，研究发现：由于交易成本的存在，经济活动的空间集聚可以通过货币外部性（pecuniary externalities）降低企业的创新成本，从而促进区域经济增长；与此同时，研发部门的生产投入需要工业制成品，这也相当于增加了对工业制成品的市场需求，因而企业具有向创新区域集聚的动力。希罗斯和山本（Hirose and Yamamoto，2007）将区域之间知识溢出的对称情况进行了对比发现，若区域之间的知识溢出是对称的，则创新部门会集聚在市场规模较大的区域，而当区域之间的知识溢出不对称时，创新部门也有可能在市场规模较小的区域集聚，这取决于两个地区创新成本的高低。

鲍德温（1999）构建了一个内生资本模型，与马丁和奥塔维亚诺（1999）的最大不同在于假定资本不能在区域之间流动，从而为人力资本积累与经济增长提供了一个分析框架。鲍德温等（2001）在鲍德温（1999）的基础上建立了阶段式增长模型（stages-of-growth model），通过贸易成本的变化并分为四个阶段来解释北方国家的工业化和经济起飞、全球贸易量迅速扩张和世界收入差距扩大等现象。切里纳和穆雷德（Cerina and Muredd，2012）考察了工业产品与传统产品的替代关系对于经济地理与经济增长的影响效应，研究发现：如果工业产品与传统产品之间具有完全替代关系，则经济活动的空间集聚都将发生，并且不受商品贸易成本大小的影响；即使知识溢出是全域性的，经济活动的空间分布也会影响区域的经济增长，而且促进还是抑制经济增长取决于工业产品与传统产品的替代关系。

如果人力资本可以跨区域流动，那么长期稳定均衡将如何？藤田和蒂斯（Fujita and Thisse，2003）以完全相同的两个地区、两种生产要素（可流动的熟练劳动力和不可流动的非熟练劳动力）和知识溢出随地理衰减为基本假设，指出稳定均衡只存在两种：一是所有工业企业和研发企业都集聚在一个地区的集聚均衡；二是两个地区具有相同数量的工业企业和研发企业的对称均衡。但稳定性分析发现，集聚均衡是稳定的，而对称均衡是不稳定的。模型还发现，如果产业集聚能促进经济增长，则无论是中心地区还是外围地区的劳动力都能从集聚均衡中获得更高的福利水平。然而，关于产业集聚与经济增长的研究，在理论和实证两个方面深入探讨两者相互作用的内在机制和演化规律的研究都还相对较少：在理论研究上，多数研究都以产业集聚降低研发成本为基本出发点来解释产业集聚对经济增长的影响效应；在实证分析上，多数研究只是回答了产业集聚能否促进经济增长，而为什么促进或抑制则涉足较少。

## 2.4　空间计量分析方法

空间计量经济学作为一个确定的研究领域出现在 20 世纪 70 年代早期，是为满足区域计量经济学中处理区域经济数据的需要而出现的。托布斯（Tobler，1970）提出的"地理学第一定律"认为，任何事物都存在空间相关，距离越近的事物空间相关性越大，这种空间相关性的存在打破了传统经典计量分析中的一些基本假设。费希尔（Fisher，1971）首次在应用经济学领域提出了空间自回归的概念，并分析了这一概念在线性回归的应用。佩林克（Paelinck，1974）在荷兰统计协会年会大会致辞中首次提出了"空间计量经济学"（spatial econometrics）的名词。随后，佩林克和克拉森（Paelinck and Klaassen，1979）明确了"空间计量经济学"的概念并罗列该领域的五大研究特征，即计量模型中空间相互依赖作用、来自于其他空间单元的要素对某一空间单元解释的重要性、空间联系的非对称性、前后作用差异和空间技术建模的清晰化。安瑟伦（Anselin，1988）进一步阐述了空间计量经济学的定义为处理在区域科学模型统计分析中因空间因素引致的诸多特性的技术总称。

空间计量经济模型区别于传统计量经济模型的关键之处在于前者分析现在经济行为中考虑了个体之间在空间上的相互作用及表现的差异性，即空间效应（spatial effects），而后者默认假设个体在空间上具有独立性和同质性。空间效应在模型中的度量主要通过引入空间权重矩阵（spatial weight matrix），以及构造空间滞后因子（spatial lag operator）来实现。本书所选择的空间计量模型主要包括空间误差模型（SEM 模型）、空间滞后模型（SLM 模型）和空间杜宾模型（SDM）。标准空间面板数据模型可表示为：

$$y_{it} = \delta \sum_{j=1}^{N} w_{it} y_{it} + x_{it} \beta + \sum_{j=1}^{N} w_{it} x_{it} \gamma + \mu_i + \nu_t + \varepsilon_{it} \qquad (2.1)$$

其中，i、t 分别表示地区和年份，$y_{it}$ 代表解释变量，$x_{it}$ 代表解释变量，$\mu_i$、$\nu_i$、$\varepsilon_{it}$ 分别表示地区效应、时间效应和随机扰动项。$\delta$ 是空间滞后系数，反映了样本观测值之间的空间依赖性。当 $\gamma = 0$ 时，空间杜宾模型将转化为空间滞后模型；当 $\gamma + \delta\beta = 0$ 时，空间杜宾模型将转化为空间误差模型（Elhorst，2010）。$w_{it}$ 表示空间权重矩阵（$N \times T$）$\times$（$N \times T$）分块矩阵中的元素，矩阵对角线上的每个子块都是一个（$N \times N$）的矩阵，而非对角线的子块全为 0。权重矩阵通过标准化处理以后，每行元素之和为 1。

由于空间效应的存在，若仍用传统的 OLS 方法对空间模型进行参数估计肯定得出有偏或无效的结果，因而多数文献采用极大似然法（Maximum Likelihood，ML）或工具变量/广义矩阵法（IV/GMM）对空间计量模型进行参数估计。本书以应用广泛的个体固定效应模型为例来说明极大似然法的估计方法。对于包含空间滞后解释变量的面板模型而言，会存在两个问题：一是空间滞后项具有内生性问题，违反了 $E[(\sum w_{ij}y_{it})]\varepsilon_{it} = 0$ 的基本假设；二是样本观测值之间在每个时点存在的空间依赖性会影响对固定效应的估计。埃洛斯特（Elhorst，2003）利用极大似然法来处理由空间滞后项引起的内生性问题，因此空间滞后解释变量的个体固定效应面板数据模型的极大似然法函数可以表示为：

$$\text{LogL} = -\frac{NT}{2}\log(2\pi\sigma^2) + T\log|I_N - \delta W| - \frac{1}{2\sigma^2}\sum_{i=1}^{N}\sum_{j=1}^{N}$$

$$[y_{it}^* - \delta(\sum_{j=1}^{N}w_{ij}y_{it})^* - x_{it}^*\beta - \mu_i]^2 \qquad (2.2)$$

其中，$y_{it}^* = y_{it} - \frac{1}{T}\sum_{1}^{T}y_{it}$，$x_{it}^* = y_{it} - \frac{1}{T}\sum_{1}^{T}x_{it}$，即对原来的序列进行组内去均值处理。$\beta$ 和 $\sigma^2$ 的极大似然估计量分别为 $\beta = (X'QX)^{-1}X'Q[Y - \delta(I_T \otimes W)Y]$[①]和 $\sigma^2 = \frac{1}{NT}(e_0^* - \delta e_1^*)'(e_0^* - \delta e_1^*)$。Q 是对矩阵进行去均值的操作：$Q = I_{NT} - \frac{1}{T}1_T1_T' \otimes I_N$，$Y^* = QY$，$(I_T \otimes W)Y^* = Q(I_T \otimes W)Y$，$X^* = QX$。令 $\tilde{W} = W(I_N - \delta W)^{-1}$，渐近方差矩阵可以表示为：

---

① 本书中 $\otimes$ 代表克罗内克积。

$$
\text{Asy. Var}(\beta,\ \delta,\ \sigma^2) = \begin{bmatrix} \dfrac{1}{\sigma^2}X''X^* & & \\ \dfrac{1}{\sigma^2}X''(I_T\otimes\widetilde{W})X^*\beta & T^*\text{tr}(\widetilde{W}\widetilde{W}+\widetilde{W}'\widetilde{W})+\dfrac{1}{\sigma^2}\beta'X''(I_T\otimes\widetilde{W}'\widetilde{W})X^*\beta & \\ & \dfrac{T}{\sigma^2}\text{tr}(\widetilde{W}) & \dfrac{NT}{2\sigma^4} \end{bmatrix}
$$

$$(2.3)$$

　　由于标准极大似然法在对空间固定效应模型进行估计时存在偏误，因而不同情形的纠偏方法也不尽相同，主要包括：（1）若空间误差模型、空间滞后模型和空间杜宾模型只含有空间个体固定效应，而不含时间固定效应，那么残差项方差 $\sigma^2$ 的估计 $\hat{\sigma}^2$ 就是有偏的，可以通过李和虞（Lee and Yu，2010）的简单方法加以纠正（Bias Corrected，BC），即 $\hat{\sigma}^2_{BC}=\dfrac{T}{T-1}\hat{\sigma}^2$；（2）如果空间误差模型、空间滞后模型和空间杜宾模型含有空间个体时间固定效应，而不含固定效应，那么残差项方差 $\sigma^2$ 的估计也是有偏的，误差纠正的方法为 $\hat{\sigma}^2_{BC}=\dfrac{N}{N-1}\hat{\sigma}^2$；（3）当空间误差模型、空间滞后模型和空间杜宾模型既含有空间个体固定效应又包括时间固定效应时，那么不仅残差项方差 $\sigma^2$ 是有偏的，而且其他参数的估计也需要纠偏，于是空间误差模型、空间滞后模型和空间杜宾模型的纠偏方法分别表示为（$\Theta$ 表示 Hadamard 乘积）：

$$
\begin{bmatrix} \hat{\beta} \\ \hat{\rho} \\ \hat{\sigma}^2 \end{bmatrix}_{BC} = \begin{bmatrix} 1_K \\ 1 \\ \dfrac{T}{T-1} \end{bmatrix}\Theta\begin{bmatrix} \hat{\beta} \\ \hat{\rho} \\ \hat{\sigma}^2 \end{bmatrix} - \dfrac{1}{N}\left[-\sum(\hat{\beta},\ \hat{\rho},\ \hat{\sigma}^2)\right]^{-1}\begin{bmatrix} 0_K \\ \dfrac{1}{1-\hat{\rho}} \\ \dfrac{1}{2\hat{\sigma}^2} \end{bmatrix} \quad (2.4)
$$

$$
\begin{bmatrix} \hat{\beta} \\ \hat{\delta} \\ \hat{\sigma}^2 \end{bmatrix}_{BC} = \begin{bmatrix} 1_K \\ 1 \\ \dfrac{T}{T-1} \end{bmatrix}\Theta\begin{bmatrix} \hat{\beta} \\ \hat{\delta} \\ \hat{\sigma}^2 \end{bmatrix} - \dfrac{1}{N}\left[-\sum(\hat{\beta},\ \hat{\delta},\ \hat{\sigma}^2)\right]^{-1}\begin{bmatrix} 0_K \\ \dfrac{1}{1-\hat{\delta}} \\ \dfrac{1}{2\hat{\sigma}^2} \end{bmatrix} \quad (2.5)
$$

$$
\begin{bmatrix} \hat{\beta} \\ \hat{\theta} \\ \hat{\delta} \\ \hat{\sigma}^2 \end{bmatrix}_{BC} = \begin{bmatrix} 1_K \\ 1_K \\ 1 \\ \dfrac{T}{T-1} \end{bmatrix} \Theta \begin{bmatrix} \hat{\beta} \\ \hat{\theta} \\ \hat{\delta} \\ \hat{\sigma}^2 \end{bmatrix} - \frac{1}{N} \big[ - \sum (\hat{\beta}, \hat{\theta}, \hat{\delta}, \hat{\sigma}^2) \big]^{-1} \begin{bmatrix} 0_K \\ 0_K \\ \dfrac{1}{1-\hat{\delta}} \\ \dfrac{1}{2\hat{\sigma}^2} \end{bmatrix} \quad (2.6)
$$

自克勒健和普鲁查（Kelejian and Prucha，1999）提出空间截面模型的广义矩估计以后，卡普尔等（Kapoor et al.，2007）将截面数据中的广义矩估计方法（GMM）扩展到面板数据模型，并推导得出 N 趋于无穷大而 T 固定时广义矩方法估计量的大样本性质。令 $\bar{\mu} = \lambda(I_T \otimes W)\mu$，$\bar{\bar{\mu}} = (I_T \otimes W)\bar{\mu}$，$\bar{\varepsilon} = (I_T \otimes W)\varepsilon$，其中 $I_T$ 为 T 阶单位矩阵，那么可以得到：$E[\varepsilon'Q\varepsilon/N(T-1)] = \sigma_\nu^2$，$E[\bar{\varepsilon}'Q\bar{\varepsilon}/N(T-1)] = \sigma_\nu^2 tr(W'W)/N$，$E[\bar{\varepsilon}'Q\varepsilon/N(T-1)] = 0$，$E[\varepsilon'P\varepsilon/N(T-1)] = T\sigma_\mu^2 + \sigma_\nu^2 = \sigma_1^2$，$E[\bar{\varepsilon}'P\varepsilon/N(T-1)] = \sigma_1^2 tr(W'W)/N$，$E[\bar{\varepsilon}'P\varepsilon/N] = 0$。其中，$J_T = e_T e'_T$，$Q = (I_T - \dfrac{J_T}{T}) \otimes I_N$，$P = \dfrac{J_T}{T} \otimes I_N$，$Q + P = I_{NT}$，$tr(Q) = N(T-1)$，$tr(P) = N$，$Q(e_T \otimes I_N) = 0$，$P(e_T \otimes I_N) = (e_T \otimes I_N)$。

随后，李和虞（Lee and Yu，2010）、巴尔塔吉等（Baltagi et al.，2011）等学者对空间面板数据模型的 GMM 估计方法进行了补充、拓展和完善。空间计量分析方法逐渐进入了成熟阶段，在区域经济学、经济地理学、城市经济学等领域得到了广泛应用（Anselin，2010），尤其是随着 R、Gauss、MATLAB 等语言编写的计量程序的快速发展使更多研究者进入这一领域。

# 第 3 章

## 产业集聚与城市化的共同演化：
## 演化经济学视角

中国经济增长的动力已经由原先的工业化单引擎向工业化与城市化的双引擎转变（经济增长前沿课题组，2003），而产业集聚与城市化的互动发展也成为中国区域经济发展过程中一个十分显著的经济现象。尽管产业集聚与城市化的有效互动对于区域经济发展的重要性已达成共识，但是两者怎样互动、如何演化却有待深入研究。这主要归因于各领域对产业、城市两者研究的侧重点不同，而产业集聚与城市化形成的共同基础是 MAR 外部性理论（Marshall，1890）。其中，克鲁格曼（Krugman，1991）借鉴 MAR 外部性理论，确认了产业专属技能的劳动力市场、非贸易的特定投入品、信息溢出改进生产函数等所形成的特定产业地方化是专业化城市产生的根本原因。而米尔斯和汉密尔顿（Mills and Hamilton，1994）将 MAR 外部性运用到城市形成理论中，构建了米尔斯—汉密尔顿城市形成模型，认为城市化的主要动力是产业的区位选择和集聚过程。迪朗东和蒲格（Duranton and Puga，2001）则提出"技术池"观点，认为城市化形成的专业化（交易成本和劳动力成本更低）、多样性（金融、科研、公共服务等）可以为企业提供更多的技术选择机会来改造生产流程，进而影响企业的规模生产、技术匹配、资本外溢和区位选择（Berliant and Konishi，2000）。而亨德森（Henderson，1974、1997）用城市内部结构理论和 MAR 外部性解释了城市中的产业集聚现象，并从城市贸易的角度研究发现，专业化、多样化城市更加有助于生产标准化产品并出口到其他地区（城市）（李金滟和宋德勇，2008）。

随后，一些学者开始在新经济地理学、区域经济学、新古典经济学等主流经济学的分析框架下，从多个角度对产业集聚与城市化的互动关系进行了初步探索。藤田等（Fujita et al.，1999）对中心—外围模型进行了扩展，以此来解释产业扩散现象和城市形成及新城市产生的条件，并阐述了城市体系的形成过程。迪朗东和蒲格（Duranton and Puga，2005）则提出"城市功能专业化"（functional urban specialization）概念来描述区域分工形式并构建了城市功能专业化指数，不仅可以测度城市的分工水平，还能反映企业组织形式和产业空间结构的双重变化。而我国学者则主要是从中观和宏观两个层面对产业集聚与城市化（城市群）的互动关系进行了相关的理论和实证研究。多数学者认为，产业集聚效应与城市化之间存在不断演进的自增强机制（李清娟，2003；乔彬和李国平，2006），因而加速我国城市化进程，需要同时发挥城市集聚经济、产业集群和城市群的多重作用（苏雪串，2004）。葛立成则从空间关联性的角度，重点分析了浙江省产业集聚的指向、类型和城市化的推进方式、扩张形式之间的关联性，并指出产业集聚既推动了城市化阶段的更替，也影响了城市化的地域模式。而徐维祥和唐根年（2005）总结提出了以专业市场为对接平台、外商直接投资和基于开发区建设的产业集聚与城市化互动的三种模式。陆根尧等（2011）、陈雁云和秦川（2012）则通过选取典型的产业集聚区和城市（城市群），对产业集聚与城市化的互动关系进行了实证研究，结果显示加强两者间的互动关系对区域经济发展有显著的正效应。综上所述，国外研究大多停留在理论建模方面，实证研究并不多见，而国内还主要以定性的经验分析为主，非常缺产业集聚与城市化互动关系的结构分析。更重要的是，现有文献大都是基于主流经济学的研究范式，往往忽视了产业集聚与城市化互动形成和发展的动态的、历史的演化过程①，又未进行不同时期、不同环境和不同发展条件下复杂关系的比较分析，具有一定的实践局限性。

自20世纪80年代以来，演化经济学的迅速发展对主流经济学的研究范式提出了严峻挑战（Nelson and Winter，1982），主流经济学中的"静态""均衡""最优化""同质性"等理论因远离现实而受到越来越多的质疑（多普菲，2004），经济学分析呈现出从"均衡范式"向"演化范式"不断发展的趋势（Nelson and Winter，2002；贾根良，2004）。此外，演化经济学更加强调个体与个体、系统与系统以及个体与系统等不同主体、不同层级之间的相互影响机制，从而形成了众多的演化模型与分析工具（Nelson，1994；Luigi and Marc，1997；黄凯南，2009）。产业与城市本身就是两个复杂性适应系统，涉及微观

---

① 与波特（Porter）学派提出的"产业集群"概念相比，克鲁格曼引领的新经济地理学派更愿意使用"产业集聚"的概念。从字面上理解，好像产业集聚是产业发展的一种静态结果，而产业集聚则更关注产业发展的动态过程。但实际上，新经济地理学派虽然已经注意到了产业动态演化的重要性，但是研究方法还是以比较静态分析为主，并没有更多地解释产业之间的动态关联性和历史演化过程。详细可以参阅波斯玛和兰布伊（Boschma and Lambooy，1999）、波斯玛和弗伦肯（Boschma and Frenken，2006）的观点。

（生产商或服务商）、中观（产业或区域）、宏观（环境）等多个领域，并且各个领域之间又交叉、互动，两者之间的演化是动态的、阶段的，这些都迫切要求理论研究范式及视角从"静态均衡"转向"动态演化"而走向真实。基于上述理论和实践背景，本章构建了产业集聚与城市化共同演化的理论框架和模型，并结合"义乌商圈"和"柯桥商圈"的历史演进过程，深入揭示产业集聚与城市化动态演化的机制与过程，提炼产业集聚与城市化动态演化的阶段性特征及阶段间转化条件，从而为学术界关于产业集聚与城市化的演化机制提供理论补充和实践支持。

## 3.1  理论框架：产业集聚与城市化共同演化的结构与过程

产业与城市分属于两个具有不同的行为特征和网络结构，又相互影响、相互适应的动态复杂性系统。在两者互动的过程中，任何一种要素的结构性变化，任一环境的适应性调整，都会改变其他要素、系统、环境的演化路径与功能，而这一动态变化又会通过正负反馈机制形成"因果累积效应"来影响整个系统的演化方向，从而形成一种多层次、多阶段、互动型、共演型的逻辑结构和演化过程。

### 3.1.1  共同演化的结构与内容

根据各类主体互动的对象和范围，我们将产业集聚与城市化互动的结构分为微观、中观和宏观三个层次，包括异质性个体（个人、企业组织等）之间互动的微观主体、微观个体与其外部环境构成的中观主体以及产业与城市两大系统生发的宏观主体。由此，产业集聚与城市化之间就形成了一个包括微观、中观、宏观多层级互动的共同演化结构，其主要包括生产要素、产业结构、空间布局及制度环境等方面的耦合①（见图 3 - 1）。

---

① 耦合（coupling）是物理学的一个基本概念，主要是指两个或两个以上系统之间的良性互动、相互依赖、互相适应、相互促进的动态关联关系，这一概念同样适合分析产业集聚与城市化之间的互动关系。

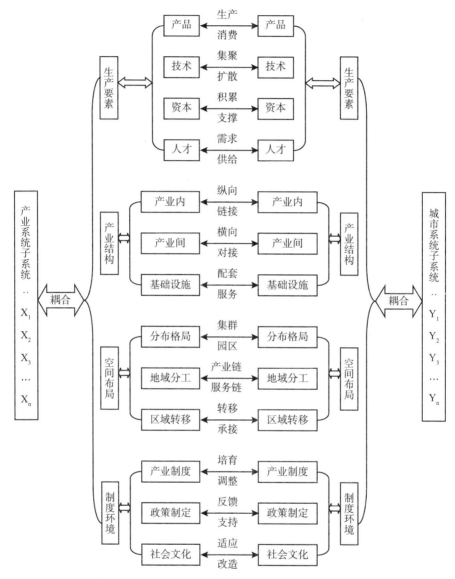

**图 3-1 产业集聚与城市化共同演化的结构与内容**

（1）生产要素的耦合。主要包括产品、技术、资本、人才四个方面的耦合。产品上的耦合表现为产业微观个体（生产商）生产能力与城市微观个体（服务商）服务能力之间的良性互动与对接。技术上的耦合比较多地表现为城市子系统的技术研发优势向产业子系统的扩散和渗透过程。资本上的耦合不仅表现为产业发展为城市化推进积累资本，还表现为城市化对于产业优化升级提供的资本支撑（如城市系统严密的金融体系和发达的资本市场）。人才上的耦合主要表现为产业人才需求效应与城市人才供给效应的耦合（如人才交流信息平台）。两大系统在生产要素中频繁互动而产生"累积因果效应"最终推动了区域经济的发展。

（2）产业结构的耦合。主要包括产业内的纵向承接、产业外的横向对接和基础设施的配套服务。纵向承接的耦合是指产业与城市两个系统在产业链基础上上、下游产业承接的耦合关系，如城市系统技术环节与产业系统生产环节的耦合可以推动整个产业链的优化与升级。横向对接的耦合主要表现为制造业与城市生产性服务业之间的相互作用、相互依赖、共同发展的互动关系（Guerrieri and Meliciani，2005），如生产性服务业通过提供专业化服务，有利于制造业降低成本，提高效率（Markusen，1989），而制造业的发展、分工深化可以创造出更多的生产性服务需求。基础设施的配套耦合更多地表现为城市系统基础设施的公共物品属性（非排他性和非竞争性），降低了制造业企业的交易成本和生产成本。

（3）空间布局的耦合。一是分布格局的耦合。在产业集聚形成初期，主要依赖于人才、技术、资源等要素，所以集聚会产生于大量相关企业在要素相对密集的特定区域集聚，而这些要素的集中，往往是城市化推进的结果（Duranton and Puga，2001）。二是地域分工的耦合。不同的资源禀赋和区域优势形成了产业的地域式分化，也推动了城市系统生活区和生产区的分离，最终导致产业系统注重产业链的延伸、再造和升级，而城市系统则侧重服务链的扩充和价值链的增值。三是区域转移的耦合。劳动密集型的产业集聚区（如纺织、服装、制鞋、玩具、小商品等）最终都会从劳动力成本偏高的大城市或东部沿海地区向中、小城市或中、西部地区转移，而作为资本密集型和技术密集型的产业环节往往会集聚在大城市或东部沿海地区。因此，产业系统与城市系统就会在相关产业的区域转移中形成了彼此的耦合关系。

（4）制度环境的耦合。产业集聚作为一种企业关联网络，其形成与发展都会根植于当地的制度环境之中，包括产业制度、政策环境、社会文化等。城市系统是制度环境的主要创造者和承载者，而良好的制度环境是产业集聚的关键。城市系统具有开放性环境，可以为产业发展提供公平、公正的竞争制度和法律保障，保证了经济主体间的交往与合作，降低了企业的交易成本和合作成本。当产业集聚根据制度环境的变化做出适应性调整时，这种调整又会推动城市系统制度环境的不断演化。另外，制度环境的耦合还会对高端要素（如高端人才、先进技术等）产生巨大的吸引力和凝聚力，从而推动整个系统的优化升级。

## 3.1.2 共同演化的动力机制

产业集聚与城市化的共同演化发生在社会经济系统的各个层面（如个体、企业、产业、国家、环境等），其动力机制来自于各个层级之间的相互嵌套和互为因果，具有自组织理论特征。而达尔文主义的"变异、选择和遗传"作为经济系统演化的一般分析结构（Hodgson and Knudsen，2008），可以转化为"创新、选择和扩散"（黄凯南，2009），我们也以此作为产业集聚与城市化共同演化的动力机制，且这三种机制之间存在互动的内生关系。

**1. 创新机制**

创新机制是多样性的生成机制，是社会经济演化的源动力。纳尔逊和温特（Nelson and Winter，1982）将创新视为一种搜寻新技术的组织学习惯例，并将创新分为基于科学的体系（science-based regime）和累积技术体系（cumulative technology）两种。随后，许多学者将创新主体也从企业组织转变为更大的涉及各种要素互动的复杂系统，如弗里曼和苏特（Freeman and Soete，1997）认为创新系统是技术可能性和市场机会相互匹配以及各种要素和关系在生产、使用和扩散新知识过程中的互动体系（Lundvall，1992）。在产业集聚与城市化互动的初期，由于市场环境和创新过程的高度不确定性，产业系统与城市系统的各个主体只能根据自身实力作出非需求导向的创新，这种创新具有明显的试探性特征。随着产业系统和城市系统互动程度的加深，尤其是两个系统中领导型的企业或市场主体，为了能够在其他行动者完成模仿之前获取创新利润，它们会迅速行动进行创新技术与市场机会的匹配。这时两个系统的微观主体都会将创新视为重要的竞争战略，并推动产业集聚与城市化的互动发展，而这种高频率的互动又会进一步促进创新在更大范围内得到组织和实施。在互动的后期，内嵌于各种技术、制度和社会文化结构中的大量抵制创新的惯性将发挥作用，包括各种稳定和保守的生产惯例、消费习惯、社会认知、市场制度、政治体制和文化传统等。在该阶段，创新行为被普遍的模仿行为所排斥，恶性竞争产生的"柠檬市场"降低了产业集聚与城市化互动的能级，从而导致同质产品的过度生产和市场饱和。可见，创新机制的生发与互动阶段密切相关。

**2. 选择机制**

选择机制是多样性的减弱机制，它通过某种标准来选择适应性高的演化单元，淘汰适应性低的演化单元，是社会经济系统判断优劣的能力。选择机制包括市场选择、社会选择和政治选择三种机制，这也构成了产业集聚与城市化互动过程中对产品、技术、人才、网络连接、组织架构、区位、制度等的选择机制。市场机制主要协调产业系统与城市系统中各主体间市场竞争的准则和规则，主要以盈利能力为选择标准（Hanusch and Pyka, 2007），如产业生产体系与城市服务体系之间形成的竞争选择环境，对产品、技术、资本和服务进行的市场竞争性选择。社会选择机制是指协调产业与城市中各主体交往的习俗、惯例、意识形态和道德规范等社会文化制度，其选择标准主要基于特定的道德价值判断而形成的观念性力量（Henrich, 2003），如企业家往往依靠特定的城市居住、学习、生活，往往与城市系统中各种主体存在密切的交往和接触，从而影响了企业家的创新模式、管理理念和市场战略。政治选择机制是由政府主导而形成了各种正式或非正式的制度规范，而这种机制在产业和城市的形成、发展、演变过程中作用非常显著，如产业发展规划、城市发展规划的制定、实施。而一旦考虑三种机制在各层级的互动，选择机制就是一种多层级嵌套的复杂系统。

**3. 扩散机制**

扩散机制描述了创新如何在社会经济系统中被复制和采用的过程①。扩散过程是新知识、新技术通过特定的渠道在一段时间内被参与主体知道、接受和采用的过程，本质上是一种多层次的学习机制（Nelson, 1994）。扩散机制所具有的路径依赖和报酬递增特征，是产业系统和城市系统之间形成知识外溢效应、正反馈效应和网络效应的主要动力。例如，在产业集聚与城市化的互动过程中，城市系统各主体所积累的"创新知识"可以根据外部环境的变化，实现与产业系统的相互嵌套和多层级互动，将其转化为"企业家认知"并适时地扩散到产业集聚区中；而产业系统的各个主体

---

①　有些学者将扩散机制和选择机制等同或侧重于研究某一方面，如熊彼特（Schumacher, 1934）侧重于扩散机制、纳尔逊和温特（1982）侧重于选择机制。而笔者比较赞同黄凯南（2009）的观点，即两者既有区别也有联系：一是被扩散的创新可能不是被选择出来的，而被选择的创新可能不会被扩散，如发达国家对核心技术的限制性输出；二是创新的扩散与选择也是相互作用，交织在一起的，如选择机制的变化会影响微观个体对创新的价值判断，进而影响创新的扩散等。

（如企业家）会对这些"创新知识"进行有目的性的整合或编码，并在产业系统交流中不断储存和再编码，最后会通过产业系统各主体与城市系统各主体的互动交流扩散到城市系统。如此，知识外溢效应和正反馈效应会导致整个系统中知识容量的增加和知识类型的转化，最终形成创新网络体系或区域创新体系。

### 3.1.3 动态演化的过程及阶段

上述理论分析表明，产业集聚与城市化互动的动力机制、参与主体、演化路径都与两者互动的模式及阶段密切相关。借鉴瓦茨（Watts，1999）、陆立军和郑小碧（2011）的网络结构类型三分法，本书将产业集聚与城市化的互动阶段分为萌芽起步、耦合发展和创新整合三个阶段。另外，基于本书的研究重点及我国的基本国情（工业化与城市化协调发展研究课题组，2002；李强等，2012），我们又将耦合阶段分为产业关联、协同互动和系统网络三个阶段（见图3-2）。由图3-2可知，产业系统与城市系统的互动存在较为明显的"波浪式"上升递演关系，这也符合产业集聚与城市化互动的复杂适应性特征。例如，图3-2中的A、B两地虽然城市化程度相同，但可能由于产业类型、产业结构的差异而导致产业集聚度不同。

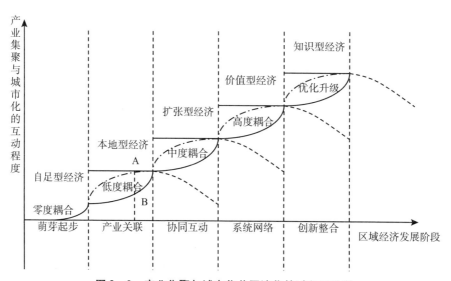

图3-2 产业集聚与城市化共同演化的过程及阶段

在产业集聚与城市化互动的萌芽起步阶段，由于外部环境的高度不确定性以及相关微观主体才刚刚进入行业或城市，导致微观主体不敢贸然参与市场竞争和合作交流，而是选择有限的、固定的合作伙伴开展合作（如制造业企业只能根据临近城市的消费需求进行定量的、配给性的生产加工）。在此阶段，两个系统之间基本处于自我维持阶段，产品的生产、销售基本上可以自给自足；系统之间的微观层级互动占有主导地位，而产业与城市两大系统的互动还远远没有形成，但是这种微观主体的互动促发了两者多局部、小范围的协同演化。由于创新的复杂性和高风险性，两个系统中的微观主体的创新行为也会相当谨慎，它们主要采取非需求导向的试探性创新，如改进产品或服务的质量、品种、款式等。在该阶段，政府选择机制将起到主导作用，政府的发展规划和政策扶持十分重要，而市场竞争程度虽然逐步增加，但未成为主要的选择机制。在利润的诱导下，制造业企业开始出现分化、繁衍并进入更加细化的市场领域，而随着城市系统市场需求的释放，两个系统的合作交流开始显现。

随着产业与城市相互依存、相互影响关系的增强，两者的互动逐步进入耦合发展阶段。在耦合发展阶段的初期（产业关联阶段），两个系统微观主体的互动对象、互动范围开始扩大，原先依靠老关系合作的形态开始演变为在不同层级、不同范围、不同参与者之间的互动；互动层级也从微观向中观跃迁，本地产业关联程度加深，市场竞争程度增强，市场选择机制的作用开始显现，逐渐形成本地型经济系统。在耦合发展阶段的中期（协同互动阶段），两个系统的微观主体的互动行为逐渐演变成产业关联行为，对环境的影响越来越大，包括产业环境、制度环境、技术环境在内的环境变量与各类主体形成正反馈效应越来越明显；互动层级开始从中观向宏观跃迁，产业子系统与城市子系统的相互依赖、相互促进、协同互动的作用更加明显，产业集聚和城市互动层级开始突破本地约束向外扩张；此时，技术创新与市场机会的匹配增强，在市场选择和政治选择的双向推动下，创新知识在两个系统的交互频率越来越高。随着系统间互动频率的升高，产业集聚与城市化的互动进入耦合发展阶段的后期（系统网络阶段）。在此阶段，两个系统的微观主体、产业结构对环境的适应性逐渐增强，并形成联系密切、交互频繁的网络结构；制造业中的龙头企业开始凭借长期的技术创新和知识积累，在系统及周边地区形成一个由自己主导的协作网络，而很多以单个企业为主导的协作网络不断相互交织、相互融合，逐渐形成连接两个系统的区域创新网络体系；同时，龙头企业随着规模的扩张，开始注重提升产品或服务的附加值及实施品牌化运作，以此来逐渐提高在全球价值链上的地位；此外，市场选择机制开始发挥主导作用，而政治选择着重以改善产业集聚与城市化的互动环境为己任，政策、制度环境逐渐优化。

当市场进入者大量涌入系统，市场竞争日益激烈，微观主体与产业、环境高频互动时，产业集聚与城市化的互动进入创新整合阶段。在此阶段，由于产品、产业、技术的同质化竞争，产业集聚与城市化的互动层级开始出现分化，唯有系统之间进行优化升级才能避免走向衰落。优化升级的关键是能否实现产业集聚与城市化互动层级的外延式跃迁，促进两个系统的各个主体在更为广阔的需求、交易、创新空间内互动合作，将两者的互动层级推向具有更高适应性的和更加复杂的国际化阶段。同时，内嵌于技术、制度、环境中抵制创新的惯性导致创新行为被模仿行为所排斥，此时需要加强政治选择机制将创新的外部收益转化为创新者的内部收益，防止两大系统的互动进入"创新停滞陷阱"；此外，产业集聚的低端制造业环节开始出现区域性转移，保留下来的高附加值、高科技含量的环节在城市空间内重新布局，并与城市系统内的高端服务业尤其是生产型制造业形成良性互动（陈建军和陈菁菁，2011）；知识性互动成为产业集聚与城市化创新整合、优化升级的主导模式。

产业集聚与城市化的共同演化是微观个体、中观产业、宏观环境相互影响、相互适应的互动过程，不同主体、不同层级在不同阶段都具有各自不同的角色、地位和功能，阶段的互动是一个互动层级的相互融合和跃迁升级的过程。在经济系统的演化过程中，如果互动层级因外部因素而导致无法实现阶段性的融合和跃迁，产业系统和城市系统的互动就会中断（如图 3 - 2 中向下倾斜的虚线），这也是我国长期存在工业化与城市化不协调的重要原因。而互动层次能否顺利融合和跃迁，取决于产业集聚与城市化互动的创新机制、选择机制和扩散机制能否根据互动阶段的变化做出适应性的调整和改变。

## 3.2 两个案例："义乌商圈"和"柯桥商圈"

在产业集聚与城市化的互动发展中，"义乌商圈"和"柯桥商圈"的本质是现代商贸服务业与制造业集聚之间的互动与演化。专业市场与产业集群作为商贸服务业和制造业的空间集聚现象，呈现出典型的产业纵向关联特征：一是专业市场通过建立与更大空间市场需求的网络联系，提高了本地产业集聚区的市场规模，即在市场总体购买力不变的情况下，市场需求向某一特定区域或城市集聚，典型的是义乌小商品市场对本地及周边小商品制造业集聚区的正向效应；二是产业集聚蕴含的生产规模是专业市场产生和发展的"源泉"，产业规模的扩大将诱致要素市场和产品市场的需求扩张，典型的是绍兴纺织产业集聚规模的扩张引致钱清中国轻纺原料城市场和柯桥中国轻纺城市场的创生。

### 3.2.1　城市化主导的"义乌商圈"与产业集聚主导的"柯桥商圈"

义乌市地处浙江中部，是浙江省金华市所辖的一个县级市，区位和资源优势都不明显。自 1982 年提出"四个允许"[1] 作出开放小商品市场的决策，1984 年确立"兴商建（县）市"发展战略（1988 年撤县改市）到 20 世纪 90 年代中期实行"以商促工、贸工联动"战略以来，经过 30 多年的精心培育和发展，义乌已经形成了以中国小商品城为核心，20 多个专业市场，40 多条专业街为支撑，物流、产权、金融、劳动力等要素市场相互配套的市场体系。以义乌小商品市场为核心的专业市场群极大地带动了本地以商贸为特色的现代服务业（会展经济、现代物流、电子商务、金融服务等）的发展。根据义乌市统计局的数据显示，截至 2012 年底，义乌市服务业占三次产业的比重达 55.8%，超过全省平均水平 10.6 个百分点。不仅如此，义乌专业市场群的发展还极大地推动了本地及周边甚至外省的小商品制造业集聚区的形成和发展。目前，义乌市域共有 2.6 万余家工业企业、20 多个特色鲜明的优势产业集群（如饰品、服装、袜业、拉链、工艺品、玩具、化妆品、文化用品等）、13 个国家级产业基地、1 个国家级经济技术开发区，逐渐形成了以义乌小商品市场为核心，开放性、跨区域分工协作网络的"义乌商圈"[2]。

柯桥是绍兴县城所在地（2000 年县政府从绍兴市区迁往柯桥），位于浙江省中北部，西临杭州，东接宁波，区位优势明显，同时根据国务院批复于 2013 年撤销"绍兴县"并设立"柯桥区"。自古就有"丝绸之府""日出华舍万丈绸"等盛誉的纺织文化积淀是孕育绍兴县纺织产业集聚区的核心要素。随着 20 世纪 80 年代初政府取消了化学原料的国际计划体制限制（无需凭票购买），一些以"技术靠退休""设备靠换旧""供销靠亲友"为特征的社队企

---

① "四个允许"是指允许农民经商，允许从事长途贩运，允许开放城乡市场，允许多渠道竞争。在当时的时代背景下，"四个允许"的提出极大地释放了当地市场经济的活力，也为义乌小商品市场的建立与发展创造了良好的市场环境。

② 陆立军（2006）最早提出"义乌商圈"的概念，它指国内外与义乌中国小商品市场有着密切联系的经济主体及区域，既包括前向的产品销售区域，又包括后向的产品生产区域，以及由此所形成的区域经济分工合作与交流网络。这些纳入"义乌商圈"范畴的经济主体与区域具有共同的特征，即它们都借助义乌中国小商品市场这一平台，将自己的产品销往各地，或采购来自全国各地乃至国外的小商品。

业（乡镇企业）迅速兴起①，遍地开花。正是由于纺织产业的迅速发展，绍兴县已连续多年位居全国经济百强县前 10 位，是"全国纺织产业基地县"及全国规模最大的纺织产业集聚地，拥有杨汛桥精编、马鞍化纤、齐贤纺机、夏履非织造布、钱清纺织原料市场、兰亭和离渚针织 7 大纺织名镇及 1 个全球最大的中国轻纺城市场，并荣获"全国纺织模范产业集群"称号。截至 2012 年底，绍兴县工业占三次产业的比重达 58.2%，超过全省平均水平 8.2 个百分点。以柯桥为中心的纺织产业集聚不仅极大地推动了生产性服务业（设计、物流、金融、咨询、房地产等）的发展，还带动了周边、甚至外省的纺织产业集聚区迅速发展并壮大，一个以柯桥为中心，纺织产业为特色的"柯桥商圈"基本形成。

在这一阶段，由于外部环境（政治环境、市场环境）的高度不确定性，独立型共生关系是产业集聚与城市化互动的主要特征。以"柯桥商圈"为例，分散型的纺织乡镇企业只选择在柯桥及周边的市场进行销售，并与柯桥内有限的商户（或经营户）进行生产和销售的合作，出现了初始的微观层级互动。随着轻纺市场在柯桥的建立，纺织企业与市场商户的微观互动更加紧密：一方面，零散的纺织企业源源不断向柯桥提供廉价产品，有力支撑了柯桥商贸业的发展；另一方面，柯桥轻纺市场促进了纺织企业的规模化生产和资本化累积。此时，纺织企业和商户主要通过改进产品和服务的质量、品种、款式等非需求的试探性创新，产业发展的专用性知识扩散较慢，互动层级的进一步跃迁也预示着该阶段的创新潜力很大。同时，这一时期，政治选择机制起了主导作用，政府经济体制的转变释放了市场需求并推动纺织企业的迅速兴起，而对专业市场的规划和引导，则扩大了市场规模，导致了纺织产业在柯桥及周边地区的集聚及重新布局。纺织产业集群与城市化的共同演化框架开始萌芽和形成。

### 3.2.2 两大商圈的核心动力：专业市场与产业集群的良性互动

进入 20 世纪 90 年代以后，"义乌商圈"的"城市拉力"开始发挥作用，专业市场发展形成的商贸服务业及相关生产性服务业成为孕育产业集群的"温床"，专业市场与产业集群的发展进入良性互动阶段。此时，政府也开始致力于搭建市场与产业融合发展的平台，尤其是在 1993 年组建中国小商品城集团股份有限公司（商

---

① 从 1984 年开始，绍兴县改变了社队对企业的统管、统收、统支的做法，废止了企业人员"工作在厂、分配回队、评定折头、报酬对照"的管理模式，实行厂长承包责任制，从业人员直接在企业领取工资和奖金，社队企业改称为乡镇企业，成为独立的核算单位。这极大地解放了生产力，提高了劳动者的生产积极性。

城集团）实现"管办分离"、1994 年成立义乌产权交易所规范市场摊位的租赁与转让、1994~1996 年实施"划行规市、分类经营"以规范市场秩序与环境、1994 年开始推行"引商转工、贸工联动"战略等，政府全面退出竞争性领域，进而为市场的交易活动提供公正透明、稳定规范、可预期性的体制框架和制度环境，从而有效地推动了专业市场与产业集群的良性互动。这一时期，义乌本地及周边开始形成市场导向的各种制造业集群，专业市场中一些有实力的经营户开始转向产业领域，逐渐形成了以三鼎织造（1994）、芬利集团（1994）、王斌集团（1994）、梦娜袜业（1994）、浪莎袜业（1995）、新光饰品（1995）等大企业为主导的分工协作集群。产业集群的发展进一步为义乌小商品市场输入了更多的质优廉价的产品，有效支撑并引领了专业市场的资源整合和贸工联动的拓展。截至 2012 年底，义乌小商品市场成交额为 758.8 亿元，是 1999 年的 4.1 倍，连续 22 年居全国专业市场首位[①]；义乌市工业总产值和地区生产总值分别为 1533.7 亿元和 802.9 亿元[②]，分别是1997 年的 8.3 倍和 7.8 倍（见图 3-3）。由图 3-3 可知，"义乌商圈"内专业市场与产业集群的互动发展呈现明显的正相关关系，专业市场的共享式平台不仅为本地产业集群的成长与发展提供了一个低成本的销售渠道，而且有利于本地大企业以较低的交易成本组织自己生产或销售的跨区域分工协作网络，促进自身的跨越式发展。

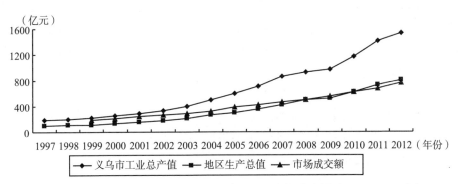

**图 3-3　义乌市工业总产值、地区生产总值及市场成交额（1997~2012 年）**

资料来源：《义乌市统计年鉴》（1998~2013）、《中国商品交易市场统计年鉴》（2001~2012）、中国知网中国宏观数据挖掘分析系统以及作者计算整理。

---

①　目前，义乌小商品市场已先后经历了"马路市场""草帽市场""室内市场""集群市场"的变迁，六易其址，11 次扩建，并因有全球最大的小商品市场而被誉为一座建在市场上的城市；义乌小商品市场现有经营总面积 460 万平方米，摊位 6.2 万个，市场内汇聚了 16 个大类、4202 个种类、33217个细类、170 万种单品，日均客流量 20 万人次，产品出口到 215 个国家和地区。

②　由于义乌市相关产业集群的数据难以统计与获取，而义乌产业集群的市场导向性又非常明显，即主要以小商品制造业集群为主（陆立军和郑小碧，2011），本书就以义乌市工业总产值和地区生产总值来反映义乌产业集群发展的状况，重在分析专业市场与产业集群两者的互动趋势。

改革开放以后，绍兴县不仅继承了质朴的纺织文化，还在当地累积起丰富的纺织生产经验与技能，这种特殊的文化和人力资源推动了纺织产业集群的快速发展。但是在 1987 年前后，绍兴县纺织产业出现"增产不增收的局面"，为了解决市场交易问题，1988 年政府筹集资金 650 万元对柯桥自发形成的"布街"进行改造，建成柯桥轻纺交易市场，1992 年更名为中国轻纺城。随后，"集群拉力"开始发挥作用，政府也做出"兴商建市、兴市建城"的战略性决策，并在 1993 年将中国轻纺城改组为股份制企业实现"官办分离"，轻纺市场的发展不仅拓展了纺织产业链，还增强了纺织企业的集聚程度和纺织商贸服务业在柯桥的汇聚，极大地促进了绍兴县纺织产业和城镇化的发展。自1992 年以后，中国轻纺城市场一直位于全国百强市场第 2 位（仅次于义乌小商品市场）、同类专业市场首位。它以品种丰富、信息快捷、客流量大而闻名，成为绍兴县纺织产业集群与本地、外省及国际市场联系的"总窗口"，有效推动了会展经济①、金融服务、研发设计、现代物流、电子商务②等现代服务业的发展。经过 20 多年的发展，中国轻纺城市场已成为全球最大的纺织品专业市场，市场经营户总数达 2.2 万余家，其中公司经营户达到 5200 多家，常驻国（境）外代表机构超过 1000 家，境外专业采购商 4000 余人，全球近 1/4 的化纤面料在此成交，全国近 1/2 的纺织企业与之建立了产销关系，产品远销180 多个国家和地区。截至 2012 年底，中国轻纺城市场成交额达 973 亿元，同比增长 9.3%；而纺织产业总产值为 1948.7 亿元，占工业总产值的 59.4%，同比增长 14.5%，增幅高出全县规上工业平均 2.5 个百分点（见图 3-4）。由图 3-4 可知，绍兴县工业总产业、纺织业总产值及市场成交额三者呈显著的正相关发展趋势。这表明，纺织产业集群的发展不仅推动了中国轻纺城市场的形成与拓展，而且还拉动了整个工业经济的持续增长。换言之，产业集群与专业市场的良性互动成为绍兴县工业经济增长的核心"引擎"。

---

① 中国柯桥国际纺织品博览会自 1999 年在柯桥创办以来，已连续举办 17 届，并在 2008 年升级为国家级展会，已成为国内规模最大、影响最广，专业化、国际化、信息化水平最高的纺织品盛会之一，积极发挥了沟通供求信息、展示品牌形象、引领行业潮流、推动创意创新等作用，从而带动交通、金融、旅游、餐饮、住宿等第三产业的发展，提升了柯桥城市的知名度和名誉度。

② 从 2011 年开始，绍兴县斥资 20 亿元打造"网上轻纺城"，通过整合信息流、资金流、物流、客户关系等价值链，建设一个集纺织资讯、贸易信息、产品及企业大全、在线交易、公共信息化服务于一身的网上市场，实现有形市场和网上市场的有效互动，加快纺织产业的转型升级和柯桥新城的提升发展。截至 2012 年底，网上轻纺城注册会员 170 万个，开通网上商铺 40 多万家，网站日访问量达到200 万次，在线交易额达 16.7 亿元。

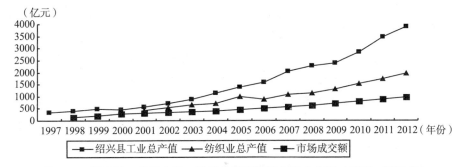

**图3-4 绍兴县工业总产值、纺织业总产值及市场成交额（1997~2012年）**

资料来源：《绍兴县统计年鉴》（1998~2013）、《中国商品交易市场统计年鉴》（2001~2012）、中国知网中国宏观数据挖掘分析系统以及作者计算整理。

在这一阶段，两个商圈的互动对象、互动范围开始扩大，互动层级也从微观向中观跃迁，制造业企业与市场经营户互动合作的频率、范围不断扩张，并带动相关产业的配套发展，成为外部环境的积极塑造者。同时，政策变化、技术环境等环境变量对两者的影响越来越大，互动者与环境之间的相互作用、相互依存关系逐渐增强。制造业企业和市场主体都开始注重技术创新，并迅速行动寻找创新技术与市场机会的匹配性。例如"柯桥商圈"通过"无梭化"革命迅速扩张市场规模。此时，产业集聚与城市化的互动关系开始由集群推动城市的偏利型共生关系转化为互惠型共生关系，而政府的规划引导与市场竞争发挥了同等甚至更为重要的互动选择功能。政府通过优化政策环境、健全市场体系、设置市场管理机制、实施市场"管办分离"、组建中国轻纺城股份集团等举措，为市场交易活动提供了稳定规范、公正透明的制度环境，有力推动了产业集群与专业市场的良性互动。同时，随着大企业的出现，产业集聚与城市化的互动结构开始优化，以龙头企业为主导的社会合作网络相互交织、相互融合，而这种社会网络反过来又可以将技术知识转化为企业家认知，并迅速扩散到产业集聚区中，促进了市场上产品的品种、质量、技术的改善。此外，随着互动结构的优化、互动空间的扩大，绍兴县纺织产业集聚与城市化的互动网络开始向周边、省外甚至国外延伸、扩展。

### 3.2.3 演化路径的殊途同归：以城市经济为中心的创新整合

进入21世纪以后，义乌依托中国小商品城市场逐步向信息化、高端化、品牌化和国际化方向转型提升，市场新型业态不断涌现，并开始从集贸市场、批发市场转向会展经济、现代物流、电子商务和国际贸易①，市场功能由单一的商品交易向商品展示、价格形成、信息汇集、产品研发等方向拓展，交易方式也从传统的"三现"交易（现金、现货、现场）转向洽谈订单、电子商务、物流配送等现代一体化交易方式。为了适应市场环境的快速变化，义乌市政府积极创新政策，有效引导市场、产业与城市发展的重点和方向：2002 年，提出建设国际性商贸城市的战略目标，国际商贸城一、二、三、四、五区相继投入使用；2003 年，构建"一体两翼"的发展布局，推进以商贸服务业为主的新型城市化建设；2006 年，发布"义乌·中国小商品指数"，成为世界小商品的"价格风向标"；2011 年，义乌国际贸易综合改革试点获得国务院批准，为义乌的产业发展与城市化建设搭建了更高的平台和开拓了更广的空间。随着"义乌商圈"的拓展、提升与演化，以城市经济为主的创新整合将推动义乌专业市场、产业集聚与城市化建设之间的互动范围和互动层级更趋于跨区域、网络化和国际化，已基本形成义乌工业园区、金融商务区、总部经济、内陆口岸四大平台支撑体系。

产业转移与总部经济协调推进是"柯桥商圈"创新整合的主要路径。为应对国内外环境的剧烈变化，绍兴县于 2006 年在全国率先提出并实践了"亩产论英雄"②的产业发展理念，对印染、化纤等污染严重的产业环节集中建立污水处理厂，并逐步淘汰落后产能，推动产业转移和升级。同时，绍兴县积极实施"611 工程"③，在柯桥新城发展总部经济，集聚纺织产业的研发、营销、策划、品牌等高附加值环节，推动城市现代服务业的发展。总部经济以"交易模式公司化、运行方式国际化、交易主体全球化、交易时间全天化"的全新理念，突破了一家一户摊点式的传统交易模式。随后，在 2008 年 8 月，绍兴县提出着力打造国际性纺织制造中心、国际性纺织贸易中心和国际性纺织创意中

---

① 目前，义乌小商品市场 7.3 万家经营户中有 41.5% 开通了电子商务，并且在本地汇聚了 7.6 万多家网商企业，网上年成交额突破 500 亿元，带动了摄影、创意、快递、仓储、推广、代运营等电子商务配套产业的发展；义乌已经初步形成以小商品、文化产品、旅游产品、森林产品 4 个国家级展会为主，五金、玩具、礼品等 40 多个与本地产业高度关联的专业展会为辅的会展体系，推动了义乌会展经济的高速发展；义乌拥有物流企业 1300 多家，全球 20 家海运集团有近一半在义乌设立办事处，从而有效支撑了电子商务等新型市场业态的发展，高效、便捷的物流体系已经基本形成。

② 在相同的土地面积上，以产出、效益、税收为评价企业的标准，推动企业改进传统厂房模式，盘活存量土地，降低生产成本，激励企业走集约发展、科学发展的新路子。

③ "611"工程是指用 6 年的时间，在柯桥新城建设 100 幢左右 15 层以上或 45 米以上用于商业、酒店、商务、办公等方面的企业总部和现代商务大厦，第三产业增加值占 GDP 的比重每年提高 1 个百分点。截至 2012 年底，已累计建成投运总部、商务楼 80 幢，在建 45 幢，待建 5 幢，极大地提高了城市的承载力。

心的战略目标。2009 年 4 月，绍兴县又出台《绍兴县加快纺织产业集群升级
计划》，明确了实现"三个中心"具体目标的主要途径，即坚持纺织产业、轻
纺城市场与柯桥新城的联动，以市场、城市带动产业升级，在更大区域、更高
层次上发挥绍兴县纺织产业、轻纺市场的集聚优势和柯桥新城的集散能力。此
时，信息化、知识化、服务化、国际化成为"柯桥商圈"演化的主要特征
（见图 3 - 5）。

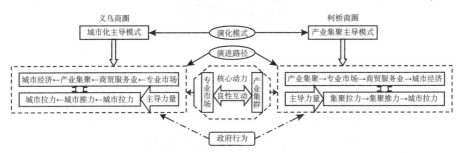

图 3 - 5　两大商圈演化模式及演化路径的概念模型

　　在这一阶段，随着市场竞争日趋激烈、微观主体与环境高频互动，两个商
圈产业集聚与城市化的互动进入创新整合、优化升级阶段。由于产品、技术的
同质化竞争，产业集聚与城市化的互动空间更趋向于跨区域、网络化、国际
化，互动范围和互动层级开始出现扩充和分化，能否实现两者的优化升级是避
免产业和城市衰落的关键。产业集聚与城市化的互动需要向更高的互动层级外
延式跃迁，从而使制造业与服务业的微观主体在更广阔的需求空间和更高层级
的创新空间内互动合作。这迫切需要两者的互动结构和互动网络走向以国际
化、现代化、创新化为特征的优化升级之路。此时，政治选择机制尤为重要，
一方面，要推动产业低端环节转移、淘汰落后产能、加强知识产权保护，有效
承接高附加值、高科技含量环节并将创新的外部收益转化为创新者的内部收
益；另一方面，积极发展电子商务、会展经济、现代物流、品牌经济等生产性
服务业，实现制造业集群与生产性服务的良性互动。

# 第4章

## 城市经济集聚与变迁：产业融合理论视角

虽然中国的产业集聚仍主要以制造业集群为主（罗勇和曹丽莉，2005），但中国城市的发展已呈现出服务业集聚的显著特征（陈建军等，2009）。现实经济实践的结果发现：一方面，产业结构调整缓慢和升级相对困难的地区大都是脱离大城市或中心城市支撑的传统农村工业区或中小城市地区，这说明制造业的发展如果脱离了服务业的支持就会很快遇到发展瓶颈；另一方面，作为制造业的中间投入，生产性服务业（如金融服务、现代物流、技术研发、信服服务、法律咨询等）的发展也不能脱离制造业而孤立存在（陈建军和陈菁菁，2011）。但是，具体到一个城市或区域，服务业的发展如何影响制造业的空间布局，或者制造业的发展又将怎样带动服务业的区域集聚？明确这两者之间的关系对于现实中产业集聚与城市化的互动演化与规划引导具有非常重要的意义。近年来，服务业与制造业的协调发展已成为产业与城市发展的重要问题。中心城市因大力发展现代服务业而提出的"退二进三"成为城市发展的普遍诉求，而各类制造业集聚区的建立也是区域（城市）经济发展部门的主要兴趣。那么，如何建立合理的产业发展顺序，优先发展制造业还是优先促进服务业？怎样在一个城市或区域内实现制造业与服务业协调发展？而回答这些问题，必须要正确把握制造业与服务业的互动关系，这也是研究产业集聚与城市化共同演化的关键所在。鉴此，本章尝试以制造业与服务业的互动关系作为理论分析框架，构建制造业与服务业的微观演化博弈模型，并以"义乌商圈"和"柯桥商圈"的统计数据及问卷调查对产业集聚与城市化的演化路径进行实证分析。

## 4.1　理论分析：制造业与服务业的互动效应

制造业与服务业到底是怎样的关系？在区域（城市）空间、要素禀赋有限的条件下，要推动区域经济可持续发展，应该实施怎样的产业政策？理论界对以上问题的回答虽然存在差异，但是大多数学者在"制造业与服务业良性互动"上观点一致。笔者认为，既然空间和要素是稀缺的，那么制造业与服务业之间必然存在争夺空间和资源的竞争性和排他性特征，因此笔者将两者的互动关系总结为"挤出""偏利"和"互惠"三种效应。

### 4.1.1　挤出效应

"挤出效应"是指在特定区域（城市）空间内，制造业与服务业之间并没有形成良性互动关系，而是两者之间（一方对另一方）存在较强的"排斥反应"或"替代效应"。其中，最典型的是服务业与制造业在区位上的分离。萨森（Sassen，1991）发现，制造业与服务业在地理位置上并非相互依赖，服务业并不一定会集聚在制造业周围，尤其是现代服务业主要是为了满足金融、商业、信息流通的需要，而不是以制造业为中心。从要素成本和交易成本的关系看，商务成本的上升会使对交易成本敏感的现代服务业主要集聚在中心城市，而通过"挤出效应"将使对要素成本敏感的制造业在中心城市的外围地区分布，最终形成服务业与制造业在区域（城市）空间布局的"中心—外围"结构。而且，现代服务业尤其是高级生产性服务业（APS）的区位选择并不单纯受制造业的影响，而是政治、经济、文化等众多因素综合作用的结果（Werner and Sharpe，2003）。尤利夫特兰特（Juleff – Tranter，1996）通过对英国利兹和谢菲尔德两大城市的实证研究也得出，制造业并非是高级生产性服务业唯一或最主要的需求方；相对于制造业而言，服务业受其他部门的需求拉动作用不大或对其他产业的依赖度更低，其增长主要依靠本身的自我增强机制（Pilat and Wölfl，2005；程大中，2008）。李惠娟（2013）通过测算中国地级城市在2004～2010 年的服务业集聚程度发现，信息计算机服务和软件业、金融业以及房地产业等生产性服务业的集聚程度并不受制造业的影响。而张三峰和杨德才（2009）通过对我国中部地区 81 个城市的实证分析发现，中部地区服务业与制造业之间并未形成较强的正向互动关系，制造业的发展不仅没有对服务业形成中间需求，相反还对本地区服务业的发展产生显著的"挤出效应"。制造业与服务业之间的"挤出效应"与一个地区（城市）的经济发展程度密切相关：一个地区（城市）经济越发达，服务业对制造业的"挤出效应"越明显；经济越落后，制造业对服务业的"挤出效应"就越显著（Fiona，2008）。

### 4.1.2 偏利效应

"偏利效应"是指在制造业与服务业的互动过程中，表现为一方使另一方受益而另一方无利也无害的共生关系。制造业对服务业的"偏利效应"（简称"制造偏利效应"）与服务业对制造业的"偏利效应"（简称"服务偏利效应"）不同于顾乃华（2006、2010）总结提出的"需求遵从论"和"供给主导论"。本书认为，无论是"制造偏利效应"还是"服务偏利效应"都可以从需求和供给两方面进行解释，而不是单一方面地提供需求或创造供给。"制造偏利效应"认为制造业是（生产性）服务业的发展基础，不仅是（生产性）服务业的需求来源，还可以衍生出新的（生产性）服务业类型，即制造业的扩张所引致的（生产性）服务需求与供给对（生产性）服务业发展的影响效应。制造业是服务业产出的重要需求部门（Rowthorn and Ramaswamy，1999），典型的是制造业内部的技术缺陷使制造企业对相关服务的需求必须通过外部购买实现，从而促进生产性服务业的发展（Geo，1991）。另外，制造业可以在产品基础上衍生出新服务，不仅可以提供产品或"产品＋附加服务"，还能提供一揽子的"产品—服务包"，具有"制造业服务化"的特征。制造业通过服务外包，进一步拓展了服务业的种类和规模，使制造企业能够专注于核心业务的发展，还能创新服务业发展模式和提升服务业运作效率（霍景东和黄群慧，2012）。

"服务偏利效应"认为（生产性）服务业是制造业效率提高的基础和前提，不仅能为制造业提供生产性服务，还能引致出新的制造业产品。（生产性）服务业是人力资本和知识资本的输出体以及企业或产品比较优势的重要决定因素。若一个地区缺乏（生产性）服务业，将会阻碍本地区制造业的生产效率和产业竞争力（Faeeel and Hitchens，1990；Eswaran and Kotwal，2002）。刘志彪（2006）指出，现代生产性服务业是制造业知识密集化的构成要素，是制造业提高劳动生产率、提升产品竞争力的基本源泉（Dnniels，1988；Illeris，1994）。此外，现代服务业尤其是 APS 的发展可以细化专业化分工、延长产品的生产链、降低市场交易成本，从而衍生出新的制造业产品。典型的是苹果公司 iPhone 的成功正是通过为客户提供"开放式体验"、功能升级等服务细化了手机制造的专业化分工，使手机从以前仅有外壳、小屏幕和标准按键等几个基本零部件，演变为触摸屏、标准键盘、数码相机、录像、音乐播放、摄像头、存储器集于一身的"智能机"（刘戒骄，2011）。

### 4.1.3　互惠效应

"互惠效应"是指在制造业与服务业的互动过程中，两者之间相互依赖、相互促进、相互渗透、相互融合，通过获取"制造外溢效应"和"服务外溢效应"最终实现两者"共赢式"的协调发展。这类似于顾乃华（2006、2010）针对制造业与服务业互动关系总结提出的"互动论"和"融合论"。制造企业的生产创新会引发（生产性）服务业的过程创新，而（生产性）服务业的需求变化又会引致制造企业的生产创新，从而增强了制造业与服务业的"互惠效应"（Hansen，1994）。制造业技术变化所引致的"垂直分离"会使服务业在新的分工领域中独立出来（Francois，1990），两者之间并非简单的社会分工关系，而是具有相互依赖、相互作用、共生演化的内在动态关联性（Gurrieri and Meliciani，2005）。制造业规模的扩大会促进贸易、金融、咨询、物流、信息、外包等（生产性）服务业的成长，从而提高制造业部门的生产效率，而（生产性）服务业的发展也要依靠制造业部门中间投入需求的增加。梁军和周扬（2013）通过比较不同驱动模式的生产性服务业与制造业之间的关系，发现差异化驱动型生产性服务业不但能满足制造企业的差异化需求，还能降低其购买服务的成本，因此能与制造业形成良好的互动联系。在理解制造业与服务业的互动关系时，应根据不同地区、不同时期、不同产业类型的特殊性，科学分析两者协调（共赢）发展的主要条件。

另外，信息技术的迅速发展以及其对其他产业的渗透，在一定程度上消除了制造业与服务业之间的技术专用边界，两者出现融合趋势（顾乃华，2010）。李文秀和夏杰长（2012）将制造业与服务业的融合模式分为嵌入式融合、捆绑式融合和交叉融合三类。其中，嵌入式融合是指制造企业在其产品中嵌入改善产品性能的服务，以提供生产效率，如美的集团在产品中引入自我诊断软件，持续监测产品性能；捆绑式融合是指制造企业的产业边界向服务业延伸和拓展，在销售产品的同时捆绑提供功能服务及相关服务，如大型装备或产品制造商会为顾客提供融资、保险等金融服务；交叉融合是指原本相互独立的服务产品和制造产品在同一标准或集合下通过功能相互渗透完全结为一体的产品整合过程，如消费者在购买设备或产品的同时可以获得安装、维修、升级、培训、回购、技术支持等一系列的附加性服务。无形服务对生产流程及产业链的优化重组、服务链对制造业产品链的不断渗透，推动了服务业与制造业的融合发展，从而形成新的产业发展形态和产业发展模式。制造业与服务业融合使产业间的技术边和市场边界趋向模糊，更多地表现为产业渗透、产业交叉和产业重组。

## 4.2 演化模型：制造业与服务业的博弈分析

基于中国产业发展的现实情况，将产业集聚与城市化互动的微观主体分别设为制造型企业和服务型企业，并将 $m(m \geq 0)$ 理解为参与互动的制造型企业数量，而把 $n(n \geq 0)$ 理解为参与互动的服务型企业数量。假设制造型企业主动与服务型企业互动时需要付出成本 $C_1$ 并得到收益 $R_1$，而服务型企业向制造型企业提供服务时需要付出成本 $C_2$ 并得到收益 $R_2$。由于机会成本是企业面临选择决策时所要考量的重要影响因素，例如企业的新产品定位（李东，2001）、R&D 联盟构建（卢丽娟和张子刚，2005）、供应链选择（公彦德和李邦义，2012）等，因此本书也将机会成本纳入制造型企业与服务型企业的互动分析中。如果制造型企业主动与服务型企业互动而服务型企业确没有参与互动，那么服务型企业将失去机会成本 $R_2$[1]，而制造型企业则因此失去效益 $(-R_1 - C_1)$。博弈矩阵如表 4 - 1 所示。

表 4 - 1　　　　　　制造型企业与服务型企业的演化博弈矩阵

| 制造型企业 | 服务型企业 | |
| --- | --- | --- |
| | 互动 | 不互动 |
| 互动 | $R_1 - C_1$，$R_2 - C_2$ | $-R_1 - C_1$，$-R_2$ |
| 不互动 | $-R_1$，$-R_2 - C_2$ | 0，0 |

---

① 与生产成本相比，机会成本是一种隐形成本，经济主体只有在面临多方案选择时才会产生机会成本。也就是说，对于服务型企业而言，只有生产型企业存在与服务型企业进行互动的意向时，服务型企业才会面临机会成本。而机会成本的大小正是服务型企业不选择与该生产型企业互动所放弃的收益。

对上述博弈模型进行占优分析发现，（不互动，不互动）必定是模型的一个纯策略 Nash 均衡。这意味着，如果没有外界因素的干扰，制造型企业与服务型不互动将是一个均衡。另外，（互动，互动）仅在 $R_1 - C_1 > - R_1$ 且 $R_2 - C_2 > - R_2$，即 $R_1 > \dfrac{C_1}{2}$ 且 $R_2 > \dfrac{C_2}{2}$ 的情况下才能成为模型的第二个纯策略 Nash 均衡，即制造型企业与服务型企业互动是在相对苛刻的条件下才能形成均衡。当 $R_1 > \dfrac{C_1}{2}$ 时，选择互动的制造型企业还与选择不互动的制造型企业比较收益从而关注 $R_1 - C_1$ 的大小，而服务型企业也在会在 $R_2 - C_2$ 过低的情况下偏离互动。因此，当 $\dfrac{C_1}{2} \leqslant R_1 \leqslant C_1$ 时，该博弈模型的演化方向不明确。

### 4.2.1　复制动态方程与演化均衡

由于制造型企业与服务型企业在每次互动结束后都会进行比较、学习而不断调整策略，所以大量的制造型企业与服务型企业在下次博弈后都会受到本次博弈结果的影响，于是两者的互动就变成了一种重复的群体博弈。假设在 t 期选择互动的制造型企业所占比例为 $x(t)$，而选择互动的服务型企业所占的比列为 $y(t)$。采用 $E_h$ 表示选择互动的制造型企业群体的期望收益，用 $E_g$ 表示选择不互动的制造型企业群体的期望收益，用 $E_P$ 表示整个制造型企业群体的期望收益，则可以得到如下等式：

$$E_h = m[2y(t) - 1]R_1 - mC_1$$
$$E_g = - ny(t)R_1$$
$$E_P = x(t)E_h + [1 - x(t)]E_g$$
$$= [(2m + n)x(t)g(t) - mx(t) - ny(t)]E_1 - mx(t)C_1$$

同理，如果用 $E_a$ 表示选择互动的服务型企业群体的期望收益，用 $E_b$ 表示选择互动的服务型企业群体的期望收益，用 $E_S$ 表示整个服务型企业群体的期望收益，则可得到如下等式：

$$E_a = n[2x(t) - 1]R_2 - nC_2$$
$$E_b = - mx(t)R_2$$
$$E_S = y(t)E_a + [1 - y(t)]E_b$$
$$= 2[(2n + m)x(t)y(t) - mx(t) - ny(t)]R_2 - ny(t)C_2$$

根据生物进化的"复制动态"思想，获较低收益的博弈方会改变策略，从而模仿较高收益方的行为，因此群体中采取不同策略的成员比例就会发生改变。特定策略的变化速度与该比例群体的得益超过平均收益的大小成正比。同样，制造型企业和服务型企业的策略行为也会作出相应的调整，从而整个系统的变化过程可用复制动态方程表示为：

$$\frac{dx}{dt} = x(t)(E_h - E_P) = x(t)[1 - x(t)]\{[(2m+n)y(t) - m]E_1 - mC_1\}$$

$$\frac{dy}{dt} = y(t)(E_a - E_S) = y(t)[1 - y(t)]\{[(2n+m)x(t) - n]E_2 - nC_2\}$$

由上述复制动态方程可知，选择互动的制造型企业群体有三个均衡点：$x = 0$ 或 $x = 1$ 或 $y = \dfrac{m(R_1 + C_1)}{(2m+n)R_1}$；而选择互动的服务型企业群体也有三个均衡点：$y = 0$ 或 $y = 1$ 或 $x = \dfrac{n(R_2 + C_2)}{(2n+m)R_2}$。

## 4.2.2 互动均衡的演化路径分析

为了方便分析制造型企业与服务型企业互动模式的变迁，本书将单独分析制造型企业和服务型企业的均衡演化路径，并把 $\dfrac{m}{n}\left(\dfrac{n}{m}\right)$ 理解为制造型企业（服务型企业）与服务型企业（制造型企业）的互动比，将 $\dfrac{C_1}{R_1}$ 和 $\dfrac{C_2}{R_2}$ 分别表示制造型企业的互动难度和服务型企业的互动难度。在现实中，产业集聚与城市化的互动模式主要存在三种：一是服务业主导型互动模式；二是制造业主导型互动模式；三是制造业与服务业共演型互动模式。本章将重点分析模式一的均衡演化路径，以此同理可推出模式二和模式三的均衡演化路径。

### 1. 制造型企业的均衡演化路径分析

在制造型企业群体的三个均衡点中 $x = 0$ 和 $x = 1$ 对应了所有制造型企业选择互动或不互动的极端情况，一旦制造型企业或服务型企业的成本或收益发生改变，该均衡就会受到干扰。而均衡点 $y = \dfrac{m(R_1 + C_1)}{(2m+n)R_1} = \dfrac{1}{2 + \dfrac{n}{m}}\left(1 + \dfrac{C_1}{R_1}\right)$ 表明：

随着制造型企业互动难度 $\dfrac{C_1}{R_1}$ 的增加，为了扩大制造型企业的互动比例，服务型企业的互动比例也应该增加，但是也不能盲目扩大。因为制造型企业群体的稳定性还和制造型企业与服务型企业的互动比$\frac{n}{m}$相关。当$0 \leq m \leq n$时，即服务型企业的互动规模大于制造型企业的互动规模时，此时均衡点$y = \frac{m(R_1 + C_1)}{(2m + n)R_1} = \frac{1}{2 + \frac{n}{m}}\left(1 + \frac{C_1}{R_1}\right) \leq \frac{1}{3}\left(1 + \frac{C_1}{R_1}\right)$。当$0 \leq n \leq m$时，即制造型企业的互动规模大于服务型企业的互动规模时，这时均衡点$y = \frac{m(R_1 + C_1)}{(2m + n)R_1} = \frac{1}{2 + \frac{n}{m}}\left(1 + \frac{C_1}{R_1}\right) \geq \frac{1}{3}\left(1 + \frac{C_1}{R_1}\right)$。因此，服务型企业选择互动的比例最好是$\frac{1}{3}\left(1 + \frac{C_1}{R_1}\right)$，即$\frac{n}{m} = 1$，就能实现产业集聚与城市化的良性互动而互动效应显著。

因为$0 \leq x(t) \leq 1$，所以$\frac{dx}{dt}$的符号只与$\{[(2m + n)y(t) - m]R_1 - mC_1\}$有关。当$y = \frac{m(R_1 + C_1)}{(2m + n)R_1}$时，$\frac{dx}{dt} = 0$，制造型企业选择互动的比例保持不变，如图4-1（a）所示。当$y > \frac{m(R_1 + C_1)}{(2m + n)R_1}$时，$\frac{dx}{dt} > 0$，这表明选择互动的服务型企业比例增加会使选择互动的制造型企业比例也越来越高。事实上，当$R_1 - C_1 > 0$时，制造型企业会因能获取正利润而选择互动。此时，即使初始状态$x = 0$，制造型企业与服务型的互动博弈也会向$x = 1$演进并趋于稳定（见图4-1（b））。若$R_1 - C_1 < 0$，则初始状态$x = 0$会得以保持。当$y < \frac{m(R_1 + C_1)}{(2m + n)R_1}$时，$\frac{dx}{dt} < 0$，选择互动的企业会越来越少，互动将趋于瓦解（见图4-1（c））。

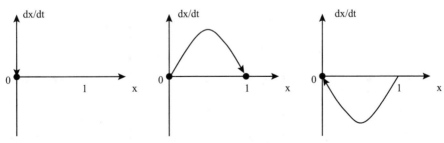

（a）y=m(R$_1$+C$_1$)/[(2m+n)R$_1$]　（b）y>m(R$_1$+C$_1$)/[(2m+n)R$_1$]且R$_1$>C$_1$　（c）y<m(R$_1$+C$_1$)/[(2m+n)R$_1$]

**图4-1　制造型企业的复制动态演化路径**

### 2. 服务型企业的均衡演化路径分析

在服务型企业群体的三个均衡点中，$y=0$ 和 $y=1$ 对应了所有服务型企业选择互动或不互动的极端情况。城市化主导型模式表明在产业集聚与城市化互动过程中服务型企业更加主动（大多数服务型企业都会选择互动策略），因而可以假设 $y=1$ 作为服务型企业的初始状态。如果制造型企业也积极互动，那么制造型企业与服务型企业的互动就稳定在 $y=1$ 的状态；若制造型企业不积极，会导致服务型企业选择互动的 $C_2$ 越来越大，则服务型企业选择互动的积极性就会逐渐

减少。均衡点 $x = \dfrac{n(R_2 + C_2)}{(2n + m)R_2} = \dfrac{1}{2 + \dfrac{m}{n}}\left(1 + \dfrac{C_2}{R_2}\right)$ 说明选择互动的服务型企业群体的

稳定性不仅与 $R_2$ 和 $C_2$ 有关，还与服务型企业与制造型企业的互动比 $\dfrac{n}{m}$ 有关。

因为 $0 \leqslant y(t) \leqslant 1$，所以 $\dfrac{dy}{dt}$ 的符号只与 $\left\{\left[(2n+m)x(t) - n\right]R_2 - nC_2\right\}$ 有关。由于是服务业主导型模式，所以假设初始状态是所有服务型企业都会选择互动（如地方政府的强势推动），即 $y=1$。如图 4-2（a）所示，当 $x = \dfrac{n(R_2 + C_2)}{(2n + m)R_2}$

时，$\dfrac{dy}{dt} = 0$，选择互动的服务型企业比例保持不变。如图 4-2（b）所示，当

$x > \dfrac{n(R_2 + C_2)}{(2n + m)R_2}$ 时，$\dfrac{dy}{dt} > 0$，这说明制造型企业选择互动的积极性使选择互动的

服务型企业越来越多，因而将保持 $y=1$ 的状态。但是，如果制造型服务业选择互动的积极性很差，使 $x < \dfrac{n(R_2 + C_2)}{(2n + m)R_2}$，$\dfrac{dy}{dt} < 0$，这表明选择互动的服务型企业会越来越少，互动将趋于瓦解并进入强推力阶段（见 4-2（c））。

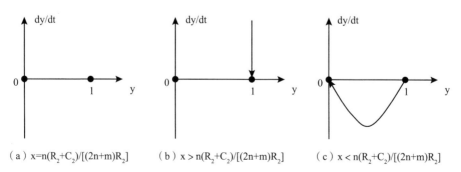

（a）x=n(R₂+C₂)/[(2n+m)R₂]　（b）x＞n(R₂+C₂)/[(2n+m)R₂]　（c）x＜n(R₂+C₂)/[(2n+m)R₂]

**图 4-2　服务型企业的复制动态演化路径**

### 4.2.3　互动均衡演化的稳定性分析

基于上述讨论，可将非平凡的均衡点作为界，将制造型企业和服务型企业的互动博弈过程划分为四个不同的动态演化区域，其演变路径如图 4 - 3 所示。

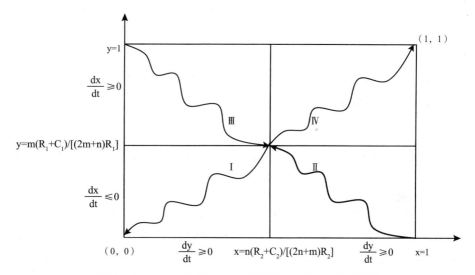

**图 4 - 3　制造型企业与服务型企业互动的均衡点相位图**

在Ⅳ内部的任何一点，由于选择互动的制造型企业比例和选择互动的服务型企业比例都超过了分界值，两者将向着良性互动的方向均衡演化。此时，即使有来自制造型企业和服务型企业的微小扰动，两者的互动体系依然演化到均衡点（1，1）。这表明，即使对制造型企业和服务型企业施加微小扰动，两者的互动体系还将会演化到均衡点（1，1）。相应地，在区域Ⅰ内部的任何一点，由于制造型企业和服务型企业两个群体中选择互动的比例都低于均衡值，此时整个互动体系在两者选择不互动的相互影响下迅速缩减，直至互动彻底破裂。在区域Ⅱ和Ⅲ内部，由于只有一方的积极性不高，因此在另一方的积极努力下，互动规模仍然会保持在一方的增长中另一方缩减，导致整个互动体系逐步演化到均衡点 $\left( \dfrac{n(R_2+C_2)}{(2n+m)R_2},\ \dfrac{m(R_1+C_1)}{(2m+n)R_1} \right)$。但是在该状态下，任何微小的驱动或扰动就可能会使互动系统进入区域Ⅰ内部或区域Ⅳ内部，因此制造型企业与服务型企业互动的演变路径就存在不确定性，即均衡点

$\left( \dfrac{n(R_2 + C_2)}{(2n + m)R_2},\ \dfrac{m(R_1 + C_1)}{(2m + n)R_1} \right)$ 是不稳定的。

上述分析为地方政府对产业集聚与城市化互动的合理规划引导提供了理论依据。以城市化主导型互动模式（模式一）为例，地方政府可以设立专项基金，引导产业集聚与城市化的良性互动。当 m≤n 时，专项基金可以向制造型企业倾斜，补贴 $\dfrac{(n - m)C_1}{nR_1}$ 给制造型企业；若 m≥n，专项基金可以向服务型企业倾斜，补贴 $\dfrac{(m - n)C_2}{R_2}$ 给服务型企业。这样就会使得两者为得到尽可能多的专项基金而在互动中更加积极，从而会促进双方选择互动的比例都在提高，最终导致互动系统向均衡点（1，1）演化。

## 4.3 实证检验："义乌商圈"和"柯桥商圈"的数据分析

为了进一步验证前文所提出的理论分析框架和演化博弈模型，本章将继续选择非常具有典型意义的"义乌商圈"和"柯桥商圈"来进行实证检验。我们首先根据前文的理论分析构建一个方便预测和检验的共生演化模型，然后再引入相关数据进行讨论。

### 4.3.1 一个共生演化模型

本书借用生物学中描述不同种群共生现象的 Logistic 模型（庞博慧，2012），来分析制造业与服务业的动态演化过程。为了使模型的结构更加清楚、分析更为方便，将两个产业微观个体之间的相互作用简化为制造型企业与服务型企业之间的互动关系。

**1. 模型假设条件**

假设1：假定地理相对集中的企业之间是相互独立的，将处于特定区域（城市）的制造型企业或服务型企业经历的外生和内生变化简化为企业的产值信号。此时，企业产值的变化反映了该地区（城市）制造型企业与服务型企业的共生演化过程，且每个制造型企业（服务型企业）的产值与其所处环境之间的关系可以用 Logistic 方程表示为：

$$\frac{dQ(t)}{dt} = rQ\left(1 - \frac{Q}{K}\right) \tag{4.1}$$

其中，$Q(t)$ 表示制造型企业（服务型企业）产值随时间 t 的函数，这里的时间 t 不仅包含一般时间的概念，还包括信息、技术、资金、产业政策等影响产出或服务水平的外部因素变化；r 代表制造型企业（服务型企业）产值的自然增长率或内禀性增长率；K 表示在特定区域（城市）或资源条件下，制造型企业或（服务型企业）的最大产值；rQ 体现了产值增长的趋势，而（$1 - Q/K$）称为 Logistic 系数，代表了环境和资源对制造型企业（服务型企业）产值增长的阻滞作用（刘明广和李高扬，2012）。随着制造型企业（服务型企业）产值 Q 的增加，rQ 就越大，而（$1 - Q/K$）会越小，因此产值 Q 最终由上述两个因子共同作用的结果所决定。对于单一制造型企业（服务型企业）产值增长的 Logistic 方程，我们可以得到的方程解为（$Q_0$ 为初始产值）：

$$Q(t) = \frac{K}{1 + (K/Q_0 - 1)e^{-rt}} \tag{4.2}$$

假设 2：制造型企业（服务型企业）产值的变化受 r 的影响，r 越大，$Q(t)$ 增长就越快，r 的大小取决于行业本身的发展水平，是一个大于零的常数。

假设 3：在特定时间内，一个区域（城市）的资源禀赋是一定的，制造型企业（服务型企业）的产值存在一个最大值 K，且产值增长率 r 受自然市场饱和度 Q/K 的阻滞作用。

假设 4：区域（城市）内制造型企业和服务型企业之间存在的竞争与合作关系，反映了制造业与服务业之间的挤出效应、偏利效应和互惠效应的变化趋势。其中，竞争关系使制造型企业（服务型企业）的产值市场饱和度对服务型企业（制造型企业）的产值增长率具有挤出效应，合作关系使制造型企业（服务型企业）的产值市场饱和度对服务型企业（制造型企业）的产值增长率具有偏利效应或互惠效应。

## 2. 模型构建及稳定条件

用 $Q_M(t)$ 和 $Q_S(t)$ 分别表示 t 时刻制造型企业与服务型企业的产值，$K_M$ 和 $K_S$ 分别代表制造型企业和服务型企业在既定技术水平和资源禀赋条件下的最大产值，$r_M$ 和 $r_S$ 分别表示制造型企业和服务型企业的产值增长率。制造型企业与服务型企业的共生模型可以表示为：

$$\frac{dQ_M(t)}{dt} = f(Q_M, Q_S) = r_M Q_M\left(1 - \frac{Q_M}{K_M} - \alpha_1\frac{Q_S}{K_S} + \beta_1\frac{Q_S}{K_S}\right) \tag{4.3}$$

$$\frac{dQ_S(t)}{dt} = g(Q_M,\ Q_S) = r_S Q_S\left(1 - \frac{Q_S}{K_S} - \alpha_2\frac{Q_M}{K_M} + \beta_2\frac{Q_M}{K_M}\right) \tag{4.4}$$

其中，$\alpha$ 和 $\beta$ 是制造型企业和服务型企业之间竞争与合作程度大小的度量指标。令方程式（4.3）和（4.4）为 0，可以得到 4 个平衡点：$E_1(K_M,\ 0)$，$E_2(0,\ K_S)$，$E_3\left(\dfrac{K_M(1-\alpha_1+\beta_1)}{1-(\alpha_1-\beta_1)(\alpha_2-\beta_2)},\ \dfrac{K_S(1-\alpha_2+\beta_2)}{1-(\alpha_1-\beta_1)(\alpha_2-\beta_2)}\right)$，$E_4(0,\ 0)$。利用近似线性方法判定平衡点的稳定性，在 E 点将 $f(Q_M,\ Q_S)$ 和 $g(Q_M,\ Q_S)$ 做 Taylor 展开，只取一次项，并构造雅克比矩阵 J，可得到：

$$
\begin{aligned}
J &= \begin{bmatrix} \dfrac{\partial f(Q_M,\ Q_S)}{\partial Q_M} & \dfrac{\partial f(Q_M,\ Q_S)}{\partial Q_S} \\[2mm] \dfrac{\partial g(Q_M,\ Q_S)}{\partial Q_M} & \dfrac{\partial g(Q_M,\ Q_S)}{\partial Q_S} \end{bmatrix} \\[4mm]
&= \begin{bmatrix} r_M\left(1 - \dfrac{2Q_M}{K_M} - \dfrac{\alpha_1 Q_S}{K_S} + \dfrac{\beta_1 Q_S}{K_S}\right) & \dfrac{-r_M Q_M(\alpha_1 - \beta_1)}{Q_S} \\[3mm] \dfrac{-r_S Q_S(\alpha_2 - \beta_2)}{Q_B} & r_S\left(1 - \dfrac{2Q_S}{K_S} - \dfrac{\alpha_2 Q_M}{K_M} + \dfrac{\beta_2 Q_M}{K_M}\right) \end{bmatrix}
\end{aligned} \tag{4.5}
$$

若行列式 $\det J \neq 0$，令 $p = (\partial f(Q_M,\ Q_B)/\partial Q_M + \partial g(Q_M,\ Q_S)/\partial Q_S)$，$q = \det J$，当平衡点 E 满足 $p > 0$、$q > 0$ 时稳定，$p < 0$ 或 $q < 0$ 时不稳定。把 $E_1$、$E_2$、$E_3$ 和 $E_4$ 分别代入式（4.5），再计算相应的 p 和 q 值，便可得到表 4 - 2。

表 4 - 2　　制造型企业与服务型企业共生演化模型的平衡点及稳定条件

| 平衡点 | p | q | 稳定条件 |
|---|---|---|---|
| $E_1(K_M,\ 0)$ | $r_M - r_S(1-\alpha_2+\beta_2)$ | $-r_M r_S(1-\alpha_2+\beta_2)$ | $\alpha_1 - \beta_1 < 1$<br>$\alpha_2 - \beta_2 > 1$ |
| $E_2(0,\ K_S)$ | $r_S - r_M(1-\alpha_1+\beta_1)$ | $-r_M r_S(1-\alpha_1+\beta_1)$ | $\alpha_1 - \beta_1 > 1$<br>$\alpha_2 - \beta_2 < 1$ |
| $E_3\left(\dfrac{K_M(1-\alpha_1+\beta_1)}{1-(\alpha_1-\beta_1)(\alpha_2-\beta_2)},\right.$ $\left.\dfrac{K_S(1-\alpha_2+\beta_2)}{1-(\alpha_1-\beta_1)(\alpha_2-\beta_2)}\right)$ | $\dfrac{r_M(1-\alpha_1+\beta_1)+r_S(1-\alpha_2+\beta_2)}{1-(\alpha_1-\beta_1)(\alpha_2-\beta_2)}$ | $\dfrac{r_M r_S(1-\alpha_1+\beta_1)(1-\alpha_2+\beta_2)}{1-(\alpha_1-\beta_1)(\alpha_2-\beta_2)}$ | $\alpha_1 - \beta_1 < 1$<br>$\alpha_2 - \beta_2 < 1$ |
| $E_4(0,\ 0)$ | $-(r_M + r_S)$ | $r_M r_S$ | 不稳定 |

下面通过相轨线做进一步分析，从式（4.3）和（4.4）中可得到：

$$\eta(Q_M,\ Q_S) = 1 - \frac{Q_M}{K_M} - \alpha_1\frac{Q_S}{K_S} + \beta_1\frac{Q_S}{K_S} \tag{4.6}$$

$$\psi(Q_M, Q_S) = 1 - \frac{Q_S}{K_S} - \alpha_2 \frac{Q_M}{K_M} + \beta_2 \frac{Q_M}{K_M} \tag{4.7}$$

令 $\eta(Q_M, Q_S) = 0$ 和 $\psi(Q_M, Q_S) = 0$，以平衡点 $E_1$ 为例进行分析。由表 4-2 可知，平衡点 $E_1(K_M, 0)$ 的稳定条件是 $\alpha_1 - \beta_1 < 1$，$\alpha_2 - \beta_2 > 1$，此时 $\eta(Q_M, Q_S) = 0$ 和 $\psi(Q_M, Q_S) = 0$ 可以将相平面分为三个区域，分别为 $D_1$：$dQ_M(t)/dt > 0$，$dQ_S(t)/dt > 0$；$D_2$：$dQ_M(t)/dt > 0$，$dQ_S(t)/dt < 0$；$D_3$：$dQ_M(t)/dt < 0$，$dQ_S(t)/dt < 0$，见图 4-4（a）。若初始相位点落在 $D_1$ 区域，制造型企业和服务型企业产值增长率均大于 0，随着时间的推移，相位点会向右上方移动，最终进入 $D_2$ 区域；若相位点从 $D_2$ 点出发，制造型企业的产值增长率大于 0，而服务型企业的产值增长率小于 0，相位点向右下方移动，并不会进入区域 $D_3$，而是最终趋向平衡稳定点 $E_1$；若从 $D_3$ 出发，制造型企业与服务型企业的产值增长率都小于 0，相位点必然会向左下方移动进入 $D_2$ 区域，最终趋向平衡稳定点 $E_1$。其他 3 个平衡稳定点的相轨线分析类似于 $E_1$，具体见图 4-4（b）、图 4-4（c）和图 4-4（d）。

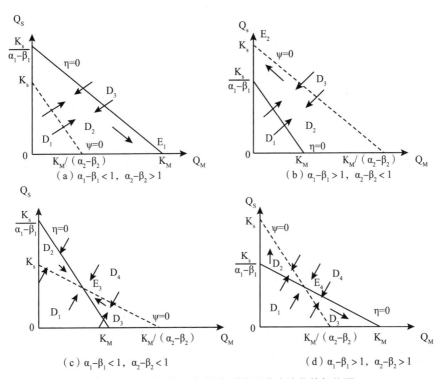

图 4-4   制造型企业与服务型企业共生演化的相位图

### 4.3.2 变量选取及参数估计

由第 3 章分析可知，"义乌商圈"和"柯桥商圈"的制造业分别以小商品制造业集聚和纺织产业集聚为主，而城市服务业相类似，主要包括：交通运输、仓储和邮政业，批发零售业，住宿餐饮业，金融业，房地产业和其他服务业。根据统计口径的一致性以及数据的易得性和可比性，本书将以工业产值来代替制造业产值，服务业产值主要包括上述 6 类子产业的总产值，样本数据来自 1994 ~ 2013 年的义乌市统计年鉴和绍兴县统计年鉴。通过分析制造业与服务业的共生演化关系，探讨两者的互动效应，产值数据如表 4 - 3 所示。

表 4 - 3　　　　　　　　两大商圈制造业与服务业产值的时间序列

| 年份 | | 1993 | 1994 | 1995 | 1996 | 1997 | 1998 | 1999 | 2000 | 2001 | 2002 |
|---|---|---|---|---|---|---|---|---|---|---|---|
| 时间 t | | 0 | 1 | 2 | 3 | 4 | 5 | 6 | 7 | 8 | 9 |
| 义乌商圈 (亿元) | 制造业 | 15.26 | 25.70 | 42.50 | 51.64 | 55.01 | 59.20 | 52.17 | 60.32 | 69.06 | 79.71 |
| | 服务业 | 20.14 | 30.02 | 38.83 | 46.59 | 48.86 | 50.90 | 46.43 | 51.83 | 59.79 | 68.73 |
| 柯桥商圈 (亿元) | 制造业 | 30.72 | 46.70 | 59.71 | 79.39 | 89.91 | 98.15 | 106.02 | 119.49 | 131.19 | 151.51 |
| | 服务业 | 12.17 | 19.97 | 26.23 | 36.32 | 40.98 | 43.63 | 47.48 | 53.76 | 60.08 | 69.82 |
| 年份 | | 2003 | 2004 | 2005 | 2006 | 2007 | 2008 | 2009 | 2010 | 2011 | 2012 |
| 时间 t | | 10 | 11 | 12 | 13 | 14 | 15 | 16 | 17 | 18 | 19 |
| 义乌商圈 (亿元) | 制造业 | 98.28 | 133.52 | 138.65 | 162.25 | 194.00 | 223.5 | 227.33 | 265.50 | 310.90 | 334.15 |
| | 服务业 | 82.35 | 139.24 | 152.62 | 180.17 | 215.10 | 254.63 | 277.62 | 331.41 | 395.41 | 447.69 |
| 柯桥商圈 (亿元) | 制造业 | 179.21 | 214.78 | 350.50 | 292.54 | 351.01 | 387.61 | 405.62 | 473.40 | 555.96 | 587.17 |
| | 服务业 | 78.86 | 101.55 | 120.11 | 142.65 | 173.42 | 203.37 | 226.11 | 273.93 | 330.77 | 385.94 |

为了刻画两大商圈制造业与服务业的演化路径图，需要求出方程式（4.3）和（4.4）中的参数 $r_M$、$r_S$、$K_M$、$K_S$ 的具体数值。通过模型（4.1）对上述数据进行曲线拟合，使点到模型垂直距离的平方和最小（最小二乘法），即求下式的最小值：

$$F(Q_M, r) = \sum_{t=1}^{n} \left[ \frac{K}{1 + (K/Q_0 - 1)e^{-rt}} - Q(t) \right]^2 \quad (4.8)$$

将表 4 - 3 的数据代入模型（4.8），然后用 matlab 软件工具箱的 Lsqcurve-fit 函数分别求得"义乌商圈"的 $r_{YM} = 0.2078$、$r_{YS} = 0.1694$、$K_{YM} = 557.07$、$K_{YS} = 4419.77$；"柯桥商圈"的 $r_{KM} = 0.2061$、$r_{KS} = 0.1956$、$K_{KM} = 908.52$、

$K_{KS} = 1571.45$。分别将上述数值代入方程式（4.3）和（4.4），得到两大商圈制造业与服务业的产值增长模型：

$$\frac{dQ_{YM}(t)}{dt} = f(Q_{YM}, Q_{YS}) = 0.2078Q_{YM}\left[1 - \frac{Q_{YM}}{557.07} + \frac{(\beta_1 - \alpha_1)Q_{YS}}{4419.77}\right] \quad (4.9)$$

$$\frac{dQ_{YS}(t)}{dt} = g(Q_{YM}, Q_{YS}) = 0.1694Q_{YS}\left[1 - \frac{Q_{YS}}{4419.77} + \frac{(\beta_2 - \alpha_2)Q_{YM}}{557.07}\right] \quad (4.10)$$

$$\frac{dQ_{KM}(t)}{dt} = f(Q_{KM}, Q_{KS}) = 0.2061Q_{KM}\left[1 - \frac{Q_{KM}}{908.52} + \frac{(\beta_1 - \alpha_1)Q_{kS}}{1571.45}\right] \quad (4.11)$$

$$\frac{dQ_{KS}(t)}{dt} = g(Q_{KM}, Q_{KS}) = 0.1956Q_{KS}\left[1 - \frac{Q_{KS}}{1571.45} + \frac{(\beta_2 - \alpha_2)Q_{kM}}{908.52}\right] \quad (4.12)$$

### 4.3.3　两大商圈的演化路径分析

为了深入分析两大商圈制造业与服务业的演化规律，本书根据方程式（4.9）、（4.10）、（4.11）、（4.12）运用matlab7.0绘制两个商圈的动态演化路径图。由表4-2的平衡稳定条件和表4-4的互动效应系数范围共同决定，本书将分三类情况加以讨论，并以两大商圈2012年的制造业和服务业的产值为初始值，时间跨度t取60年进行模拟仿真。通过设定（$\alpha_2 - \beta_2$）来讨论（$\alpha_1 - \beta_1$）变化引起的演化路径变迁，反之也可得出一致的结论。

表4-4　　　　　　　　制造业与服务业互动效应的系数范围界定

| 作用方向 | 挤出效应 | | 偏利效应 | | 互惠效应 | |
|---|---|---|---|---|---|---|
| | 弱 | 强 | 弱 | 强 | 弱 | 强 |
| 服务业→制造业 | $0 < \alpha_1 - \beta_1 < 1$ | $\alpha_1 - \beta_1 > 1$ | $0 < \beta_1 - \alpha_1 < 1$ 且 $\alpha_2 = \beta_2$ | $\beta_1 - \alpha_1 > 1$ 且 $\alpha_2 = \beta_2$ | $0 < \beta_1 - \alpha_1 < 1$ 且 $0 < \beta_2 - \alpha_2 < 1$ | $\beta_1 - \alpha_1 > 1$ 且 $\beta_2 - \alpha_2 > 1$ |
| 制造业→服务业 | $0 < \alpha_2 - \beta_2 < 1$ | $\alpha_2 - \beta_2 > 1$ | $0 < \beta_2 - \alpha_2 < 1$ 且 $\alpha_1 = \beta_1$ | $\beta_2 - \alpha_2 > 1$ 且 $\alpha_1 = \beta_1$ | | |

当$\alpha_1 - \beta_1 < 1$且$\alpha_2 - \beta_2 > 1$时，令$\alpha_2 = 2$、$\beta_2 = 0.8$、$t = 60$、$\alpha_1 = 0.8$，$\beta_1$分别赋值为0.3、0.8、1.2和2.0进行数值模拟，如图4-5所示（左图为"义乌商圈"，右图为"柯桥商圈"，下文亦如此）。两大商圈制造业与服务业演化的结果相一致，即最终制造业将服务业完全挤出区域（城市）空间，这

也验证了前文的理论分析和共生演化模型的均衡结果。同时还发现，$\beta_1$ 越大，制造业产值的增长速度就越快，此时制造业对服务业的挤出效应也会越大。当 $\beta_1 > 0.8$ 时，即当服务业对制造业存在偏利效应时，两大商圈的制造业产值分别可以突破其单独存在的最大产值 557.07 亿元和 908.52 亿元。同样，当 $\alpha_1 - \beta_1 > 1$ 且 $\alpha_2 - \beta_2 < 1$ 时，也可以得到与 $\alpha_1 - \beta_1 < 1$ 且 $\alpha_2 - \beta_2 > 1$ 相类似的结论。

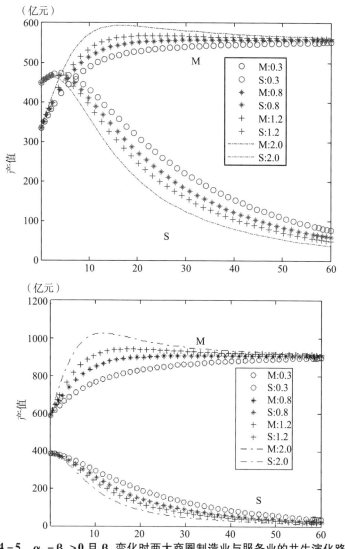

图 4 - 5　$\alpha_2 - \beta_2 > 0$ 且 $\beta_1$ 变化时两大商圈制造业与服务业的共生演化路径

当 $\alpha_1 - \beta_1 < 1$ 且 $0 < \alpha_2 - \beta_2 < 1$ 时，令 $\alpha_2 = 0.8$、$\beta_2 = 0.3$、$t = 60$、$\alpha_1 = 0.8$，$\beta_1$ 分别赋值为 0.3、0.8、1.2 和 2.0 进行数值模拟。由图 4 - 6 可知，两大商圈制造业与服务业的演化路径出现了较大的差异。对于以城市化主导的"义乌商圈"而言，服务业产值随着时间的推移呈现递增趋势，且 $\beta_1$ 越小，服务业产值的增长速度就越快；而制造业产值随时间推移出现短期增长后趋于平稳，尤其是 $\beta_1$ 越小，服务业对制造业的挤出效应就越显著。对于制造业集

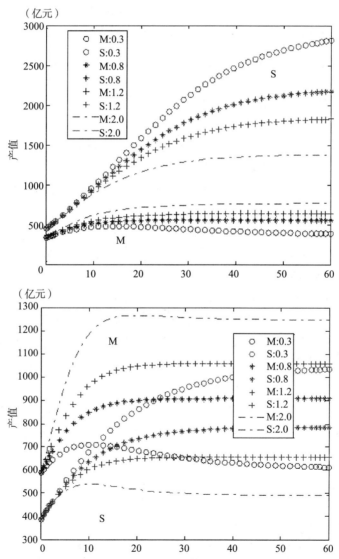

图 4 - 6　$\alpha_2 - \beta_2 < 1$ 且 $\beta_1$ 变化时两大商圈制造业与服务业的共生演化路径

聚主导的"柯桥商圈"而言，制造业和服务业产值的变化受 $\beta_1$ 的影响较大：当服务业对制造业存在偏利效应时，$\beta_1$ 越大，制造业产值的增长速度就越快，并超过最大产值（908.52 亿元），而且 $\beta_1$ 越大，制造业对服务业的挤出效应也越大；当服务业对制造业存在弱挤出效应（$\alpha_1 - \beta_1 < 1$）时，服务业产值增长速度加快并最终超过制造业，而制造业短期增长之后因服务业的挤出效应而呈现微弱的递减趋势；此外，$\beta_1$ 越大，稳定时的制造业产值就越大而服务业产值就越小。

当 $\alpha_1 - \beta_1 < 1$ 且 $0 < \beta_2 - \alpha_2 < 1$ 时，令 $\alpha_2 = 0.3$、$\beta_2 = 0.8$、$t = 60$、$\alpha_1 = 0.8$，$\beta_1$ 分别赋值为 0.3、0.8、1.2 和 2.0 进行数值模拟（见图 4-7）。此时，两大商圈的制造业与服务业都存在互惠效应，也可达到双方共存的稳定状态。对"义乌商圈"而言，$\beta_1$ 越大，服务业产值的增长速度就越快，且制造业与服务业的总产值就越大；当 $\beta_1 - \alpha_1 > 1$ 时，即服务业与制造业存在互惠效应且服务业对制造业具有强偏利效应时，服务业和制造业都出现高速增长，远远超过各自的最大产值，同时稳定时服务业产值远远超过制造业产值，其中服务业超过 18000 亿元，而制造业超过 2000 亿元。对"柯桥商圈"而言，服务业产值的增长速度也随 $\beta_1$ 的增大而加快，且 $\beta_1$ 越大，制造业与服务业的总产值就越大，演化趋势类似于"义乌商圈"。但是，当 $\beta_1 - \alpha_1 > 1$ 时，即当制造业与服务业存在明显的互惠效应时，两者产值都超过各自的最大产值，而且稳定时两者的最大产值差距不大，其中服务业的最大产值接近 6000 亿元，而制造业的最大产值接近 5000 亿元。当制造业与服务业存在互惠效应时，"义乌商圈"与"柯桥商圈"都是以服务业为主导而实现与制造业的良性互动，服务业成为两大商圈发展的最终选择。从制造业与服务业的互动效应来看，"义乌商圈"服务业的引领作用更加显著，且互惠效应越强，服务业的主导地位就越明显，这为义乌市建设国际化大城市提供了理论支持。而"柯桥商圈"虽然服务业也占主导地位，但是稳定时服务业与制造业的产值差距并不大，而且互惠效应越强，两者的总产值就越大，这显然也为绍兴县着力打造"国际性纺织制造中心、国际性纺织贸易中心和国际性纺织创意中心"的战略目标提供了理论依据。

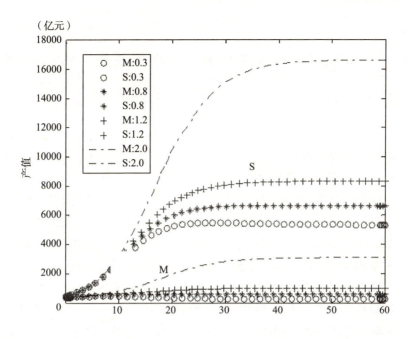

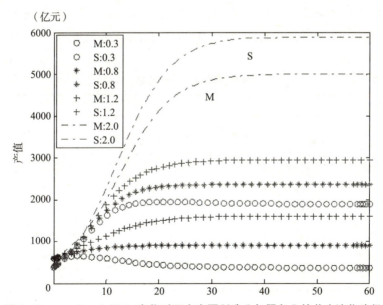

图 4 - 7　$\alpha_2 - \beta_2 < 0$ 且 $\beta_1$ 变化时两大商圈制造业与服务业的共生演化路径

## 4.4  产业集聚下的企业创新："柯桥商圈"的问卷调查

### 1. 研究样本

为了考察产业集群区企业创新的影响因素，笔者带领课题组于 2011 年 9 月~2012 年 3 月重点对浙江省绍兴市的嵊州领带、绍兴轻纺、绍兴印染、诸暨袜业、诸暨珍珠等全国百强产业集群进行了问卷调查和深度访谈，如表 4 - 5 所示。本次调研共发放问卷 250 份，回收 226 份，有效问卷 201 份，问卷有效率为 88.9%。从表 4 - 5 可以看出，研究样本涉及绍兴市的 5 个主导产业，这些样本基本能反映绍兴市乃至浙江省制造业集群的整体状况，并在一定程度上保证了调查数据的代表性和普遍性。在 201 家被调查的集群企业中，组织形式为有限责任公司的企业占 70.0%，且分别有 15.1% 和 34.3% 的企业从事自主生产和贴牌生产，这表明样本企业具有一定的技术基础和创新能力。从被调查企业的员工规模看，1000 人以上的企业仅占 16.1%，而 500 人及以下的企业占 76.3%，这与中国当前集群企业规模普遍较小的现实相符。

表 4 - 5　　　　　　　　　　样本的描述性统计结果

| 行业领域 | | | 组织形式 | | | 经营模式 | | | 员工规模 | | |
|---|---|---|---|---|---|---|---|---|---|---|---|
| 项目 | 频率（家） | 比例（%） | 项目 | 频率（家） | 比例（%） | 项目 | 频率（家） | 比例（%） | 项目（人） | 频率（家） | 比例（%） |
| 轻纺 | 46 | 22.9 | 独资企业 | 16 | 7.8 | 自主生产 | 30 | 15.1 | 11~50 | 39 | 19.5 |
| 印染 | 41 | 20.4 | 合资企业 | 13 | 6.5 | 贴牌生产 | 69 | 34.3 | 51~100 | 27 | 13.6 |
| 领带 | 42 | 20.9 | 有限责任 | 140 | 70.0 | 国内贸易 | 49 | 24.3 | 101~500 | 87 | 43.2 |
| 袜业 | 42 | 20.9 | 股份公司 | 26 | 13.1 | 国际贸易 | 33 | 16.6 | 501~1000 | 15 | 7.6 |
| 珍珠 | 28 | 13.9 | 其他 | 5 | 2.6 | 生产＋销售 | 17 | 8.6 | 1001~3000 | 26 | 12.7 |
| 其他 | 2 | 1.0 | | | | 其他 | 2 | 1.1 | 3000 以上 | 7 | 3.4 |

### 2. 变量选取

变量指标的定义及统计性特征如表 4 - 6 所示。需要指出的是：（1）集群企业技术创新能力是衡量产业集群创新水平的核心变量。集群企业的技术创新是一个不断"试错"并进行经验总结的"干中学"过程。企业之间可以通过信息分享、相互信任和共同解决问题等机制，有效地接触和学习合作伙伴的信息、技术和知识（McEvily and Marcus，2005），进而提升产业集群的整体创新能力。（2）高校及科研院所是集群企业技术创新的主要来源，这是由集群企业规模较小、资金短缺等自身特征所决定的。一方面，高校及科研院所每年产生大量的科技成果，但是成果转化率还不到 1/10（梅姝娥和钟俊伟，2008），亟待科技成果产业化；另一方面，由于集群企业长期以模仿创新为主，容易陷入低价格、同质化的"低端陷阱"，且又因自身实力难以自主创新，因此与高校及科研院所的技术合作成为可供其选择的最优途径之一。（3）与供应商、客户和同行的正式或非正式的合作交流不仅可以快速感知消费者的需求变化，还可以获取所需的设备、技术和市场信息：与供应商紧密合作，集群企业可以更好地识别市场需求的变化规律，提升开发新产品和工艺流程的能力；与终端客户的有效沟通，集群企业更容易发现市场机会，从而准确判断一项新的科学发现和技术变革的价值；与同行的合作交流，集群企业可以获得新信息、新知识和新技术，互通市场信息（Dyer and Singh，1998）。（4）与国有企业相比，"政府资源"对于集群企业仍然是稀缺的，这也是企业非生产性寻租（如寻求技术创新政策的支持、向政府工作人员送礼行贿、谎报业绩等）大量存在的原因。一般而言，对于政府运作效率评价较高的企业，其与政府的关系也较为密切，更容易了解和争取政府对于企业而言的一些稀缺资源。

表 4－6　　　　　　　　　　变量指标的定义及统计性特征

| 变量类别 | 变量名称 | 预期符号 | 定义及特征 |
|---|---|---|---|
| 因变量 | CrI | | 企业技术创新能力。问卷中对应的问题是"贵企业产品的技术水平如何？"。研究证明，集群企业是产业集群的微观基础，集群企业产品的技术能力越强，该产业集群的创新能力就越强 |
| 自变量 | PdU | ＋ | 企业新产品更新率。该指标反映了集群企业新技术、新产品的研发能力，即新产品更新率越高，企业获取的收益就越高。问卷中对应的问题是"贵企业新产品更新率如何？" |
| | EnC | ＋ | 企业与高校及科研院所的技术合作水平。该指标反映了集群企业的合作创新能力，即企业与高校及科研院所的技术合作水平越高，开发新产品和降低技术创新成本的能力就越强。问卷中对应的问题是"贵企业与高校及科研院所技术合作的紧密程度如何？" |
| | SSC | ＋ | 企业与供应商或销售商的合作程度。与供应商或销售商的合作不仅能降低集群企业技术创新的成本，更重要的是加快了新技术的扩散与溢出，有利于提高集群的整体创新能力，问卷中对应的问题是"贵企业与供应商或销售商合作关系的紧密程度如何？" |

| 变量类别 | 变量名称 | 预期符号 | 定义及特征 |
|---|---|---|---|
| 自变量 | CnD | — | 企业间的竞争程度。企业间的竞争越激烈，企业之间进行技术合作创新的难度就越大，这间接地提高了合作创新的成本。问卷中对应的问题是"贵企业对本地企业竞争程度的评价?" |
| | SoB | + | 企业自主品牌变量。问卷中对应的问题是"贵企业是否拥有自主品牌?" |
| | LsE | + | 本地物流效率。该指标是企业对本地物流服务的主观评价。问卷中对应的问题是"本县（市）的物流设施效率是否能够满足贵企业的需要?"。研究发现，高效的物流体系能够显著降低运输成本。这为企业间的技术交流提供了便利的条件，有利于降低企业间的技术合作成本 |
| | GtE | + | 政府运作效率。在问卷中对应的问题是"贵企业对当地政府运作效率的评价如何?" |
| 控制变量 | EeI | | 企业行业领域，见表4-5中样本的描述性统计结果 |
| | EeO | | 企业组织形式，见表4-5中样本的描述性统计结果 |
| | EeM | | 企业经营模式，见表4-5中样本的描述性统计结果 |
| | EeS | | 企业规模变量，见表4-5中样本的描述性统计结果 |

### 3. 计量结果与分析

（1）Pearson 相关性分析。表4-7列出了调查问卷各个变量的 Pearson 相关系数。由表4-7可知：新产品更新率（PdU）、与高校及科研院所的技术合作水平（EnC）、供应商或销售商的合作程度（SSC）、企业自主品牌（SoB）、本地物流效率（LsE）、企业规模（EeS）与技术创新能力（CrI）正相关，企业竞争程度（CnD）、政府运作效率（GtE）、企业经营模式（EeM）与技术创新能力（CrI）负相关，而企业行业领域（EeI）、企业组织形式（EeO）与技术创新能力（CrI）的相关性并未通过显著性检验。进一步观测表4-7中各变量之间的相关系数，发现各自变量之间存在明显的多重共线性关系。为了解决各个变量之间的多重共线性问题，考虑到影响技术创新能力的因素较多，本书将采用 Stepwise 逐步回归方法来检验因变量与自变量之间的相互关系。

表 4 - 7　　　　　　　　　**Pearson 相关系数矩阵及显著性检验**

| | CrI | PdU | EnC | SSC | CnD | SoB | LsE | GtE | EeI | EeO | EeM | EeS |
|---|---|---|---|---|---|---|---|---|---|---|---|---|
| CrI | 1 | | | | | | | | | | | |
| PdU | 0.307 ** | 1 | | | | | | | | | | |
| EnC | 0.192 ** | 0.135 ** | 1 | | | | | | | | | |
| SSC | 0.104 ** | 0.119 ** | -0.045 ** | 1 | | | | | | | | |
| CnD | -0.057 * | 0.044 * | 0.229 ** | -0.198 * | 1 | | | | | | | |
| SoB | 0.152 ** | 0.098 * | 0.176 * | -0.096 | 0.195 | 1 | | | | | | |
| LsE | 0.066 ** | 0.133 * | 0.023 | 0.110 * | -0.094 * | 0.132 * | 1 | | | | | |
| GtE | -0.039 * | -0.117 ** | -0.028 * | -0.121 ** | 0.174 * | 0.054 | -0.160 | 1 | | | | |
| EeI | -0.002 | 0.012 | -0.058 | 0.218 | -0.075 | -0.019 | -0.002 * | -0.047 | 1 | | | |
| EeO | -0.104 | 0.041 * | -0.179 | -0.094 | -0.011 | 0.072 * | 0.027 | 0.027 | -0.050 | 1 | | |
| EeM | -0.018 * | -0.033 | 0.036 * | -0.113 | -0.035 | 0.001 | -0.102 | -0.008 | 0.096 | 0.070 | 1 | |
| EeS | 0.132 ** | 0.068 * | 0.074 | 0.122 ** | -0.126 | 0.102 ** | 0.065 | 0.109 | -0.057 * | 0.133 * | 0.007 | 1 |

注：（1）＊表示 $p < 0.05$；＊＊表示 $p < 0.01$；（2）样本量为 201。

（2）Stepwise 逐步回归分析。问卷调查结果显示，有 47.2% 的集群企业选择自主性创新，52.8% 的集群企业选择合作性技术创新。根据影响集群创新的因变量与自变量之间的关系，分别以自主性创新的集群企业、合作性创新的集群企业和全部集群企业为对象构建了三类回归模型。从表 4 - 8 中可以看出，所建回归模型的 F 检验都达到 0.000 的显著水平，反映了回归模型良好的可靠性；而且，三类回归模型的 Durbin - Watson 值都接近 2，表明进入回归模型的自变量的自相关性并不显著；同时，加入控制变量后，回归模型保持了良好的拟合质量，进一步佐证了回归模型的合理性。

表 4 - 8　　　　　　　**集群企业技术创新的 Stepwise 逐步回归结果**

| | 自主性创新 | | 合作性创新 | | 整体性回归 | |
|---|---|---|---|---|---|---|
| | 模型 1 | 模型 2 | 模型 3 | 模型 4 | 模型 5 | 模型 6 |
| 常数项 | 2.340<br>(4.328 **)<br> | 2.181<br>(3.999 **)<br> | 3.322<br>(5.072 **)<br> | 2.966<br>(4.232 **)<br> | 1.908<br>(3.543 **)<br> | 1.564<br>(2.965 *)<br> |
| 新产品更新率（PdU） | 0.258<br>(4.456 **)<br>[0.250] | 0.217<br>(3.205 **)<br>[0.201] | 0.117<br>(2.103 *)<br>[0.115] | 0.107<br>(1.964 *)<br>[0.101] | 0.214<br>(4.083 **)<br>[0.210] | 0.191<br>(3.600 **)<br>[0.190] |

续表

| | 自主性创新 | | 合作性创新 | | 整体性回归 | |
|---|---|---|---|---|---|---|
| | 模型 1 | 模型 2 | 模型 3 | 模型 4 | 模型 5 | 模型 6 |
| 与高校及科研院所的技术合作（EnC） | 0.081<br>(1.892)<br>[0.079] | 0.097<br>(1.944)<br>[0.095] | 0.389<br>(5.732**)<br>[0.383] | 0.245<br>(3.934**)<br>[0.238] | 0.196<br>(3.432*)<br>[0.190] | 0.183<br>(3.474*)<br>[0.181] |
| 与供应商或销售商的合作程度（SSC） | 0.243<br>(4.126**)<br>[0.240] | 0.235<br>(4.052*)<br>[0.231] | 0.141<br>(2.533*)<br>[0.136] | 0.122<br>(2.857*)<br>[0.120] | 0.205<br>(3.873**)<br>[0.201] | 0.197<br>(3.939**)<br>[0.190] |
| 企业竞争程度（CnD） | 0.142<br>(2.891*)<br>[0.140] | 0.114<br>(1.966*)<br>[0.107] | −0.175<br>(−2.614*)<br>[−0.177] | −0.120<br>(−2.774*)<br>[−0.123] | −0.037<br>(−0.938)<br>[−0.035] | −0.044<br>(−1.051)<br>[−0.043] |
| 企业自主品牌（SoB） | 0.158<br>(3.134**)<br>[0.150] | 0.137<br>(2.865*)<br>[0.131] | 0.111<br>(2.204*)<br>[0.110] | 0.078<br>(1.692)<br>[0.070] | 0.093<br>(1.399)<br>[0.089] | 0.058<br>(1.076)<br>[0.060] |
| 本地物流效率（LsE） | 0.091<br>(1.731)<br>[0.080] | 0.090<br>(1.022)<br>[0.085] | 0.167<br>(2.880*)<br>[0.144] | 0.144<br>(2.998*)<br>[0.138] | 0.153<br>(3.009**)<br>[0.148] | 0.114<br>(2.754*)<br>[0.111] |
| 政府运作效率（GtE） | −0.161<br>(−3.327**)<br>[−0.170] | −0.129<br>(−2.189*)<br>[−0.131] | 0.076<br>(1.487)<br>[0.068] | 0.023<br>(0.367)<br>[0.020] | −0.089<br>(−1.659)<br>[−0.099] | −0.033<br>(−0.559)<br>[−0.049] |
| 企业行业领域（EeI） | | −0.063<br>(−1.552)<br>[−0.101] | | 0.032<br>(0.177)<br>[0.033] | | −0.025<br>(−0.249)<br>[−0.028] |
| 企业组织形式（EeO） | | −0.003<br>(−0.098)<br>[−0.004] | | −0.104<br>(−1.305)<br>[−0.099] | | 0.056<br>(0.377)<br>[0.038] |
| 企业经营模式（EeM） | | 0.034<br>(0.334)<br>[0.030] | | 0.075<br>(1.103)<br>[0.065] | | −0.110<br>(−2.569*)<br>[−0.121] |
| 企业规模（EeS） | | 0.198<br>(3.705**)<br>[0.188] | | 0.097<br>(1.308)<br>[0.096] | | 0.150<br>(3.231**)<br>[0.148] |
| Durbin – Watson | 2.037 | 2.130 | 1.937 | 1.859 | 1.808 | 1.736 |
| 调整后的 R² | 0.342 | 0.309 | 0.382 | 0.318 | 0.432 | 0.410 |
| F 检验 | 4.921** | 3.891** | 5.238** | 4.555** | 8.766** | 6.667** |

注：（1）* 表示 $p < 0.05$；** 表示 $p < 0.01$；（2）括号内数值是各变量的 t 检验值；（3）方括号内是各变量的 Beta 系数；（4）样本量为 201。

通过 Stepwise 逐步回归，自主性创新模型剔除了与高校及科研院所的技术合作水平（EnC）、本地物流效率（LsE）2 个自变量和企业行业领域（EeI）、企业组织形式（EeO）、企业经营模式（EeM）3 个控制变量；合作性创新模型剔除了企业自主品牌（SoB）、政府运作效率（GtE）2 个自变量和企业行业领域（EeI）、企业组织形式（EeO）、企业经营模式（EeM）3 个控制变量；整体性回归模型剔除了企业竞争程度（CnD）、企业自主品牌（SoB）、政府运作效率（GtE）3 个自变量和企业行业领域（EeI）、企业组织形式（EeO）2 个控制变量。回归结果显示：（1）提高新产品更新率和加强与供应商或销售商的合作程度虽然能显著提升集群企业技术创新能力（无论选择何种创新方式），但是这两种技术创新方式对于选择自主性创新的集群企业的影响系数要比选择合作性创新的集群企业更大（$Beta|_{PdU} = 0.217 > 0.107$，$Beta|_{SSC} = 0.235 > 0.102$），即这两个自变量的作用机制会提高集群企业选择自主性创新的概率，推动了集群企业向自主性创新群体演化。（2）与高校及科研院所的技术合作对选择自主性创新的集群企业没有影响，却对选择合作性创新的集群企业影响非常显著（$Beta = 0.245$，$p < 0.01$）。这表明，加强与高校及科研院所的技术合作可以提高集群企业选择合作性创新的概率，是推动集群创新系统演化并最终收敛于模式（合作性创新，合作性创新）的重要途径。（3）企业竞争程度（CnD）对集群企业技术创新存在"两面性"：显著提高选择自主性创新的集群企业的技术创新能力，而显著降低选择合作性创新的集群企业的技术创新能力。这也佐证前文的理论预期：竞争激烈程度的提高不但增加了集群企业进行合作性创新的成本，而且也扩大了集群企业从事自主性创新的创新收益。（4）企业自主品牌（SoB）和企业规模（EeS）对选择合作性创新的集群企业没有显著影响，但却对选择自主性创新的集群企业的技术创新能力有显著的正向影响。这说明，集群企业规模越大，越倾向于选择自主性创新方式，而自主性创新也是企业培育自主品牌的基础，从而进一步验证了前文的理论性推导。（5）政府运作效率（GtE）对选择自主性创新的集群企业的技术创新能力有显著的负向影响。这可能因为地方政府长期注重集群中小企业的培育和发展且形成了"政策惯性"，从而难以满足集群中快速成长起来的大型企业的政策需求所致。（6）本地物流效率（LsE）对选择合作性创新的集群企业有显著的正向影响，进一步验证了高效的本地物流可以显著降低集群企业进行合作创新的成本。由此可知，提高本地物流效率能显著提高集群企业选择合作性创新的概率。

# 第5章

## 产业集聚与城市经济结构调整：
## 空间溢出效应视角

　　城市产业结构调整究竟怎样影响一个城市的发展？学术界对此存在争议，而争议的原因是产业结构调整是一个"创造和破坏并存的过程"。莱特纳（Laitner，2000）分析了产业结构变迁的双向效应，并将产业结构调整分为主动调整和被动调整，认为根据需求和禀赋的变化进行主动调整的国家要比因受外部冲击而被动调整的国家发展得更好。格莱泽（Glaeser，2005）利用波士顿1630~2003年的数据研究发现，城市的长期繁荣归因于根据需求状况和技术变化迅速做出产业结构调整的能力。迪朗东（Duranton，2007）将"创新震荡"引入城市体系后发现，跨产业创新导致的产业结构变动是影响城市体系演变和就业增长的主要原因。芬德森和苏德库姆（Findeisen and Südekum，2008）通过西德326个城镇的数据发现，城市的就业增长并非取决于产业结构调整的强度，而是产业的初始结构。需要特别指出的是，鲜有文献将地理距离和产业结构演化引入这一问题的研究。大多数研究将视野锁定在省级单位和三次产业结构的变动，并将地理距离处理为一个"黑匣子"，掩盖了城市间的相互作用。因此，本章尝试利用2003~2011年中国285个地级及以上城市的统计数据，将产业结构演化分解为波动化和高级化两个方面进行测度，并运用空间计量方法引入地理距离来讨论集聚外部性和产业结构演化影响中国城市劳动生产率的空间溢出效应。同时，本章还通过对城市的区域分布、发展阶段、城市规模等进行分组性检验和拓展性分析，进一步揭示了城市集聚模式和产业结构演化方式影响的差异性。

## 5.1　文献评述与理论基础

　　经济活动的地理集聚现象可以提高本地劳动生产率的思想早在19世纪末

就得到了新古典经济学家的关注。马歇尔（Marshall，1890）就指出，空间外部性是决定经济地理集聚的关键因素，其主要来源于中间投入品的分享、专业化的劳动力市场集聚（labor market pooling）和知识的外溢（knowledge spillover）。胡佛（Hoover，1937）最早将集聚外部性分为专业化经济和多样化经济。其中，专业化经济是指同一产业在地理上的集中使企业生产绩效随行业规模的扩大而获得外部性收益，从动态化视角也被称为 MAR（marshall-arrow-romer）外部性；多样化经济是指多种相关性的产业在地理上集中所产生的外部性收益，如跨产业的技术交流与合作、公共基础设施的共享等，从动态化视角也被称为 Jacobs 外部性（Jacobs，1969）。但是，经济活动的空间集聚直到克鲁格曼（Krugman，1991）之后，才被经济学家们所重视。新经济地理学认为，由于生产中存在规模报酬递增、消费者需求的多样性偏好和运输成本，厂商会选择在市场需求相对较大的地区组织生产经营活动，从而导致该地区更大的生产规模和更高的要素价格水平。当达到均衡时，集聚地区更高的要素价格必然产生更高的劳动生产率，否则，厂商会因追求利润最大化而选择到其他要素价格相对较低的地区生产。随后，藤田和莫里（Fujita and Mori，1997）、藤田等（Fujita et al.，1999）重点探讨了城市体系空间模式的变迁。在他们的模型中，一个城市体系的空间布局取决于向心力和离心力的相互作用。根据"中心—外围"理论，在这两种力量的作用下，一个地区的市场潜力与该地区与中心城市的地理距离之间呈现先下降后上升再下降的"〰"形曲线过程。这也反映了地区之间成本关联与需求关联的抗衡关系：一方面，中心城市市场容量较大，离中心城市较远的企业由于存在运输成本而无法与集聚中心的企业竞争，这就是新经济地理学所说的本地市场效应（home-market effect）；另一方面，由于离大城市越近会导致竞争激烈、要素资源价格升高（如土地和住房租金）等产生市场拥挤效应（market crowding effect），离中心城市较远的企业因竞争程度下降而拥有更大的市场潜力。因此，若一个地区形成了一个新城市，就会产生集聚阴影效应（agglomeration shadow effect），使临近区域不会再出现新的城市。

随后，越来越多的学者开始关注影响城市劳动生产率的经验研究。多数文献最早倾向于从城市规模的视角考察劳动生产率的差异性。例如，斯维卡斯卡（Sveikauskas，1975）研究发现，城市规模平均每扩大 1 倍，劳动生产率就会相应地提高 4.77% ~ 6.39%，而莫沃莫（Moovmaw，1981）则认为这一影响效应仅为 2.7%。格莱泽和莱塞格（Glaeser and Resseger，2010）也发现，美国城市人口规模与劳动生产率存在显著的正相关性，而该效应在高人力资本的大城市尤为明显。西科思和霍尔（Ciccone and Hall，1996）则认为经济活动的空间密度较城市规模更能反映城市的集聚程度。他们利用美国各州的统计数据测度发现，城市就业密度每增加 1 倍，劳动生产率会提高 6% 左右。此后，西科恩（2002）、布鲁哈特和马西斯（Brülhart and Mathys，2008）、柯善咨和姚德龙（2008）、陈良文等（2009）等都对经济活动密度与劳动生产率之间的关系进行了检验，研究结果都从不同程度上证实了两者之间的相互促进关系。另外一些研究则着眼于专业化和多样化经济在地区劳动生产率的作用，但并未得出一致的研究结论。例如，亨德森（Henderson，2003）发现，专业化城市有助于生产标准化产品，对城市的劳动生产率具有更大的促进作用。马丁等（Martin et al.，2011）通过法国的企业数据发现，专业化经济显著提升了城市劳动生产率，但多样化经济的影响效应并不显著。格莱泽等（Glaeser et al.，1992）从城市就业的角度发现，多样化促进了美国城市就业规模的增长，而专业化则降低了城市的就业水平。高（Gao，2004）、薄文广（2007）也同样得出了专业化与区域经济增长负相关的结论。这给我们的启示是，城市发展是选择专业化经济还是多样化经济，需要综合考虑空间效应（地理距离）、城市规模、产业结构等多重因素，应因地制宜和分类实施。

随着地理距离与城市间溢出效应逐渐被重视，一些学者将研究视角拓展至跨区域边界的集聚外部性。梅杰斯和伯格（Meijers and Burger，2010）认为拥挤效应通常局限在城市内部，而集聚的规模经济效应可以在临近城市之间共享。他通过控制其他影响因素后发现，多中心都市圈的劳动生产率要显著高于单中心都市圈。也有学者引入地理距离来分析集聚外部性的空间变化趋势。例如，博塔齐和佩里（Bottazzi and Peri，2003）、费希尔等（Fischer et al.，2009）分别以专利技术和全要素生产率来衡量技术创新水平，发现欧洲区域间的技术溢出效应在 300 千米范围内显著，而莫雷诺等（Moreno et al.，2005）通过设定不同距离阈值的空间权重矩阵发现，欧洲 17 个国家 138 个地区之间的技术溢出范围为 250 千米。国内学者付森（2009）通过省份面板数据的经验分析发现，当距离超过 800 千米时，技术溢出效应开始迅速下降，到达 1250 千米后，技术溢出效应强度减半。潘文卿（2012）通过分析中国各省份人均地区生产总值的空间分布格局与特征发现，一个地区的市场潜能会随着地区间距离的增大而减小，当距离间隔超过 3000 千米时，中国各省份之间将不存在直接的空间溢出效应。经济主体在地理距离上的临近形成的集聚外部性通过资源共享、要素流动、知识传播等方式来提高相关地区劳动生产率的观点逐渐得到了经济学家的普遍认同。

　　城市产业结构变迁是影响劳动生产率的另一个重要研究视角。多数学者认为，根据市场需求和技术发展进行产业创新与结构调整并由此带来的"结构红利"是城市就业增长和劳动生产率提高的关键（Fan et al.，2003；Glaeser，2005；Duranton，2007）。Maddison（2006）总结"二战"后发达国家和"亚洲四小龙"的发展经验时指出，产业结构的服务化调整压缩了劳动生产率持续高增长的空间，从而导致经济增长陷入"结构性减速"（袁富华，2012）。然而，世界经济的发展趋势正是产业结构的服务化，这也是未来中国城市经济发展所面临的重要背景。以美国为例，在经历 20 世纪 50 ~ 80 年代人口规模下降之后，从 20 世纪 70 年代末开始，一些如纽约、波士顿等大城市又重新进入了人口规模和收入水平同时增长的新阶段，这与城市倾向于发展金融服务、高新技术等思想密集型（idea-intensive）产业密切相关。与此同时，一些传统工业城市（如底特律）因为没有发展起相关的现代服务业而出现人口规模的萎缩（陆铭和向宽虎，2012）。如果是这样，服务业的集聚特征将是判断城市产业结构高级化的一个重要标准。那么，这就需要说明两个问题：一是城市的服务业与工业或制造业是如何互动演化；二是城市如何才能集聚服务业并发挥服务业的集聚外部性。

　　由于服务存在库存和运输的不可能性，服务较制造品被认为是不可贸易的（井原哲夫，1986）。但是生产性服务业作为制造业的中间投入品，是完全可以贸易的。已有研究表明，生产性服务业的空间集聚不仅能够提升自身产业效率，而且还会通过提升专业化水平、降低交易成本等机制提升制造业的劳动生产率（Dnniels，1989；Markusen，1989；Eswaran and Kotwal，1989）。国内文献也在理论分析和实证检验上证实了生产性服务业与制造业之间相互促进、相互融合的互动关系（顾乃华等，2006；江静和刘志彪，2007；冯文泰，2009；陈建军和陈菁菁，2011；宣烨，2012）。另外，一些不可贸易的服务产业在地理上也体现出集聚的特征。杨向阳和徐翔（2004）、陆铭和向宽虎（2012）分别利用中国服务业数据和中国城市数据证实了服务业规模经济效应的存在。此外，虽然消费型服务业是不可贸易的，但由于生产性服务业集中了大量的高技能劳动者，因而对消费性服务业产生了大量的市场需求，也会带动相应的消费性服务业在地理上集聚。拜尔斯和林达尔（Beyers and Lindahl，1996）从中间需求角度的实证研究发现，对专业技术知识的需求和政府管制的强化，是导致服务业尤其是生产性服务业集聚的最重要因素。但是，鲜有文献引入地理因素分析服务业的空间集聚效应，这将是本章研究的重点之一。

# 5.2 研究方法与变量选择

## 5.2.1 空间计量模型设定

在市场经济条件下，劳动力、资本等生产要素可以自由流动，厂商可以根据市场需求调节要素投入。我们假定在要素投入一定的情况下，城市集聚经济的空间外部效应可以通过地理邻近、专业化、多样化、产业结构演化等特征提高城市的产出水平。假设城市产出可用 C–D 生产函数描述：

$$Y = Af(K，L) \tag{5.1}$$

其中，Y 为城市实际产出，K 为城市资本存量，L 为城市劳动力，A 是由初始禀赋、区位条件等因素所决定的全要素生产率。假设 f(K，L) 为一次齐次函数，满足规模报酬不变的约束条件，我们对式（5.1）两边同时除以 L 并取自然对数，可以导出城市劳动生产率的基本模型：

$$\ln(Y/L) = \ln A + \beta\ln(K/L) \tag{5.2}$$

需要说明的是，全要素生产率 A 在多数文献中主要包括城市间的集聚外部性、产业结构、人力资本、基础设施等重要变量（Glaeser et al.，1992；Fujita et al.，1999；Henderson，2003；Bronzini et al.，2009）。另外，已有文献还控制了政府规模、教育条件、外商直接投资等通过吸引城市外部高技能人才的迁入来影响城市劳动生产率的变量（Kohler，1997；柯善咨和姚德龙，2008；刘修岩，2009）。但是，上述模型将研究视角仅锁定在城市内部，忽视了城市间的相互作用。城市的规模变动、产业更替都不可避免地受到城市体系中其他城市的影响，而影响效应的强度和方向取决于施加城市的规模等级和地理距离。换言之，一个城市的劳动生产率不仅与城市自身相关，还会与邻近城市通过劳动力流动、资本输出、知识传播、投入产出关联等途径形成溢出效应。如果两个城市的产业结构互补，临近城市的要素投入就会对本地城市存在扩散效应；反之，若两个城市产业结构同质，临近城市之间会呈显著的竞争格局，规模等级较大的城市可能会吸引临近城市的要素资源而造成回流效应。因此，本书以模型（5.2）为基础加以扩展，引入地理距离建立空间面板数据模型：

$$\ln Prod_{it} = \rho \sum_{j=1}^{N} W_{ij} \ln Prod_{it} + \beta \ln Vk_{it} + \eta Aggl_{it} + \varphi Stru_{it} + \gamma X_{it} + \alpha_i + \nu_t + \varepsilon_{it}$$

$$(5.3)$$

其中，$\varepsilon_{it} = \lambda \sum_{j=1}^{N} W_{ij} \varepsilon_{it} + \mu_{it}$，$prod_{it}$ 表示 i 城市在 t 时间的劳动生产率，$\ln Vk_{it}$ 表示城市劳均资本存量的对数值；$Aggl_{it}$ 表示城市集聚经济指数；$Stru_{it}$ 表示产业结构演化指数，$X_{it}$ 表示控制变量，$\alpha_i$、$\nu_t$、$\varepsilon_{it}$ 分别表示地区效应、时间效应和随机扰动项。$\rho$ 和 $\lambda$ 分别为空间滞后系数和空间误差系数，反映了城市之间的空间溢出效应[①]。$W_{ij}$ 代表空间权重矩阵，本书以城市间直线距离的倒数作为权重[②]。

## 5.2.2　数据与变量说明

为了更好地适应经济发展的新形势、满足经济统计和科学研究的需要以及与国际产业分类接轨，中国国家统计局在 2002 年 10 月 1 日发布了新的《国民经济行业分类与代码》，将原来的 15 个行业调整为现在 19 个行业；再加上 20 世纪 90 年代早期数据的严重缺失以及 2000 年前后很多城市（多为市辖区）进行了大规模的行政区划调整（汪宇明等，2008），本书选取 2003 年及以后年份的中国城市市辖区的统计数据进行分析。另外，在 2011 年，经国务院批准，安徽省撤销巢湖市，并将其所辖的一区四县划归合肥、芜湖、马鞍山三市管辖；同年，国务院同意贵州省设立毕节（原县级毕节市）和铜仁（原县级铜仁市和万山特区）两个地级市。由此，目前中国地级及以上城市的数量由原来的 287 个变为 288 个。为了保证统计口径一致，我们选择除巢湖、毕节、铜仁、拉萨（缺少历年的统计数据）以外的 285 个地级及以上城市作为本书数据统计和实证分析的研究对象。因此，本章最终选取的样本为 2003 ~ 2011 年中国 285 个地级及以上城市 9 年的面板数据，主要来源于历年的《中国城市统计年鉴》《中国区域经济年鉴》和《中国统计年鉴》。此外，笔者对各个城市的生产总值和工资水平根据所在省份的地区生产总值平减指数调整为 2003 年

---

① 当 $\rho = 0$ 时，空间计量模型被称为空间误差模型或 SEM 面板数据模型；当 $\lambda = 0$ 时，空间计量模型被称为空间滞后模型或 SLM 面板数据模型。

② 简单的二元邻接矩阵认为不相邻城市之间不存在相关性的理念与现实情况有较大出入。本书采用城市间距离的倒数作权数既考虑到了空间临近但不相邻的城市之间也可能存在相互影响的现实，还能够避免地理距离内生于城市劳动生产率提高所带来的偏差。

的不变价格。本章选取的主要变量有：

城市劳动生产率（Prod）。虽然很多发达国家的经验研究将非农劳动生产率作为被解释变量，但是为了控制高额的农业补贴对于劳动生产率的影响作用（Ciccone，2002）。而中国正处于工业化和城市化的快速推进期，农业人口到非农产业的大规模转移可能导致非农劳动生产率的下降，因此简单剔除并不可取。笔者将采用各个城市的国内生产总值与就业人数之比来表示。同时，笔者还分别计算了城市的工业劳动生产率（Iprod）和服务业劳动生产率（Sprod）以作比较分析。

劳均资本存量（Vk）。生产函数和经济增长理论显示，劳动生产率不仅取决于当期投资，还受累积投资的影响。笔者将借鉴单豪杰（2008）的处理方法，采用永续盘存法估计资本存量。每个城市的新增固定资产投资来自《中国城市统计年鉴》，并以各城市所在省份的价格指数为基准，折旧率设定为10.96%。城市的基期资本存量采用2003年各个城市的地区生产总值占本省份地区生产总值的比重乘以本省份的基期资本存量来表示。劳均资本存量等于资本存量与就业人数之比。

城市集聚经济指数。笔者借鉴迪朗东和蒲格（Duranton and Puga，2000）、李金滟和宋德勇（2008）的测度方法，分别采用相对专业化指数（RZI）和相对多样化指数（RDI）来衡量。相对专业化指数（RZI）反映了城市经济的MAR 外部性，其计算公式表示为：

$$RZI_i = \max_j (s_{ji}/s_i) \qquad (5.4)$$

其中，$s_{ji}$ 为 i 城市中 j 产业的就业人数占该城市总就业人数的比重，而 $s_i$ 为 j 产业的就业人数占全部城市就业人数的比重。

相对多样化指数（RDI）反映了城市经济的 Jacobs 外部性，其计算公式表示为：

$$RDI_i = 1/\sum_j |s_{ji} - s_i| \qquad (5.5)$$

其中，$s_{ji}$ 和 $s_i$ 同式（5.4）。

产业结构演化指数。从动态的角度，本书将城市的产业结构演化分为产业结构波动化和产业结构高级化两个维度进行衡量。产业结构波动化反映了产业之间的结构转换能力和结构调整强度，也是要素投入—产出结构耦合度的一种度量。研究者一般选择产业结构偏离度指数，其计算公式为：

$$E = \sum_{i=1}^{N} \left| \frac{Y_i/L_i}{Y/L} - 1 \right| = \sum_{i=1}^{N} \left| \frac{Y_i/Y}{L_i/L} - 1 \right| \qquad (5.6)$$

其中，E 表示结构偏离度指数，Y、L、i、N 分别表示产值、就业、产业和产业部门数。根据新古典经济学理论，E＝0 时，经济处于均衡状态，E 值越大，就表示经济发展越容易偏离均衡状态。很多学者用 E 来度量产业结构合理水平，但经济非均衡现象是一种常态，E 不可能为 0，应将重点集中在 E≠0 的产业结构分析上。本书借鉴干春晖等（2011）的做法，采用泰尔指数（也称泰尔熵）度量产业结构波动化[①]，其计算公式如下：

$$TL = \left| \sum_{i=1}^{N} \left( \frac{Y_i}{Y} \right) \ln \left( \frac{Y_i}{L_i} \bigg/ \frac{Y}{L} \right) \right| \tag{5.7}$$

产业结构高级化是对产业结构优化升级的一种测度，多数文献根据克拉克定理采用非农产业的产值比重来衡量。但是，鉴于已有文献的研究发现，经济服务化是产业结构升级的一个重要特征，而传统度量方法不能反映出产业结构的这种倾向。因此，笔者采用第三产业与第二产业的产值之比（记为 ES）来测度产业结构高级化。ES 值越大，越能够反映出产业结构服务化的升级倾向。此外，本书还以 GB2002 分类的行业就业人员比重作为衡量产业结构的代理变量。同时，借鉴方远平和毕斗斗（2008）对于服务业的分类方法，本书最终将 19 个行业分为农林牧渔业（Agri）、采矿业（Mini）、制造业（Manu）、电力燃气及水的生产和供应业（Elec）、建筑业（Cons）、生产性服务业（Pros）、分配性服务业（Dist）、消费性服务业（Pers）和社会性服务业（Pubs）9 大类[②]。

其他控制变量。考虑到影响城市劳动生产率的其他因素，本章还控制了一些解释变量：（1）工资水平（lnWage）。在产出水平固定的条件下，实际工资上涨会提高企业使用其他生产要素来代替人力资本的倾向。笔者用职工平均工资的对数值来反映劳动力成本。（2）基础设施（Inf）。基础设施的改善能够显著降低生产要素的运输成本和交易费用，有助于城市规模效应和集聚经济的形成。笔者采用城市道路人均占有面积作为城市基础设施的代理变量。（3）人力资本（Edu）。具有知识、技能等特征的人力资本能够显著提升城市的劳动生产率。笔者将借鉴陆铭和向宽虎（2012）在面临数据约束条件下的做法，采用教师与学生的比率作为人力资本的代理变量。（4）政府规模（Gov）。由

---

① 若经济处于均衡状态下，则有 TL＝0；当 TL≠0 时，则说明产业结构偏离了均衡状态并出现了波动性调整，TL 越大，产业结构波动化程度越高。

② 在服务业 4 个大类（14 个行业）的划分中，生产性服务业包括信息传输计算机服务和软件业、金融业、房地产业、租赁和商业服务业、科学研究技术服务业和地质勘查业 5 个行业；分配性服务业包括交通运输仓储及邮政业、批发和零售业 2 个行业；消费性服务业包括住宿餐饮业、居民服务和其他服务业 2 个行业；社会性服务业包括水利环境和公共设施管理业、教育、卫生社会保障和社会福利业、文化体育和娱乐业、公共管理和社会组织 5 个行业。

于政府作用是城市劳动生产率的重要影响因素，笔者以城市财政收入占地区生产总值的比重来控制城市间政府对经济干预程度的差异。（5）外商直接投资（FDI）。外商直接投资不仅可以增加一个城市的资本存量，还能通过产业转移、技术关联和知识溢出影响一个城市的劳动生产率。笔者将城市年度实际外商投资额（按历年人民币汇率的平均价格折算）占当年固定资产投资额的比重作为代理变量。变量的描述性统计如表 5 − 1 所示。

表 5 −1　　　　　　　　　变量的描述性统计

| 变量 | 2003 年 | 2004 年 | 2005 年 | 2006 年 | 2007 年 | 2008 年 | 2009 年 | 2010 年 | 2011 年 |
|---|---|---|---|---|---|---|---|---|---|
| lnProd | 11.378 [1.083] | 11.634 [0.488] | 11.675 [1.282] | 11.920 [0.459] | 12.039 [0.847] | 12.243 [0.453] | 12.256 [1.126] | 12.488 [0.444] | 12.591 [0.449] |
| lnIprod | 11.449 [1.135] | 11.745 [0.579] | 11.737 [1.335] | 12.009 [0.580] | 12.141 [0.916] | 12.390 [0.558] | 12.398 [1.191] | 12.634 [0.622] | 12.754 [0.587] |
| lnSprod | 11.186 [1.076] | 11.384 [0.527] | 11.481 [1.277] | 11.718 [0.487] | 11.826 [0.868] | 12.006 [0.487] | 12.046 [1.126] | 12.251 [0.489] | 12.361 [0.482] |
| lnVk | 10.553 [1.065] | 10.772 [0.571] | 10.981 [0.591] | 11.100 [0.568] | 11.402 [0.572] | 11.604 [0.621] | 11.904 [0.617] | 12.141 [0.554] | 11.893 [0.886] |
| RZI | 3.406 [4.072] | 3.465 [3.822] | 3.615 [3.843] | 3.483 [3.559] | 3.687 [4.278] | 3.903 [4.749] | 4.016 [5.336] | 4.263 [7.223] | 4.330 [6.902] |
| RDI | 2.792 [1.349] | 2.747 [1.367] | 2.670 [1.273] | 2.617 [1.246] | 2.666 [1.283] | 2.599 [1.229] | 2.560 [1.315] | 2.486 [1.174] | 2.475 [1.176] |
| TL | 0.171 [0.200] | 0.184 [0.202] | 0.194 [0.246] | 0.125 [0.098] | 0.174 [0.198] | 0.189 [0.252] | 0.214 [0.329] | 0.210 [0.342] | 0.191 [0.257] |
| ES | 0.925 [0.497] | 0.876 [0.469] | 1.682 [8.299] | 0.961 [0.557] | 0.927 [0.539] | 0.910 [0.535] | 0.961 [0.562] | 0.922 [0.563] | 0.869 [0.506] |
| Agri | 0.024 [0.059] | 0.023 [0.049] | 0.020 [0.041] | 0.020 [0.043] | 0.017 [0.038] | 0.016 [0.039] | 0.015 [0.040] | 0.019 [0.063] | 0.017 [0.057] |
| Mini | 0.058 [0.125] | 0.059 [0.126] | 0.057 [0.124] | 0.058 [0.128] | 0.057 [0.125] | 0.058 [0.128] | 0.058 [0.129] | 0.056 [0.125] | 0.058 [0.125] |
| Manu | 0.295 [0.142] | 0.291 [0.144] | 0.289 [0.147] | 0.288 [0.150] | 0.288 [0.152] | 0.279 [0.153] | 0.297 [0.451] | 0.272 [0.155] | 0.265 [0.154] |

| 变量 | 2003 年 | 2004 年 | 2005 年 | 2006 年 | 2007 年 | 2008 年 | 2009 年 | 2010 年 | 2011 年 |
|---|---|---|---|---|---|---|---|---|---|
| Elec | 0.033<br>[0.209] | 0.033<br>[0.020] | 0.033<br>[0.021] | 0.032<br>[0.021] | 0.032<br>[0.021] | 0.034<br>[0.028] | 0.031<br>[0.019] | 0.031<br>[0.019] | 0.028<br>[0.018] |
| Cons | 0.083<br>[0.054] | 0.085<br>[0.057] | 0.089<br>[0.063] | 0.090<br>[0.065] | 0.093<br>[0.070] | 0.090<br>[0.072] | 0.095<br>[0.076] | 0.097<br>[0.076] | 0.118<br>[0.084] |
| Pros | 0.094<br>[0.036] | 0.099<br>[0.037] | 0.101<br>[0.037] | 0.103<br>[0.037] | 0.106<br>[0.040] | 0.111<br>[0.042] | 0.118<br>[0.043] | 0.119<br>[0.044] | 0.117<br>[0.042] |
| Dist | 0.111<br>[0.047] | 0.106<br>[0.045] | 0.099<br>[0.045] | 0.097<br>[0.045] | 0.094<br>[0.044] | 0.093<br>[0.045] | 0.089<br>[0.043] | 0.086<br>[0.042] | 0.089<br>[0.042] |
| Pers | 0.021<br>[0.018] | 0.021<br>[0.018] | 0.021<br>[0.018] | 0.020<br>[0.020] | 0.020<br>[0.022] | 0.020<br>[0.024] | 0.019<br>[0.023] | 0.019<br>[0.024] | 0.019<br>[0.025] |
| Pubs | 0.274<br>[0.109] | 0.284<br>[0.109] | 0.290<br>[0.110] | 0.292<br>[0.110] | 0.292<br>[0.109] | 0.295<br>[0.110] | 0.308<br>[0.138] | 0.304<br>[0.116] | 0.287<br>[0.112] |
| lnWage | 9.451<br>[0.275] | 9.580<br>[0.274] | 9.696<br>[0.230] | 9.836<br>[0.292] | 10.012<br>[0.245] | 10.163<br>[0.239] | 10.267<br>[1.653] | 10.396<br>[0.231] | 10.538<br>[0.213] |
| Inf | 6.883<br>[4.737] | 7.340<br>[5.284] | 7.793<br>[4.713] | 8.594<br>[6.300] | 11.432<br>[0.661] | 9.346<br>[5.844] | 9.666<br>[6.123] | 10.515<br>[7.023] | 11.178<br>[6.624] |
| Edu | 0.056<br>[0.011] | 0.057<br>[0.013] | 0.059<br>[0.016] | 0.058<br>[0.010] | 0.059<br>[0.010] | 0.049<br>[0.010] | 0.050<br>[0.010] | 0.159<br>[0.468] | 0.050<br>[0.017] |
| Gov | 0.057<br>[0.023] | 0.058<br>[0.024] | 0.059<br>[0.028] | 0.064<br>[0.033] | 0.069<br>[0.036] | 0.070<br>[0.039] | 0.071<br>[0.034] | 0.078<br>[0.035] | 0.083<br>[0.036] |
| FDI | 0.082<br>[0.108] | 0.063<br>[0.075] | 0.054<br>[0.063] | 0.054<br>[0.060] | 0.051<br>[0.057] | 0.048<br>[0.053] | 0.084<br>[0.737] | 0.035<br>[0.040] | 0.036<br>[0.039] |

注：方括号内的数值为标准差。

## 5.3　空间溢出效应分析

### 5.3.1　空间相关性检验

对于判断城市之间的空间相关性，本章采用 Moran's I 指数进行检验，其计算公式为：

$$\text{Moran's I} = \frac{\sum_{i=1}^{n} \sum_{j=1}^{n} W_{ij}(Y_i - \overline{Y})(Y_j - \overline{Y})}{S^2 \sum_{i=1}^{n} \sum_{j=1}^{n} W_{ij}} \tag{5.8}$$

其中，$S^2 = \frac{1}{n} \sum_{i=1}^{n} (Y_i - \overline{Y})^2$，$\overline{Y} = \frac{1}{n} \sum_{i=1}^{n} Y_i$，$Y_i Y_j$ 分别代表第 i、j 个城市的观测值（本书为劳动生产率），n 表示城市数量，$W_{ij}$ 同前文。Moran's I 指数的取值范围为 [-1, 1]。当该指数大于 0 时，城市之间具有空间正相关性，说明劳动生产率相似的城市集聚在一起；当该指数小于 0 时，城市之间存在空间负相关性，表明劳动生产率相异的城市集聚在一起；当该指数等于 0 时，城市之间空间不相关。另外，本书采用标准统计量 Z 来检验 Moran's I 指数的显著性水平[①]，其公式表示为：

$$Z(\text{Moran's I}) = \frac{\text{Moran's I} - E(\text{Moran's I})}{\sqrt{\text{VAR}(\text{Moran's I})}} \tag{5.9}$$

其中，$E(\text{Moran's I}) = -\frac{1}{n-1}$。

数据统计结果显示，中国城市所有产业、工业和服务业的劳动生产率的 Moran's I 指数在 2003~2011 年都通过了 1% 水平下的显著性检验。这意味着中国产业劳动生产率之间存在显著的空间相关性和空间集聚效应。因此，可以推断：地理距离是影响中国城市体系集聚与扩散的重要因素，而城市的集聚外部性或规模经济效应是劳动生产率提升的主要动力。但是，需要指出的是（见图 5-1）：一是中国城市服务业劳动生产率的空间相关性要显著高于工业；二是中国城市工业劳动生产率的空间相关性从 2003~2011 年出现了"波动式"的递减趋势且下降幅度超过了 60%，而服务业劳动生产率的空间相关性的下降趋势并不明显。这可能是中国城市工业的集聚阴影效应要明显大于服务业所致。也就是说，与服务业相比，工业制成品更容易受运输成本（或地理距离）的影响而出现较强的局部集聚性特征，导致其周边难以形成新的工业集聚区，从而降低了工业在远距离城市间的空间相关性。

考虑到一般区域间空间关联规律是：地区间距离越短，空间相关性越强；随着地理距离的增加，地区间的相关性会逐渐减弱。笔者通过进一步计算发现，306 千米是中国城市间最小的"门槛距离"，即在不小于该距离的情况下，

---

① 若 Moran's I 指数正态统计量的 Z 值大于正态分布函数在 10% 显著性水平下的临界值 1.65，则表示该城市经济活动在空间分布上具有显著的正相关性，也意味着邻近城市的类似特征值出现了集聚效应。

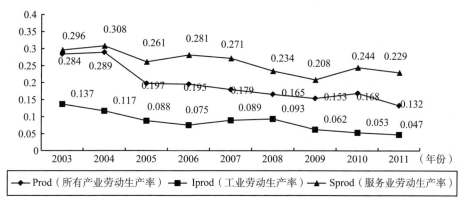

**图 5 - 1　2003 ~ 2011 年中国城市所有产业、工业和服务业的劳动生产率的 Moran's I 指数**

才能实现每一个城市都至少有一个邻近的城市。于是，本书计算了从 350 ~ 2350 千米距离带宽条件下的中国城市所有产业、工业和服务业的劳动生产率在 2003 ~ 2011 年的 Moran's I 指数及其统计检验（见表 5 - 2）。结果显示，随着地理距离的增加，中国城市劳动生产率的空间相关的 Moran's I 指数逐渐下降。同时，中国城市工业劳动生产率的空间相关性的衰减程度明显高于服务业：以 2011 年为例，当分别超过 350 千米和 1550 千米距离带宽时，中国城市工业和服务业的劳动生产率的 Moran's I 指数都由正变负。这表明，中国城市工业的劳动生产率在 2011 年仅与周边城市还存在空间相关性或外溢效应，进一步证实了工业随时间推移而逐渐增强的局部集聚性和集聚阴影效应。

　　上述 Moran's I 指数测度了中国全域范围内各个城市之间的空间相关性，那么局部范围内相邻城市是否存在空间关联以及存在的是何种关系？我们非常有必要引入空间关联局域指标（LISA）来分析中国城市空间关联的局部特征，其计算公式为：

$$I_i = Z_i \sum_{j=1}^{n} W_{ij} Z_j \qquad (5.10)$$

其中，$Z_i = Y_i - \overline{Y}$，$Z_j = Y_j - \overline{Y}$，$Y_i$、$Y_j$、n、$W_{ij}$ 同前文。正的 $I_i$ 表示一个高值被高值所包围，或者是一个低值被低值所包围，即具有相似劳动生产率的城市聚集在一起；负的 $I_i$ 表示一个低值被高值所包围，或者一个高值被低值所包围，即呈现相异劳动生产率的城市聚集在一起。

表5-2　中国城市所有产业、工业和服务业的劳动生产率的 Moran's I 指数随地理距离的变化及其统计检验

| 距离（千米） | | (0~350] | (0~550] | (0~750] | (0~950] | (0~1150] | (0~1350] | (0~1550] | (0~1750] | (0~1950] | (0~2150] | (0~2350] |
|---|---|---|---|---|---|---|---|---|---|---|---|---|
| 2003年 | Prod | 0.263*** | 0.143*** | 0.098*** | 0.083*** | 0.069*** | 0.049*** | 0.032*** | 0.007*** | 0.003*** | 0.001** | -0.002 |
| | Iprod | 0.125*** | 0.065*** | 0.042*** | 0.042*** | 0.036*** | 0.027*** | 0.018*** | 0.001 | 0.003*** | 0.002*** | 0.001*** |
| | Sprod | 0.267*** | 0.162*** | 0.115*** | 0.096*** | 0.077*** | 0.052*** | 0.034*** | 0.009*** | 0.004*** | 0.001*** | -0.001* |
| 2004年 | Prod | 0.265*** | 0.137*** | 0.094*** | 0.070*** | 0.056*** | 0.040*** | 0.025*** | 0.003** | -0.001 | -0.001 | -0.003 |
| | Iprod | 0.104*** | 0.045*** | 0.026*** | 0.027*** | 0.024*** | 0.018*** | 0.011*** | -0.003*** | 0.000 | 0.001*** | 0.000*** |
| | Sprod | 0.275*** | 0.163*** | 0.114*** | 0.090*** | 0.071*** | 0.052*** | 0.035*** | 0.007*** | 0.003*** | 0.001** | -0.001** |
| 2005年 | Prod | 0.182*** | 0.087*** | 0.050*** | 0.033*** | 0.032*** | 0.023*** | 0.012*** | -0.001 | -0.003 | -0.003 | -0.003 |
| | Iprod | 0.077*** | 0.023* | 0.007 | 0.005 | 0.008* | 0.006** | 0.003** | -0.001 | -0.002 | -0.002 | -0.001 |
| | Sprod | 0.237*** | 0.129*** | 0.074*** | 0.054*** | 0.053*** | 0.035*** | 0.020*** | -0.001 | -0.002 | -0.002 | -0.002 |
| 2006年 | Prod | 0.179*** | 0.079*** | 0.048*** | 0.028*** | 0.026*** | 0.019*** | 0.008*** | -0.002 | -0.003 | -0.003 | -0.002 |
| | Iprod | 0.078*** | 0.028*** | 0.022*** | 0.016 | 0.013*** | 0.008*** | 0.003** | 0.001 | -0.000 | 0.000*** | 0.001*** |
| | Sprod | 0.248*** | 0.127*** | 0.075*** | 0.055*** | 0.052*** | 0.037*** | 0.022*** | 0.001 | -0.000 | -0.001 | -0.002 |
| 2007年 | Prod | 0.166*** | 0.078*** | 0.049*** | 0.026*** | 0.021*** | 0.014*** | 0.005** | -0.004 | -0.005 | -0.002 | -0.002 |
| | Iprod | 0.097*** | 0.043*** | 0.036*** | 0.021*** | 0.012*** | 0.007*** | 0.001 | -0.003 | -0.003 | -0.001 | -0.000*** |
| | Sprod | 0.240*** | 0.134*** | 0.083*** | 0.061*** | 0.054*** | 0.038*** | 0.025*** | 0.003*** | 0.001** | -0.000*** | -0.000*** |
| 2008年 | Prod | 0.152*** | 0.058*** | 0.034*** | 0.018*** | 0.014*** | 0.012*** | 0.002 | -0.006 | -0.006 | -0.003 | -0.003 |
| | Iprod | 0.094*** | 0.041*** | 0.031*** | 0.020*** | 0.010*** | 0.007*** | -0.001 | -0.004 | -0.004 | -0.001 | -0.000** |
| | Sprod | 0.207*** | 0.107*** | 0.063*** | 0.046*** | 0.043*** | 0.031*** | 0.020*** | 0.001 | -0.000 | -0.002 | -0.001 |

续表

| 距离（千米） | | (0~350] | (0~550] | (0~750] | (0~950] | (0~1150] | (0~1350] | (0~1550] | (0~1750] | (0~1950] | (0~2150] | (0~2350] |
|---|---|---|---|---|---|---|---|---|---|---|---|---|
| 2009 年 | Prod | 0.132*** | 0.054*** | 0.024*** | 0.008 | 0.003 | 0.010*** | 0.002 | -0.006 | -0.007 | -0.005 | -0.004 |
| | Iprod | 0.043*** | 0.007 | -0.006 | -0.010 | -0.010 | 0.001 | -0.003 | -0.005 | -0.006 | -0.003 | -0.002 |
| | Sprod | 0.182*** | 0.100*** | 0.061*** | 0.041*** | 0.034*** | 0.027*** | 0.017*** | -0.001 | -0.002 | -0.004 | -0.003 |
| 2010 年 | Prod | 0.150*** | 0.058*** | 0.026*** | 0.006 | 0.003 | 0.009*** | 0.002 | -0.006 | -0.007 | -0.004 | -0.004 |
| | Iprod | 0.047*** | 0.004 | -0.007 | -0.013 | -0.009 | 0.001 | -0.001 | -0.004 | -0.005 | -0.003 | -0.002 |
| | Sprod | 0.213*** | 0.116*** | 0.070*** | 0.046*** | 0.035*** | 0.028*** | 0.018*** | -0.001 | -0.002 | -0.002 | -0.002 |
| 2011 年 | Prod | 0.119*** | 0.042*** | 0.013* | 0.001 | -0.002 | 0.005* | -0.003 | -0.007 | -0.006 | -0.003 | -0.003 |
| | Iprod | 0.043*** | 0.012 | -0.003 | -0.002 | -0.006 | 0.002 | 0.001 | -0.003 | -0.004* | -0.002 | -0.002 |
| | Sprod | 0.202*** | 0.110*** | 0.068*** | 0.047*** | 0.033*** | 0.026*** | 0.016*** | -0.001 | -0.001 | -0.002 | -0.002 |

注：*、**、***分别表示通过10%、5%、1%水平下的显著性检验。

通过观察 2003 年和 2011 年中国城市所有产业、工业和服务业劳动生产率的 LISA 集聚图①。可以发现：（1）从中国城市所有产业来看，劳动生产率的高值集聚城市从浙江、上海、苏南地区等长三角城市群和珠三角城市群向苏北地区和内蒙古中部地区转移，而且中部地区低值集聚城市的数量出现减少的趋势；（2）中国城市工业劳动生产率的高值集聚区由 2003 年的浙江、上海、苏南地区等长三角中心城市转换为 2011 年的陕、甘、宁、蒙等地区的中心城市；（3）中国城市服务业劳动生产率的高值集聚区由东部沿海地区向中部地区扩散，同时东部沿海地区的高值集聚城市在减少（尤其是福建和广东的沿海城市），而且中部地区的高值集聚城市在增加（尤其是内蒙古中部城市）以及低值集聚区在减少。从中可以得到的启示是：（1）当产业尤其是工业集聚到一定程度时，由于拥挤效应（如要素价格升高、市场竞争激烈等）产生了外部不经济，因而出现东部沿海地区产业向中部地区扩散的趋向；（2）对于中国城市产业的发展，存在缪尔达尔扩散效应，只不过服务业的外溢效应要明显高于工业，这取决于运输成本或地理距离对两者的影响程度。

## 5.3.2　空间面板模型的回归分析

面板数据模型到底采取 SLM 模型还是 SEM 模型，可以通过比较两个 Lagrange 乘数及其稳健性来选择（Anselin，1995）。相应的选择标准是：如果 LMLAG 比 LMERR 更加显著，且 Robust - LMLAG 通过显著性检验而 Robust - LMERR 没有，则选择 SLM 模型；反之，SEM 模型则更合适。权重矩阵由于选择基于距离倒数的空间权重矩阵，不存在阈值。当因变量为 lnProd 时，LMLAG 的值为 1393.0381，LMERR 的值为 1403.6324（均通过了 1% 水平下的显著性检验），且 Robust - LMLAG 未通过显著性检验，而 Robust - LMERR 通过了 1% 水平下的显著性检验，故选择 SEM 模型更为合适。同理，当因变量为 lnIprod 和 lnSprod 时，通过比较 LMLAG、LMERR、Robust - LMLAG 和 Robust - LMERR 发现，选择 SEM 模型依然明显要优于 SLM 模型。根据 Hausman 检验，本书选择固定效应。

①　LISA 集聚图可以将区域与周边地区的空间相关性划分为"高—高""低—低""低—高""高—低"及"none"（空间相关不显著）5 个类型。"高—高"代表研究区域为高值，其周边地区也为高值，表明研究区域为高值集聚区，具有显著的高值空间相关性；"低—低"表示研究区域为低值，其周边地区也为低值，说明研究区域为低值集聚区，具有显著的低值空间相关性；"低—高""高—低"为两类特殊区域，也称为"热点"（hotspot）区域，其中，"低—高"代表研究区域为高值，其周边地区为低值，而"高—低"则相反。

　　从表 5 – 3 中模型（1）～（9）可以看出，在引入控制变量之后，各项指标的回归结果表现出很好的稳健性，这表明 SEM 模型具有非常好的拟合度。回归结果显示，一个城市的劳均资本存量对城市所有产业劳动生产率、工业劳动生产率和服务业劳动生产率都有显著的正向影响，且都通过了 1% 水平下的显著性检验。这意味着一个城市的劳均资本存量每提高 10%，城市所有产业劳动生产率、工业劳动生产率和服务业劳动生产率都会相应地提高 36.3%、40.8% 和 33.4%。该结论与生产函数和经济增长理论的预期完全一致。对于城市产业集聚的 RZI 指数和 RDI 指数而言，仅有城市相对多样化对工业劳动生产率有显著的负向影响且通过了 5% 水平下的显著性检验，其他影响都不显著。这说明一个城市产业间的 Jacobs 外部性会明显阻碍工业劳动生产率的提高。由 TL 指数和 ES 指数的估计结果发现，城市产业结构波动化仅对工业劳动生产率有显著的正向影响且通过了 1% 水平下的显著性检验，而城市产业结构高级化对城市所有产业、工业和服务业的劳动生产率都具有显著的负向影响且都通过了 1% 水平下的显著性检验。若将这两个指标结合起来分析就可以作出一个判断：中国所有产业上仍然处于工业化阶段而非服务化阶段，而且工业内部的调整较跨产业调整更能促进城市劳动生产率的提高，更不是一味地"退二进三"或发展服务业。该实证结果具有较强的政策含义：一方面，中国城市产业结构并非具有服务化倾向的高级化，而这种"反向高级化"更能促进劳动生产率的提高；另一方面，除了理性地看待产业结构高级化之外，应更多地关注同一行业内产业链的延伸和价值链的攀升对一个城市产业结构调整和劳动生产率提高的意义。

表 5 – 3　　　　　　　　空间面板模型的回归结果：全国层面的估计

|  | lnProd | | | lnIprod | | | lnSprod | | |
|---|---|---|---|---|---|---|---|---|---|
|  | 模型（1） | 模型（2） | 模型（3） | 模型（4） | 模型（5） | 模型（6） | 模型（7） | 模型（8） | 模型（9） |
| lnVk | 0.362*** [15.436] | 0.363*** [12.750] | 0.363*** [15.485] | 0.407*** [16.300] | 0.414*** [13.613] | 0.408*** [16.363] | 0.333*** [14.175] | 0.333*** [11.889] | 0.334*** [14.215] |
| RZI |  | −0.009 [−0.902] | −0.010 [−1.293] |  | −0.007 [−0.641] | −0.012 [−1.374] |  | −0.003 [−0.282] | −0.004 [−0.473] |
| RDI |  | −0.030 [−1.567] | −0.018 [−1.150] |  | −0.052*** [−2.591] | −0.034** [−2.037] |  | −0.032* [−1.708] | −0.021 [−1.370] |
| TL | 0.066 [1.338] |  | 0.067 [1.349] | 0.349*** [6.643] |  | 0.347*** [6.578] | 0.034 [0.678] |  | 0.030 [0.612] |

续表

|  | lnProd | | | lnIprod | | | lnSprod | | |
|---|---|---|---|---|---|---|---|---|---|
|  | 模型（1） | 模型（2） | 模型（3） | 模型（4） | 模型（5） | 模型（6） | 模型（7） | 模型（8） | 模型（9） |
| ES | −0.117 ***<br>[−34.814] | | −0.117 ***<br>[−34.812] | −0.123 ***<br>[−34.366] | | −0.123 ***<br>[−34.367] | −0.111 ***<br>[−32.916] | | −0.111 ***<br>[−32.903] |
| Agri | 0.178<br>[0.494] | 0.964<br>[0.951] | 1.111<br>[1.327] | 0.460<br>[1.198] | 0.928<br>[0.858] | 1.482 *<br>[1.664] | 0.959 ***<br>[2.655] | 1.174<br>[1.177] | 1.264<br>[1.507] |
| Mini | 0.204<br>[0.424] | 0.301<br>[0.500] | 0.343<br>[0.687] | −1.885 ***<br>[−3.680] | −2.127 ***<br>[−3.306] | −1.754 ***<br>[−3.300] | 1.779 ***<br>[3.688] | 1.802 ***<br>[3.035] | 1.802 ***<br>[3.597] |
| Manu | 0.840 ***<br>[3.251] | 1.160 ***<br>[3.704] | 0.864 ***<br>[3.335] | −0.674 **<br>[−2.453] | −0.455<br>[−1.361] | −0.630 **<br>[−2.286] | 1.444 ***<br>[5.577] | 1.768 ***<br>[5.737] | 1.472 ***<br>[5.669] |
| Elec | 1.611 *<br>[1.766] | 1.836<br>[1.634] | 1.831 **<br>[1.974] | −0.959<br>[−0.989] | −1.114<br>[−0.929] | −0.708<br>[−0.717] | 2.380 ***<br>[2.604] | 2.511 **<br>[2.270] | 2.457 ***<br>[2.642] |
| Cons | 0.265<br>[0.755] | 0.423<br>[0.991] | 0.296<br>[0.838] | −1.960 ***<br>[−5.238] | −2.008 ***<br>[−4.414] | −1.934 ***<br>[−5.154] | 1.021 ***<br>[2.899] | 1.168 ***<br>[2.784] | 1.024 ***<br>[2.894] |
| Pros | 0.961 *<br>[1.805] | 1.028 *<br>[1.872] | 1.009 *<br>[1.874] | 0.873 *<br>[1.650] | 1.155 *<br>[1.656] | 0.994 *<br>[1.736] | −0.392<br>[−0.734] | −0.300<br>[−0.467] | −0.301<br>[−0.557] |
| Dist | 0.680<br>[1.376] | 0.567<br>[0.946] | 0.690<br>[1.396] | 0.923 *<br>[1.756] | 0.630<br>[0.985] | 0.954 *<br>[1.813] | −0.368<br>[−0.744] | −0.436<br>[−0.739] | −0.343<br>[−0.692] |
| Pers | −2.681 **<br>[−2.309] | −1.988<br>[−1.406] | −2.517 **<br>[−2.161] | −3.180 ***<br>[−2.575] | −2.189<br>[−1.451] | −2.942 **<br>[−2.376] | −3.208 ***<br>[−2.758] | −2.604 *<br>[−1.871] | −3.078 ***<br>[−2.638] |
| Pubs | 2.064 ***<br>[9.433] | 2.102 ***<br>[7.864] | 2.058 ***<br>[9.336] | 2.154 ***<br>[9.250] | 2.102 ***<br>[7.368] | 2.125 ***<br>[9.065] | 1.420 ***<br>[6.478] | 1.446 ***<br>[5.495] | 1.396 ***<br>[6.320] |
| lnWage | 0.413 ***<br>[18.575] | 0.402 ***<br>[14.890] | 0.413 ***<br>[18.573] | 0.434 ***<br>[18.323] | 0.423 ***<br>[14.693] | 0.434 ***<br>[18.341] | 0.411 ***<br>[18.433] | 0.401 ***<br>[15.074] | 0.411 ***<br>[18.452] |
| Inf | −0.002<br>[−0.601] | −0.001<br>[−0.279] | −0.002<br>[−0.626] | −0.001<br>[−0.291] | −0.001<br>[−0.116] | −0.001<br>[−0.325] | −0.003<br>[−0.934] | −0.002<br>[−0.560] | −0.003<br>[−0.952] |
| Edu | 0.053<br>[0.810] | 0.062<br>[0.777] | 0.057<br>[0.872] | 0.074<br>[1.058] | 0.086<br>[1.019] | 0.079<br>[1.129] | 0.040<br>[0.608] | 0.046<br>[0.586] | 0.042<br>[0.636] |
| Gov | 2.332 ***<br>[4.888] | 3.759 ***<br>[6.513] | 2.355 ***<br>[4.938] | 1.957 ***<br>[3.855] | 3.438 ***<br>[5.582] | 1.990 ***<br>[3.923] | 2.381 ***<br>[4.981] | 3.732 ***<br>[6.569] | 2.400 ***<br>[5.021] |
| FDI | −0.379 **<br>[−2.443] | −0.583 ***<br>[−3.102] | −0.393 **<br>[−2.524] | 0.509 ***<br>[3.081] | 0.362 *<br>[1.807] | 0.484 ***<br>[2.928] | −0.719 ***<br>[−4.625] | −0.924 ***<br>[−4.995] | −0.735 ***<br>[−4.713] |

续表

| | lnProd | | | lnIprod | | | lnSprod | | |
|---|---|---|---|---|---|---|---|---|---|
| | 模型（1） | 模型（2） | 模型（3） | 模型（4） | 模型（5） | 模型（6） | 模型（7） | 模型（8） | 模型（9） |
| $\lambda$ | 0.948 *** [78.009] | 0.948 *** [78.013] | 0.949 *** [79.599] | 0.944 *** [72.540] | 0.948 *** [78.076] | 0.948 *** [78.067] | 0.949 *** [79.520] | 0.946 *** [75.189] | 0.949 *** [79.586] |
| Adj – $R^2$ | 0.638 | 0.472 | 0.638 | 0.643 | 0.478 | 0.644 | 0.618 | 0.464 | 0.618 |
| $\sigma^2$ | 0.037 | 0.054 | 0.037 | 0.042 | 0.062 | 0.042 | 0.037 | 0.052 | 0.037 |
| Log – L | – 1433.790 | – 1931.320 | – 1432.176 | – 1592.508 | – 2097.439 | – 1589.661 | – 1438.957 | – 1890.866 | – 1437.786 |

注：（1）方括号内的数值为 T 值检验；（2）*、**、*** 分别表示通过 10%、5%、1% 水平下的显著性检验。

从产业结构代理变量的估计结果可以看出：（1）制造业、生产性服务业和社会性服务业占比的提升能显著提高城市所有产业劳动生产率，而消费性服务业的影响效应则完全相反；（2）城市采矿业、制造业和建筑业占比的提升显著降低了工业劳动生产率且显著提高了服务业劳动生产率，而生产性服务业占比的提升能显著提高工业劳动生产率；（3）城市消费性服务业和社会性服务业对工业和服务业劳动生产率的影响效应与对所有产业的影响趋势基本一致。由此结论得到的启发是，制造业、生产性服务业和以公共服务为主的社会性服务业仍然是城市发展的主导性产业，而工业尤其是制造业（通过了 1% 水平下的显著性检验）与生产性服务业的有效互动成为中国城市劳动生产率提升的主要动力。在其他控制变量方面，工资水平对中国城市所有产业、工业和服务业劳动生产率都有显著的正向影响；FDI 对中国城市所有产业和服务业劳动生产率有显著的负向影响，而对工业劳动生产率却有显著的正向影响，这可能与外商在中国的直接投资结构以工业为主相关，即 FDI 知识溢出效应的贡献主要作用于工业的发展。需要指出的是，政府规模对中国城市所有产业、工业和服务业劳动生产率都有显著的正向影响，这与陆铭和向宽虎（2012）的研究结论相悖。笔者给出的解释是：（1）前期研究的控制变量较少，从而忽略了影响政府规模与城市劳动生产率的内生性因素，尤其是产业结构变迁的影响效应；（2）在控制了产业结构代理变量和其他变量以后，地方政府的财政支出特别是用于激励科技创新、改善公共服务等方面的资金支持随经济增长的逐年提高有效提升了城市产业劳动生产率。这意味着从城市劳动生产率的角度看，中国地方政府规模在研究期间是适度的。

### 5.3.3　城市间溢出效应的地理边界

　　根据前文分析，中国城市之间的劳动生产率存在显著的空间溢出效应，这种溢出效应包括技术溢出、效率溢出和产业溢出等多种途径。本章将设定不同的距离阈值，生成相应的基于距离倒数的空间权重矩阵①，从而分析城市间溢出效应随地理距离增加的变化趋势。根据上节中的 SEM 模型和表 5 - 3 中的模型（3）、模型（6）和模型（9）确定的空间权重矩阵和"门槛距离"，笔者将从 350 千米开始每隔 150 千米进行一次回归，并记录相应的距离带宽、空间误差系数和 T 统计量（见表 5 - 4）。

表 5 - 4　　　　　　　　　空间误差系数与地理距离的关系

| 距离<br>（千米） | (0 ~ 350] | (0 ~ 500] | (0 ~ 650] | (0 ~ 800] | (0 ~ 950] | (0 ~ 1100] | (0 ~ 1250] | (0 ~ 1400] | (0 ~ 1550] | (0 ~ 1700] | (0 ~ 1850] |
|---|---|---|---|---|---|---|---|---|---|---|---|
| Prod | 0.634 ***<br>[7.557] | 0.577 ***<br>[5.971] | 0.560 ***<br>[5.610] | 0.546 ***<br>[5.380] | 0.475 ***<br>[4.231] | 0.387 ***<br>[3.184] | 0.336 ***<br>[2.805] | 0.274 ***<br>[2.309] | 0.146<br>[1.357] | 0.067<br>[0.705] | 0.036<br>[0.449] |
| Iprod | 0.696 ***<br>[9.920] | 0.662 ***<br>[8.486] | 0.654 ***<br>[8.213] | 0.650 ***<br>[8.135] | 0.611 ***<br>[7.055] | 0.562 ***<br>[6.009] | 0.511 ***<br>[5.247] | 0.437 ***<br>[3.390] | 0.310 ***<br>[3.108] | 0.189 **<br>[2.046] | 0.112<br>[0.159] |
| Sprod | 0.587 ***<br>[6.236] | 0.464 ***<br>[3.855] | 0.393 ***<br>[2.951] | 0.321 **<br>[2.252] | 0.243 *<br>[1.647] | 0.177<br>[1.214] | 0.164<br>[1.218] | 0.135<br>[1.105] | 0.051<br>[0.463] | 0.012<br>[0.125] | 0.006<br>[0.075] |

注：（1）方括号内的数值为 T 值检验；（2）＊、＊＊、＊＊＊ 分别表示通过 10%、5%、1% 水平下的显著性检验。

　　结果显示，中国城市所有产业、工业和服务业的劳动生产率的溢出效应都符合"地理学第一定律"，即随着地理距离的增加，城市间的溢出效应逐渐减弱。从城市间溢出效应的地理边界看，中国城市所有产业劳动生产率的溢出效应在 0 ~ 1400 千米呈缓慢的下降趋势，当超过 1550 千米时空间误差系数无法通过 10% 的显著性检验，而中国城市工业和服务业的劳动生产率的溢出效应边界分别是 0 ~ 1700 千米和 0 ~ 950 千米，即中国城市工业劳动生产率的溢出半径要远大于服务业。这说明服务业更需要人口集聚和信息、知识的交流，而对地理空间的需求没有工业那么强。另外一种解释是，工业更容易受成本约束（如运输成本、土地价格等）而出现产业转移并在大、中、小城市间形成专业化分工，从而可以在更大的空间范围内产生溢出效应，而服务业更依赖于需求

---

① 不同距离阈值下的距离倒数权重矩阵根据拉科姆（Lacombe），编写的 matlab 代码生成。

市场尤其是人口规模较大的中心城市，即在同一城市体系中，核心大城市的服务业对同一城市体系内其他城市的服务业具有替代作用。总体而言，工业和服务业的城市分割都是存在的，但工业的分割程度较弱，城市的市场分割主要存在于服务业。

## 5.4　进一步的拓展性讨论

### 5.4.1　地区差异的控制

由于中国幅员辽阔且区域间的经济差异明显，我们将全国 285 个城市划分为东部、中部、西部三个地区进行比较分析①。通过比较两个 Lagrange 乘数及其稳健性发现，对于东部和西部地区而言，SEM 模型的结果更加稳健，而对于中部地区，SLM 模型的结果是稳健的；Hausman 检验支持所有模型选择固定效应。表 5-5 的估计结果显示，东、中、西部地区城市的劳均资本存量对劳动生产率的影响效应与全国总体情况基本相符，但是中部地区城市的估计系数明显小于东部和西部地区的城市。这意味着东部和西部地区的城市资本投资对劳动生产率的贡献度明显高于中部地区。

表 5-5　　　　　　　空间面板模型的回归结果：地区分组的估计

| | 东部地区 | | | 中部地区 | | | 西部地区 | | |
|---|---|---|---|---|---|---|---|---|---|
| | lnProd | lnIprod | lnSprod | lnProd | lnIprod | lnSprod | lnProd | lnIprod | lnSprod |
| | 模型（1） | 模型（2） | 模型（3） | 模型（4） | 模型（5） | 模型（6） | 模型（7） | 模型（8） | 模型（9） |
| lnVk | 0.213 *** [3.498] | 0.242 *** [3.789] | 0.198 *** [3.439] | 0.070 ** [2.191] | 0.067 ** [2.085] | 0.075 ** [2.287] | 0.321 *** [15.872] | 0.441 *** [17.145] | 0.386 *** [16.008] |
| RZI | -0.068 ** [-2.121] | -0.065 * [-1.959] | -0.055 * [-1.754] | -0.013 [-1.500] | -0.007 [-0.730] | -0.012 [-1.331] | -0.023 *** [-3.965] | -0.038 *** [-5.071] | -0.009 [-1.294] |

① 本书将北京、天津、河北、辽宁、上海、江苏、浙江、福建、山东、广东、海南等 11 个省份（市）作为东部地区，把山西、内蒙古、吉林、黑龙江、安徽、江西、河南、湖北、湖南等 9 个省份作为中部地区，把广西、重庆、四川、贵州、云南、西藏、陕西、甘肃、青海、宁夏、新疆等 11 个省份（市）作为西部地区。

续表

| | 东部地区 | | | 中部地区 | | | 西部地区 | | |
|---|---|---|---|---|---|---|---|---|---|
| | lnProd | lnIprod | lnSprod | lnProd | lnIprod | lnSprod | lnProd | lnIprod | lnSprod |
| | 模型（1） | 模型（2） | 模型（3） | 模型（4） | 模型（5） | 模型（6） | 模型（7） | 模型（8） | 模型（9） |
| RDI | − 0.039 [− 1.936] | − 0.036 [− 0.970] | − 0.042 [− 1.206] | 0.002 [0.088] | − 0.009 [− 0.386] | − 0.004 [− 0.172] | 0.014 [0.720] | 0.010 [0.371] | − 0.020 [− 0.783] |
| TL | 0.244 * [1.936] | 0.795 *** [6.088] | 0.203 * [1.676] | − 0.038 [− 0.619] | − 0.033 [− 0.527] | − 0.048 [− 0.753] | 0.336 *** [6.405] | 0.555 *** [8.243] | 0.315 *** [4.879] |
| ES | 0.075 [0.653] | − 0.304 ** [− 2.552] | 0.467 *** [4.195] | − 0.120 ** [− 2.372] | − 0.497 *** [− 9.793] | 0.166 *** [3.168] | − 0.118 *** [− 76.701] | − 0.122 *** [− 61.161] | − 0.114 *** [− 59.048] |
| Agri | 8.444 *** [3.053] | 9.750 *** [3.407] | 6.873 ** [2.574] | − 1.175 [− 1.083] | − 1.731 [− 1.584] | 0.463 [0.410] | 4.386 *** [7.597] | 4.890 *** [6.599] | 3.203 *** [4.505] |
| Mini | 6.617 *** [3.843] | 6.957 *** [3.907] | 6.337 *** [3.808] | − 3.682 *** [− 5.014] | − 6.328 *** [− 8.548] | − 1.554 ** [− 2.036] | 4.213 *** [10.748] | 0.360 [0.714] | 4.750 *** [9.805] |
| Manu | 3.121 *** [4.379] | 3.378 *** [4.547] | 2.968 *** [4.368] | − 2.648 *** [− 5.374] | − 5.531 *** [− 11.125] | − 0.886 * [− 1.730] | 5.034 *** [15.279] | 1.687 *** [4.001] | 4.419 *** [11.066] |
| Elec | 2.008 [0.649] | 2.283 [0.712] | 1.947 [0.652] | − 2.089 ** [− 2.039] | − 5.382 *** [− 5.212] | − 0.709 [− 0.665] | 4.564 *** [6.018] | 0.741 [0.758] | 4.032 *** [4.242] |
| Cons | 3.810 *** [3.436] | 3.733 *** [3.234] | 3.706 *** [3.497] | − 2.707 *** [− 5.422] | − 5.376 *** [− 10.645] | − 1.121 ** [− 2.162] | 4.094 *** [11.860] | 0.328 [0.739] | 3.405 *** [7.966] |
| Pros | 2.935 ** [2.016] | 4.605 *** [3.046] | 0.428 [0.306] | − 4.468 *** [− 5.684] | − 5.062 *** [− 6.385] | − 4.188 *** [− 5.126] | 3.942 *** [8.148] | 2.760 *** [4.425] | 1.975 *** [3.255] |
| Dist | 4.760 *** [2.950] | 7.294 *** [4.355] | 2.280 [1.472] | − 3.040 *** [− 4.541] | − 3.746 *** [− 5.554] | − 3.248 *** [− 4.667] | 2.812 *** [6.236] | 1.979 *** [3.420] | 0.495 [0.893] |
| Pers | − 1.367 [− 0.456] | − 0.518 [− 0.167] | − 2.244 [− 0.774] | − 3.893 ** [− 2.571] | − 3.844 ** [− 2.517] | − 3.610 ** [− 2.294] | 4.855 *** [5.225] | 2.536 ** [2.119] | 2.610 ** [2.248] |
| Pubs | 6.620 *** [5.945] | 8.862 *** [7.683] | 4.391 *** [4.092] | − 0.194 [− 0.748] | − 0.238 [− 0.909] | − 0.197 [− 0.731] | 6.390 *** [26.819] | 5.457 *** [17.852] | 3.966 *** [13.556] |
| lnWage | 0.360 *** [9.044] | 0.382 *** [9.300] | 0.348 *** [9.051] | 0.295 *** [4.977] | 0.258 *** [4.355] | 0.336 *** [5.492] | 0.235 *** [12.502] | 0.272 *** [11.243] | 0.304 *** [13.005] |
| Inf | − 0.006 [− 1.005] | − 0.005 [− 0.855] | − 0.004 [− 0.830] | 0.005 [1.290] | 0.004 [0.928] | 0.005 [1.210] | 0.002 [0.529] | − 0.001 [− 0.191] | − 0.002 [− 0.291] |
| Edu | − 0.199 [− 0.391] | − 0.244 [− 0.458] | − 0.068 [− 0.142] | 0.035 [0.704] | 0.039 [0.763] | 0.028 [0.536] | 0.086 [0.664] | 0.152 [0.917] | 0.133 [0.833] |

续表

| | 东部地区 | | | 中部地区 | | | 西部地区 | | |
|---|---|---|---|---|---|---|---|---|---|
| | lnProd | lnIprod | lnSprod | lnProd | lnIprod | lnSprod | lnProd | lnIprod | lnSprod |
| | 模型（1） | 模型（2） | 模型（3） | 模型（4） | 模型（5） | 模型（6） | 模型（7） | 模型（8） | 模型（9） |
| Gov | 12.746 ***<br>[8.931] | 12.654 ***<br>[8.547] | 12.381 ***<br>[9.020] | 0.263<br>[0.462] | -0.166<br>[-0.290] | 0.378<br>[0.640] | 0.080<br>[0.161] | 0.971<br>[1.519] | 0.077<br>[0.124] |
| FDI | -1.749 ***<br>[-4.138] | -1.882 ***<br>[-4.273] | -1.660 ***<br>[-4.120] | 0.087<br>[0.204] | -0.064<br>[-0.151] | 0.189<br>[0.428] | 0.462<br>[1.253] | 0.513<br>[1.081] | 0.918 **<br>[1.994] |
| $\lambda / \rho$ | 0.410 ***<br>[3.990] | 0.471 ***<br>[4.941] | 0.308 ***<br>[2.699] | 0.580 ***<br>[9.283] | 0.594 ***<br>[10.449] | 0.539 ***<br>[8.071] | 0.842 ***<br>[23.526] | 0.799 ***<br>[17.813] | 0.686 ***<br>[10.272] |
| $Adj - R^2$ | 0.415 | 0.419 | 0.453 | 0.559 | 0.639 | 0.508 | 0.941 | 0.923 | 0.924 |
| $\sigma^2$ | 0.292 | 0.313 | 0.274 | 0.134 | 0.137 | 0.145 | 0.038 | 0.063 | 0.060 |
| $Log - L$ | -733.498 | -764.517 | -702.439 | -412.356 | -420.865 | -449.376 | 130.648 | -37.916 | -13.041 |

注：（1）括号内的数值为 T 值检验；（2）＊、＊＊、＊＊＊分别表示通过10%、5%、1%水平下的显著性检验。

通过对 RZI 指数和 RDI 指数的估计结果发现，专业化经济对东部城市所有产业、工业和服务业以及西部城市所有产业和工业的劳动生产率有显著的负向影响，而多样化经济的作用效应都不显著。这可能与东部城市劳动密集型产业过度专业化而演变成的"刚性结构"，以及西部城市较中部城市承接更为低端的制造业有关，而这种"路径依赖"造成了 MAR 外部性的负效应。从产业结构演化的角度看，产业结构波动化对东部城市和西部城市都具有显著的正向效应，尤其对东部和西部城市工业劳动生产率的估计系数要明显高于服务业。对于 ES 指数而言，产业结构高级化对东部和中部城市的工业和服务业的劳动生产率分别具有显著的负向效应和正向效应，而对西部城市的所有产业劳动生产率都具有显著的负向效应。进一步从估计系数的差异上发现，城市产业结构高级化对东部城市所有产业劳动生产率的影响并不显著，而对中部城市所有产业劳动生产率具有显著的负效应且通过了 5% 水平下的显著性检验；东部城市产业高级化对服务业劳动生产率的正效应明显高于对工业劳动生产率的负效应（0.467 ＞0.304），而中部城市的这一影响效应则完全相反（0.166 ＜0.497）。从上述分析中得到的启示是：（1）将 RZI 指数和 TL 指数结合起来分析就会发现，产业结构波动化是化解城市产业 MAR 外部性负效应的重要手段；（2）对于东部城市而言，随着工业的产业转移和服务业的城市集聚，产业结构高级化对于劳动生产率的贡献度将逐渐显现，而对于中部城市而言，产业结构的"反向高级化"更能提高劳动生产率；（3）对于西部城市而言，工业和服务业的发展都相对滞后，更无从谈及产业结构高级化。

从产业结构代理变量的估计结果可以看出，采矿业、制造业、建筑业和生产性服务业的占比对于东部和西部城市劳动生产率具有显著的正向效应，而对中部城市劳动生产率却有显著的负向效应，这一结论超出了笔者的预期。事实上，结合前文的分析就会发现，中部城市的工业与生产性服务业之间并没有形成有效互动或"互惠效应"。在中部城市大量承接工业转移和模仿东部地区"退二进三"模式的背景下，不难发现中部城市的工业与生产性服务业之间必然存在显著的"挤出效应"。与中部城市相比，东部城市的互惠效应更加明显，而西部地区的工业和生产性服务业仍处于发展阶段。对于其他控制变量需要指出的是，东部城市的政府规模明显促进了劳动生产率的提升且通过了1%水平下的显著性检验，而外商直接投资的影响效应正好相反。这可以从地方政府的财政支出方向和FDI的投资结构找到答案，即东部城市的地方政府对于科技创新的投资逐年超过经济增长速度，而外商直接投资仍以劳动密集型、生产加工型的制造业为主。

### 5.4.2 发展阶段的控制

为了能够深入认识城市产业结构变迁对劳动生产率的空间影响效应，本书将城市产业发展阶段按照产业高级化水平划分为工业化（ES<1）和服务化（ES≥1）两个阶段。由于中国城市产业结构在近几年的变化较为剧烈，本章仅选择2011年的城市数据进行空间截面模型分析（见表5−6）。在选取的样本中，处于工业化阶段的城市有192个，占总数的67.4%，处于城市化阶段的城市有93个，占总数的32.6%。这说明中国城市产业发展阶段整体上仍处于工业化阶段，进一步验证了前文中的判断。通过极大似然法（ML）检验空间截面模型中的参数发现，选择SEM模型更为合适。

空间模型的估计结果显示，专业化经济仅对进入服务化阶段的城市工业和服务业劳动生产率具有显著的正向影响，而多样化经济的影响都没有通过显著性检验。这给前文MAR外部性对城市劳动生产率产生的负效应提供了解释，即只有当城市产业发展进入服务化阶段时，MAR外部性才会对劳动生产率形成显著的正效应。从产业结构演化的影响效应看，产业结构波动化对工业化阶段的城市劳动生产率没有显著影响，而对服务化阶段的城市工业和服务业的劳动生产率都有显著的负向影响。这表明当产业发展进入服务化阶段时，城市产

表5-6 空间截面模型的回归结果：产业两阶段的估计

| | 工业化阶段 | | | | | | 服务化阶段 | | | | | |
| --- | --- | --- | --- | --- | --- | --- | --- | --- | --- | --- | --- | --- |
| | lnProd | | lnIprod | | lnSprod | | lnProd | | lnIprod | | lnSprod | |
| | 模型(1) | 模型(2) | 模型(3) | 模型(4) | 模型(5) | 模型(6) | 模型(7) | 模型(8) | 模型(9) | 模型(10) | 模型(11) | 模型(12) |
| lnVk | 0.409*** [8.845] | 0.405*** [8.840] | 0.438*** [8.268] | 0.423*** [9.093] | 0.411*** [8.084] | 0.423*** [9.046] | 0.347*** [4.008] | 0.387*** [4.345] | 0.517*** [5.954] | 0.439*** [5.112] | 0.267*** [2.948] | 0.371*** [4.319] |
| RZI | -0.041 [-1.617] | -0.032 [-1.283] | -0.044 [-1.518] | -0.011 [-0.431] | 0.013 [0.454] | -0.013 [-0.492] | 0.072 [1.442] | 0.080 [1.631] | 0.146*** [2.878] | 0.137*** [2.844] | 0.086* [1.656] | 0.118** [2.480] |
| RDI | 0.009 [0.020] | 0.014 [0.711] | -0.015 [-0.620] | 0.006 [0.289] | 0.027 [1.184] | 0.011 [0.513] | -0.001 [-0.028] | -0.003 [-0.089] | -0.009 [-0.259] | -0.012 [-0.360] | -0.018 [-0.481] | -0.020 [-0.587] |
| TL | 0.086 [0.665] | 0.055 [0.430] | 0.024 [0.165] | -0.098 [-0.745] | -0.206 [-1.453] | -0.114 [-0.871] | -0.131 [-0.629] | -0.083 [-0.399] | -0.538** [-2.553] | -0.592*** [-2.950] | -0.583*** [-2.654] | -0.444** [-2.203] |
| ES | | -0.254** [-1.982] | | -0.994*** [-7.639] | | 0.781*** [5.976] | | 0.106* [1.682] | | -0.195*** [-3.212] | | 0.284*** [4.685] |
| Agri | 2.762 [1.588] | 2.780 [1.615] | 2.874 [1.439] | 2.938* [1.679] | 2.971 [1.551] | 2.912* [1.655] | -9.011 [-1.566] | -8.305 [-1.454] | -13.038** [-2.259] | -15.584*** [-2.810] | -15.452** [-2.571] | -14.253** [-2.613] |
| Mini | 1.029 [0.979] | 1.265 [1.207] | -0.674 [-0.559] | 0.264 [0.248] | 3.141*** [2.715] | 2.430** [2.274] | -5.483 [-0.999] | -4.703 [-0.861] | -9.085* [-1.655] | -11.673** [-2.211] | -9.729* [-1.695] | -7.999 [-1.525] |
| Manu | 0.701 [0.692] | 1.118 [1.090] | -1.250 [-1.075] | 0.404 [0.387] | 4.025*** [3.602] | 2.764*** [2.642] | -3.742 [-0.694] | -2.640 [-0.490] | -5.940 [-1.103] | -8.849* [-1.702] | -7.956 [-1.410] | -5.217 [-1.005] |
| Elec | -0.170 [-0.135] | -0.028 [-0.023] | -1.833 [-1.270] | -1.228 [-0.963] | 1.703 [1.235] | 1.321 [1.044] | -11.357** [-2.042] | -10.424* [-1.882] | -14.175*** [-2.546] | -16.629*** [-3.111] | -14.654*** [-2.508] | -12.615** [-2.359] |

续表

| | 工业化阶段 | | | | | | 服务化阶段 | | | | | |
| | lnProd | | lnIprod | | lnSprod | | lnProd | | lnIprod | | lnSprod | |
| | 模型 (1) | 模型 (2) | 模型 (3) | 模型 (4) | 模型 (5) | 模型 (6) | 模型 (7) | 模型 (8) | 模型 (9) | 模型 (10) | 模型 (11) | 模型 (12) |
|---|---|---|---|---|---|---|---|---|---|---|---|---|
| Cons | 0.474 [0.452] | 0.932 [0.877] | -1.625 [-1.350] | 0.182 [0.168] | 3.396*** [2.941] | 2.001* [1.843] | -3.665 [-0.672] | -2.917 [-0.538] | -7.156 [-1.311] | -9.637* [-1.837] | -7.886 [-1.383] | -6.146 [-1.178] |
| Pros | -1.023 [-0.679] | -0.442 [-0.290] | -1.189 [-0.686] | 1.087 [0.703] | 1.064 [0.641] | -0.731 [-0.470] | -4.382 [-0.777] | -3.728 [-0.666] | -5.651 [-1.006] | -7.938 [-1.473] | -10.169* [-1.726] | -8.613 [-1.606] |
| Dist | 0.574 [0.544] | 1.118 [1.034] | 0.570 [0.471] | 2.715** [2.468] | 2.017* [1.732] | 0.357 [0.324] | -2.115 [-0.387] | -1.227 [-0.225] | -2.068 [-0.379] | -4.684 [-0.892] | -7.771 [-1.358] | -5.625 [-1.074] |
| Pers | -2.718 [-1.235] | -1.799 [-0.808] | -3.931 [-1.554] | -0.350 [-0.155] | 0.532 [0.220] | -2.312 [-1.015] | -5.883 [-0.959] | -5.684 [-0.936] | -8.106 [-1.316] | -9.759* [-1.662] | -10.760* [-1.673] | -10.461* [-1.785] |
| Pubs | 1.230 [1.261] | 1.798* [1.786] | 0.740 [0.661] | 2.983*** [2.910] | 2.486** [2.315] | 0.751 [0.731] | -2.743 [-0.500] | -2.029 [-0.372] | -3.428 [-0.625] | -5.854 [-1.112] | -8.568 [-1.493] | -6.856 [-1.308] |
| lnWage | 0.715*** [6.332] | 0.683*** [6.043] | 0.826*** [6.362] | 0.698*** [6.056] | 0.426*** [3.424] | 0.523*** [4.536] | 0.440** [2.354] | 0.402** [2.166] | 0.256 [1.365] | 0.314* [1.757] | 0.556*** [2.825] | 0.430** [2.400] |
| Inf | 0.006 [1.301] | 0.005 [1.056] | 0.010* [1.856] | 0.005 [1.173] | -0.001 [-0.206] | 0.003 [0.546] | 0.015 [1.229] | 0.016 [1.292] | 0.016 [1.245] | 0.017 [1.412] | 0.026* [1.911] | 0.028** [2.286] |
| Edu | 0.184 [0.075] | 0.365 [0.151] | 0.157 [0.056] | 0.987 [0.401] | -0.743 [-0.277] | -1.237 [-0.502] | -2.991 [-1.150] | -2.707 [-1.066] | -1.336 [-0.532] | -0.606 [-0.252] | -0.876 [-0.331] | 0.127 [0.055] |
| Gov | -5.536*** [-5.555] | -5.443*** [-5.513] | -5.593*** [-4.881] | -5.249*** [-5.225] | -4.113*** [-3.751] | -4.409*** [-4.372] | -6.193*** [-4.318] | -6.024*** [-4.223] | -4.822*** [-3.300] | -5.147*** [-3.702] | -6.444*** [-4.235] | -6.096*** [-4.351] |

续表

| | 工业化阶段 | | | | | | 服务化阶段 | | | | | |
|---|---|---|---|---|---|---|---|---|---|---|---|---|
| | lnProd | | lnIprod | | lnSprod | | lnProd | | lnIprod | | lnSprod | |
| | 模型（1） | 模型（2） | 模型（3） | 模型（4） | 模型（5） | 模型（6） | 模型（7） | 模型（8） | 模型（9） | 模型（10） | 模型（11） | 模型（12） |
| FDI | 0.467* [1.759] | 0.513* [1.941] | 0.385 [1.251] | 0.538** [1.985] | 0.743*** [2.597] | 0.579** [2.171] | 0.968*** [2.835] | 0.982*** [2.920] | 1.167*** [3.436] | 1.157*** [3.587] | 0.703* [1.953] | 0.801** [2.501] |
| λ | 0.409*** [2.809] | 0.430*** [2.995] | 0.232 [1.396] | 0.337** [2.311] | 0.570*** [3.996] | 0.532*** [3.862] | 0.432 [1.612] | 0.264 [0.821] | 0.870*** [−3.144] | 0.820*** [−2.934] | 0.263 [1.292] | −0.456 [−0.967] |
| Adj−R² | 0.956 | 0.957 | 0.946 | 0.958 | 0.945 | 0.953 | 0.583 | 0.596 | 0.752 | 0.777 | 0.662 | 0.725 |
| σ² | 0.073 | 0.071 | 0.096 | 0.074 | 0.088 | 0.074 | 0.071 | 0.069 | 0.071 | 0.064 | 0.077 | 0.063 |
| Log−L | −21.033 | −19.092 | −47.553 | −22.165 | −39.827 | −23.464 | −7.745 | −5.779 | −9.413 | −4.529 | −12.944 | −2.842 |

注：（1）括号内的数值为 T 值检验；（2）*、**、***分别表示通过 10%、5%、1% 水平下的显著性检验。

业结构调整应更趋于均衡化或合理化。ES 的估计结果显示，城市产业结构高级化在两个阶段对工业和服务业的劳动生产率都分别具有显著的负向和正向影响。唯一不同的是，在工业化阶段，产业结构高级化对城市工业劳动生产率的负向效应更大（│-0.994│>0.781），而在服务化阶段，产业高级化对城市服务业劳动生产率的正向效应更大（0.284>│-0.195│）。该结论与产业结构高级化对东部和中部地区城市的影响效应非常相似，这也给东部和中部地区产业阶段的差异性提供了证据。通对产业结构代理变量的系数估计和检验发现，在工业化阶段，城市工业与服务业的互惠效应更加显著，如采矿业、制造业和建筑业比重的提高能显著提升服务业的劳动生产率，分配性服务业和社会性服务业占比的提高能显著提升工业的劳动生产率；而在服务化阶段，城市工业与服务业的拥挤效应，如电力燃气及水的生产和供应业以及消费性服务业占比的提高对工业和服务业的劳动生产率都有显著的负向效应。在其他控制变量方面需要指出的是，政府规模和外商直接投资对城市劳动生产率的影响效应与前文的结论完全相反。可能的解释是：政府规模或地方政府的财政支出对城市劳动生产率的贡献多发生在下一期的经济发展过程中，即存在"以牺牲短期利益服务长期发展"的特征，而外商直接投资的增加虽然在即期内能显著提升城市的劳动生产率，但并不利于城市产业可持续发展。

### 5.4.3 城市规模的控制

本章采用市辖区非农业人口数作为衡量城市规模的代理变量。由于有些城市市辖区的行政区划调整较为频繁，笔者仅选取 2011 年的城市数据进行分析。根据城市市辖区人口总数，可以将城市规模划分为四类：（1）特大城市：200 万人口以上；（2）大城市：100 万~200 万人口；（3）中等城市：50 万~100 万人口；（4）小城市：50 万以下人口。在选取的样本中，特大城市有 45 个，大城市有 81 个，中等城市有 108 个，小城市有 51 个。通过ML 法估计空间计量模型中的参数发现，选择 SLM 模型更为合适。由于城市规模和多样化程度与城市劳动生产率密切相关且呈近似的线性关系（见图 5-2），本章将城市的专业化指数和多样化指数分别与城市劳动生产率及其他变量进行回归分析。

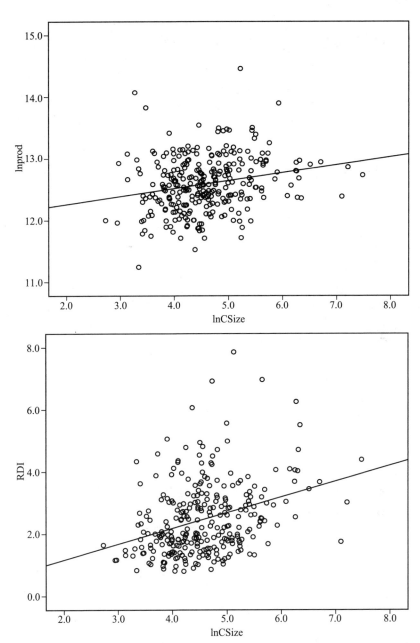

**图 5 - 2　中国城市 2011 年城市规模—劳动生产率和城市规模—多样化的关系散点图**

由表 5 - 7 的估计结果可知，小城市的空间滞后系数 ρ 并未通过显著性检验，这表明小城市之间的空间溢出效应并不显著。在控制城市规模以后，城市集聚的专业化经济和多样化经济仅对特大城市的劳动生产率有显著的影响效应，

表 5—7　空间截面模型的回归结果：城市规模分组的估计

| | 特大城市 | | | 大城市 | | | 中等城市 | | | 小城市 | | |
| | lnProd | lnProd | lnSprod | lnProd | lnprod | lnSprod | lnProd | lnprod | lnSprod | lnProd | lnprod | lnSprod |
| | 模型（1） | 模型（2） | 模型（3） | 模型（4） | 模型（5） | 模型（6） | 模型（7） | 模型（8） | 模型（9） | 模型（10） | 模型（11） | 模型（12） |
|---|---|---|---|---|---|---|---|---|---|---|---|---|
| lnVk | 0.056 [0.630] | 0.056 [0.621] | 0.038 [0.426] | 0.366*** [7.368] | 0.364*** [7.288] | 0.459*** [9.227] | 0.302*** [4.393] | 0.301*** [3.866] | 0.301*** [4.270] | 0.372** [2.424] | 0.374** [2.003] | 0.386*** [3.121] |
| RZI | -0.273*** [-3.736] | -0.312*** [-4.197] | -0.254*** [-3.367] | -0.040 [-0.997] | -0.030 [-0.742] | 0.032 [0.802] | 0.038 [1.191] | 0.055 [1.534] | 0.073** [2.169] | -0.090 [-1.523] | -0.045 [-0.641] | -0.066 [-1.327] |
| RDI | 0.093*** [4.085] | 0.106*** [4.555] | 0.078*** [3.168] | 0.008 [0.301] | -0.019 [-0.737] | 0.014 [0.557] | 0.014 [0.503] | -0.002 [-0.054] | 0.011 [0.411] | 0.001 [0.011] | -0.046 [-0.581] | 0.005 [0.085] |
| TL | -1.202*** [-3.066] | -1.542*** [-3.864] | -1.590*** [-4.014] | 0.235 [1.454] | -0.059 [-0.360] | -0.329** [-2.037] | 0.169 [1.177] | 0.055 [0.340] | 0.014 [0.097] | 0.139 [0.275] | -0.340 [-0.566] | 0.257 [0.582] |
| ES | -0.416*** [-3.491] | -0.833*** [-6.860] | 0.001 [0.002] | -0.161** [-2.063] | -0.690*** [-8.787] | 0.364*** [4.655] | 0.189** [2.285] | -0.256*** [-2.749] | 0.649*** [7.577] | 0.025 [0.268] | -0.369*** [-3.360] | 0.329*** [4.176] |
| Agri | -74.757** [-2.301] | -71.535** [-2.159] | -77.586** [-2.347] | -4.482 [-0.153] | 14.433 [0.491] | -31.440 [-1.075] | -0.691 [-0.319] | -1.940 [-0.796] | -0.277 [-0.124] | 8.288* [1.932] | 6.430 [1.241] | 10.823*** [3.044] |
| Mini | -75.205** [-2.324] | -74.293** [-2.249] | -73.824** [-2.228] | -6.381 [-0.219] | 12.248 [0.418] | -28.733 [-0.987] | 0.309 [0.226] | -2.065 [-1.343] | 1.935 [1.369] | 4.883 [1.576] | 2.943 [0.783] | 8.412*** [3.431] |
| Manu | -78.784** [-2.419] | -78.567** [-2.364] | -77.003** [-2.307] | -6.592 [-0.226] | 12.195 [0.417] | -27.712 [-0.952] | 1.222 [0.937] | -1.054 [-0.721] | 3.927*** [2.909] | 3.449 [1.100] | 2.403 [0.633] | 7.392*** [2.885] |
| Elec | -76.719** [-2.360] | -78.007** [-2.349] | -75.554** [-2.268] | -6.444 [-0.222] | 12.143 [0.416] | -28.830 [-0.992] | -0.897 [-0.533] | -2.378 [-1.257] | 1.298 [0.747] | 5.305 [1.588] | 2.345 [0.573] | 8.825*** [3.334] |

续表

| | 特大城市 | | | 大城市 | | | 中等城市 | | | 小城市 | | |
| --- | --- | --- | --- | --- | --- | --- | --- | --- | --- | --- | --- | --- |
| | lnProd 模型 (1) | lnIprod 模型 (2) | lnSprod 模型 (3) | lnProd 模型 (4) | lnIprod 模型 (5) | lnSprod 模型 (6) | lnProd 模型 (7) | lnIprod 模型 (8) | lnSprod 模型 (9) | lnProd 模型 (10) | lnIprod 模型 (11) | lnSprod 模型 (12) |
| Cons | -78.906** [-2.423] | -78.635** [-2.367] | -77.024** [-2.313] | -6.865 [-0.236] | 11.632 [0.397] | -28.704 [-0.986] | 1.643 [1.165] | -0.757 [-0.479] | 3.847*** [2.633] | 4.305 [1.340] | 3.266** [0.842] | 6.128** [2.343] |
| Pros | -77.383** [-2.380] | -75.075** [-2.262] | -77.784** [-2.334] | -7.772 [-0.267] | 13.730 [0.470] | -31.062 [-1.068] | -2.424 [-1.281] | -3.143 [-1.478] | -0.883 [-0.451] | 2.762 [0.689] | 3.782 [0.781] | 6.547** [2.037] |
| Dist | -81.157** [-2.472] | -79.147** [-2.362] | -80.714** [-2.399] | -7.383 [-0.254] | 13.607 [0.466] | -30.297 [-1.043] | 0.705 [0.505] | 0.707 [0.451] | 0.796 [0.551] | 5.129 [1.642] | 7.425* [1.959] | 5.565** [2.218] |
| Pers | -76.646** [-2.367] | -75.976** [-2.300] | -75.447** [-2.280] | -5.604 [-0.191] | 15.633 [0.531] | -27.529 [-0.939] | -0.840 [-0.404] | 0.758 [0.325] | -2.182 [-1.010] | -3.957 [-0.750] | -4.169 [-0.652] | 0.572 [0.135] |
| Pubs | -75.892** [-2.340] | -73.571** [-2.223] | -75.827** [-2.281] | -5.844 [-0.201] | 14.799 [0.506] | -28.842 [-0.991] | 2.517** [1.986] | 2.284 [1.609] | 2.421* [1.845] | 3.531 [1.113] | 4.634 [1.206] | 5.418** [2.106] |
| lnWage | 1.487*** [7.249] | 1.561*** [7.410] | 1.476*** [6.883] | 1.167*** [9.979] | 1.211*** [10.318] | 0.920*** [7.863] | 0.746*** [4.672] | 0.923*** [5.145] | 0.545*** [3.297] | 0.350 [1.321] | 0.396 [1.229] | 0.002 [0.009] |
| Inf | -0.010** [-2.233] | -0.010** [-2.358] | -0.010** [-2.422] | -0.003 [-0.498] | -0.001 [-0.037] | -0.016** [-2.879] | 0.027*** [2.727] | 0.032*** [2.893] | 0.018* [1.792] | 0.029* [1.690] | 0.026 [1.202] | 0.032** [2.287] |
| Edu | -11.165*** [-3.584] | -11.122*** [-3.450] | -11.355*** [-3.474] | -0.613 [-0.251] | 1.034 [0.422] | 1.538 [0.629] | -0.803 [-0.261] | -1.040 [-0.299] | -2.702 [-0.849] | 6.853* [1.774] | 8.729* [1.889] | 5.984* [1.889] |
| Gov | -7.736*** [-5.076] | -7.523*** [-4.845] | -7.959*** [-5.033] | -6.202*** [-4.803] | -5.929*** [-4.571] | -4.852*** [-3.761] | -4.866*** [-3.423] | -4.831*** [-3.017] | -3.055** [-2.080] | -3.289 [-1.676] | -2.280 [-0.968] | -3.560** [-2.095] |

续表

| | 特大城市 | | | 大城市 | | | 中等城市 | | | 小城市 | | |
|---|---|---|---|---|---|---|---|---|---|---|---|---|
| | 模型 (1) | 模型 (2) | 模型 (3) | 模型 (4) | 模型 (5) | 模型 (6) | 模型 (7) | 模型 (8) | 模型 (9) | 模型 (10) | 模型 (11) | 模型 (12) |
| | lnProd | lnIprod | lnSprod | lnProd | lnIprod | lnSprod | lnProd | lnIprod | lnSprod | lnProd | lnIprod | lnSprod |
| FDI | 0.526** [2.003] | 0.506* [1.883] | 0.747*** [2.778] | 0.338 [1.432] | 0.246 [1.039] | 0.686*** [2.907] | 0.066 [0.194] | -0.102 [-0.268] | 0.037 [0.107] | 1.005 [1.168] | 0.677 [0.648] | 1.067 [1.432] |
| ρ | 0.974*** [53.975] | 1.255*** [35.421] | 0.346** [2.313] | -0.599*** [-4.123] | -0.603*** [-4.183] | -0.591*** [-4.032] | 0.108** [2.037] | 0.095* [1.657] | 0.140*** [2.610] | -0.569 [-0.868] | -0.297 [-0.487] | -0.665 [-1.240] |
| Adj-R² | 0.922 | 0.940 | 0.918 | 0.855 | 0.906 | 0.876 | 0.957 | 0.950 | 0.953 | 0.961 | 0.948 | 0.972 |
| σ² | 0.015 | 0.016 | 0.016 | 0.035 | 0.035 | 0.035 | 0.059 | 0.075 | 0.063 | 0.105 | 0.153 | 0.072 |
| Log-L | 30.570 | 30.330 | 29.085 | 18.197 | 17.764 | 18.341 | -0.698 | -13.344 | -4.420 | -9.046 | -16.111 | -5.554 |

注：（1）括号内的数值为 T 值检验；（2）*、**、*** 分别表示通过 10%、5%、1% 水平下的显著性检验。

但是这一影响效应的作用机制完全相反，即城市专业化经济不利于特大城市劳动生产率的提升，而城市多样化经济则具有显著的正向效应。该结论可以用迪朗东和蒲格（2001）的"技术池观点"和王（Wang，2003）的"市场区观点"进行解释，即城市多样化为企业生存与发展提供了更多的技术选择机会，并且能使消费者的多样性偏好更容易得到满足。从产业结构演化的视角看，城市产业结构波动性仅对特大城市的劳动生产率产生显著的负向效应。这与产业结构波动性对服务化阶段的城市劳动生产率的影响效应相一致。而产业结构高级化对特大城市和大城市的劳动生产率有显著的负向效应，而对中等城市存在显著的正向效应。该结论超出预期。但是，我们将产业结构高级化指数与产业结构代理变量结合起来就会发现，产业结构高级化负效应是由于城市规模过大导致城市的拥挤效应远远大于集聚效应，尤其是在特大城市中，任何产业占比的提高都会反作用于城市劳动生产率。这也是新经济地理学中分散力大于向心力的结果。另外，其他变量中政府规模和外商直接投资的作用机制与控制产业发展阶段的分析基本一致。

# 第 6 章

# 产业集聚与城市经济效率差异

　　经济活动的空间集聚能否提升地区经济效率，不仅是新经济地理学者关注的焦点，也是连接新经济地理学和新经济增长理论的核心理论问题之一。新经济地理学认为，经济活动的空间集聚存在两股力量：向心力和离心力（Krugman，1991；Fujita and Mori，1997；Fujita et al.，1999）。根据"中心—外围"理论，在这两种力量的作用下，一方面，经济活动的空间集聚会形成以中间投入品的分享、专业化的劳动力市场、信息与知识溢出为特征的本地市场效应（home-market effect），从而使产业呈集聚态势；另一方面，生产要素在一个地区的过度集聚必然会导致市场竞争加剧、要素资源价格升高（如土地和住房租金）等产生市场拥挤效应（market crowding effect），从而推动产业扩散。马丁和奥塔维亚诺（Martin and Ottaviano，1999、2001）将新经济地理的 C－P 模型和内生增长理论模型相结合，发现工业活动将向经济效率更高的地区聚集，而产业集聚后的前后关联效应既能降低企业生产成本，又能通过技术和知识的外溢效应促进地区生产率增长，因此地理集聚和经济增长是一个相互强化的过程。藤田和蒂斯（Fujita and Thisse，2003）从人力资本理论的视角也得出了类似的研究结论。然而，不同类型的空间集聚不仅能形成有利于经济增长的集聚效应（agglomeration effects），还会产生阻碍地方化经济发展的拥塞效应（congestion effects）（Brakman et al.，1996）。这两类效应的相互作用会在不同的发展阶段达到不同的均衡状态（Brülhart and Mathys，2008）。由此可见，产业集聚能否提升地区经济效率取决于集聚效应与拥塞效应的强弱。

　　在产业集聚与地区经济效率的实证研究方面，大多数学者主要考察产业集聚对劳动生产率的影响效应。西科恩（Ciccone，2002）在原有模型的基础上测算了英国、法国、德国、意大利和西班牙的集聚效应，研究结果显示这些欧洲国家劳动生产率的就业密度弹性在 4.5% 左右，稍弱于美国。布鲁哈特和马西斯（Brülhart and Mathys，2008）对西科恩的研究进行了扩展：一方面，利用动态面板数据系统 GMM 方法对欧盟国家就业密度对劳动生产率的影响进行估计，从而解决了内生性问题；另一方面，对不同产业部门的集聚效应进行了分析。研究结论显示，产业集聚对劳动生产率有显著的正向影响且这种集聚效应具有随时间推移逐渐增强的趋势。布劳伦舍尔姆和博格曼（Braunerhjelm and Borgman，2006）采用 E－G 指数度量了瑞典 1975～1999 年的集聚经济，发现产业集聚与劳动生产率也存在显著的正相关关系。国内学者范剑勇（2006）基于中国城市 2004 年的截面数据发现，地方化非农产业的规模报酬递增是产业集聚的源泉，进而提高了地区的劳动生产率。章元和刘修岩（2008）运用中国城市的面板数据着重对集聚的内生性问题进行了处理，也得出了产业集聚与地区经济增长显著正相关的结论。

　　上述研究普遍发现产业集聚有利于地区劳动生产率的提高，但也有研究得出不同的结论，其中最典型的是威廉姆森假说和开放性假说。威廉姆森假说指出，生产活动的空间集聚在经济发展早期会显著提高经济效率，但当经济发展达到某一临界水平，促进作用会消失甚至为负向影响（Williamson，1964）。随后许多学者沿袭了这一研究思路，对威廉姆森假说进行了验证。贝尔蒂内利和布莱克（Bertinelli and Black，2004）构建了一个模型对此进行了检验，结果显示：在经济发展初期，人力资本积累的潜在收益最大，而拥塞效应并不显著，但随着经济发展水平的提高，人力资本积累的边际收益逐步减少，拥塞效应的外部性开始加强。布鲁哈特和斯贝加密（Brülhart and Sbergami，2009）利用 105 个国家 1960～2000 年的跨国数据进行了分析，结果发现只有当经济发展处于一定水平时，产业集聚才能促进地区经济增长。国内学者徐盈之等（2011）、孙浦阳等（2011）、刘修岩等（2012）、王晶晶等（2014）等利用门槛模型、系统动态面板 GMM 等方法估算了产业集聚对地区劳动生产率（经济增长）的影响，结果都证实了威廉姆森假说在中国存在性。另外，克鲁格曼和埃利桑多（Krugman and Elizondo，1996）提出的开放性假说认为：与开放经济相比，产业集聚对封闭经济的影响更大，这是因为地理距离的缩短会提高国内交易水平，而国内贸易越受重视，与其他国家的国际贸易就会越少。与威廉姆森假说相比，针对开放性假说的研究相对缺乏。阿德斯和格莱泽（Ades and Glaeser，1995）通过对世界范围内 85 个国家的截面数据进行分析，发现开放性与城市人口集聚之间存在显著的负相关关系，但是他们对这一直接的因果关系也持怀疑态度。亨德森（Henderson，2003）利用世界 70 个国家的跨国数据分析发现，用城市化来表征的空间集聚对经济增长的影响并不显著，而且只有在低收入国家，这种以最大城市人口规模衡量的空间集聚水平才会对经济增长具有明显的推动作用。孙浦阳等（2011）基于全球 85 个国家的面板数据证实，对外贸易增长削弱了国内产业集聚对地区经济增长的促进作用。

通过对文献的进一步梳理，笔者还发现关于产业集聚与地区经济效率的已有研究更多地是从制造业集聚这一单一角度进行，忽视了服务业集聚现象或没有对地区产业进行细分，尤其是对制造业与生产性服务业共同集聚（co-agglomeration）的关注则相对较少。事实上，由于生产和消费在时空上的不可分性，服务业比制造业更依赖于本地市场容量，显现出更强的空间集聚效应（Scott，1988；Illeris et al.，1993；程大中和陈福炯，2005；姚永玲和赵宵伟，2012；王晶晶等，2014）。不仅如此，随着中国服务业的快速发展，尤其是生产性服务业的集聚程度不断提高，从而与制造业在空间上形成了互动发展的格局（陈国亮和陈建军，2012；杨仁发，2013）。自亚伯拉罕和泰勒（Abraham and Taylor，1996）从分工理论的视角指出生产性服务业是内生于制造业以来，关于制造业与生产性服务业的融合研究逐渐受到了国内外学者的重视。其中，罗索恩和拉马斯瓦米（Rowthorn and Ramaswamy，1999）、丹尼尔（Daniel，1999）、埃斯瓦兰和阿肖克（Eswaran and Ashok，2002）、德斯梅特和法夫尚（Desmet and Fafchamps，2005）、佛兰克和彼得（Franke and Peter，2005）以及国内学者顾乃华（2006、2010）对制造业与生产性服务业的互动关系进行了理论研究和实证检验，并总结提出了需求遵从论、供给主导论、互动论和融合论等多种论断。然而，这些研究大都将关注点停留在制造业与生产性服务业的互动关系上，而没有深入分析两者的共同集聚与地区经济增长或生产效率的内在关联机制及影响效应。对于产业集聚与地区经济效率的研究，另一个容易被忽视的问题是地理距离。由于运输成本和贸易成本的存在，制造业和服务业集聚不仅与本地区的经济特征有关，而且还会受到空间临近的其他经济体的影响（Beyers and Lindahl，1996；韩峰和柯善咨，2012）。一些学者指出，拥塞效应通常被局限在地区内部，而集聚效应却可以在临近地区之间共享（Phelps and Ozawa，2003；Merjers and Burger，2010）。在既有研究的基础上，本章将利用 2003～2011 年中国 285 个地级及以上城市的统计数据对产业集聚与城市地区经济效率的关系进行深入分析。

# 6.1　模型设定、变量说明与数据来源

## 6.1.1　模型设定

借鉴莫雷诺等（Moreno et al.，2005）、费希尔等（Fischer et al.，2009）、潘文卿（2012）等学者的空间计量方法，本章建立如下基本的空间计量模型：

$$\ln TFP_{it} = \rho \sum_{j=1}^{N} W_{ij} \ln TFP_{it} + \beta \ln agg_{it} + \gamma \ln X_{it} + \alpha_i + \nu_t + \varepsilon_{it} \qquad (6.1)$$

其中，$\varepsilon_{it} = \lambda \sum_{j=1}^{N} W_{ij} \varepsilon_{it} + \mu_{it}$，$TFP_{it}$ 表示 i 地区在 t 时间的经济效率，agg 表示产业集聚水平，X 为控制变量，$\alpha_i$、$\nu_t$、$\varepsilon_{it}$ 分别表示地区效应、时间效应和随机扰动项。$\rho$ 和 $\lambda$ 分别为空间滞后系数和空间误差系数，反映了地区之间的空间溢出效应。$W_{ij}$ 代表空间权重矩阵，其设置方式与第 5 章相同。

如上所述，由于空间集聚过程是由集聚效应和拥塞效应相互作用的结果，产业集聚与地区经济效率之间将呈二次函数关系，于是本章将在模型中引入产业集聚水平的二次项进行检验。同时，根据克鲁格曼（Krugman，1991）、迪朗东和蒲格（Duranton and Puga，2000）、孙浦阳等（2013）、杨仁发（2013）等学者的研究，不同行业的产业集聚所形成的集聚效应和拥塞效应存在明显差异，从而对地区经济效率可能产生不同的影响效应。为此，本章将分别考察制造业集聚（Magg）、生产性服务业集聚（Sagg）、制造业与生产性服务业共同集聚（Coagg）对地区经济效率的影响。因此，本章设定的基本模型将修改为：

$$\ln TFP_{it} = \rho \sum_{j=1}^{N} W_{ij} \ln TFP_{it} + \beta_1 \ln Magg_{it} + \beta_2 \ln Sagg_{it} + \beta_3 \ln Coagg_{it} + \beta_4 (\ln Magg_{it})^2$$
$$+ \beta_5 (\ln Sagg_{it})^2 + \beta_6 (\ln Coagg_{it})^2 + \gamma \ln X_{it} + \alpha_i + \nu_t + \varepsilon_{it} \qquad (6.2)$$

其中，$\varepsilon_{it} = \lambda \sum_{j=1}^{N} W_{ij} \varepsilon_{it} + \mu_{it}$。

本章的另一项重要任务是对威廉姆森假说和开放性假说进行系统地论证。参照孙浦阳等（2011）、王晶晶等（2014）的处理方法，在空间计量模型中设置了一个特殊的变量：产业集聚与人均国内生产总值（Vgdp）的交叉项，这可以检验地区经济发展的不同水平对经济效率的影响，即从经验视角来验证威

廉姆森假说的存在性。在处理开放性假说的问题时，也采取了同样的方法，在空间计量模型中引入了产业集聚与贸易开放度（用 FDI 表征）的交叉项。最终，空间计量模型将设定为：

$$\ln TFP_{it} = \rho \sum_{j=1}^{N} W_{ij} \ln TFP_{it} + \beta_1 \ln Magg_{it} + \beta_2 \ln Sagg_{it} + \beta_3 \ln Coagg_{it} + \beta_4 (\ln Magg_{it})^2 +$$
$$\beta_5 (\ln Sagg_{it})^2 + \beta_6 (\ln Coagg_{it})^2 + \delta_1 \ln Magg_{it} \times \ln Vgdp_{it} + \delta_2 \ln Sagg_{it} \times$$
$$\ln Vgdp_{it} + \delta_3 \ln Coagg_{it} \times \ln Vgdp_{it} + \gamma \ln X_{it} + \alpha_i + \nu_t + \varepsilon_{it} \quad (6.3)$$

其中，$\varepsilon_{it} = \lambda \sum_{j=1}^{N} W_{ij} \varepsilon_{it} + \mu_{it}$

### 6.1.2 变量说明

**1. 被解释变量**

地区经济效率（TFP）。笔者借鉴法勒等（Färe et al., 1994）采用的随机前沿分析方法（Stochastic Frontier Analysis, SFA）估计中国城市的经济效率。产出变量由各个城市的实际地区生产总值来表示，根据各个城市所在省份的地区生产总值平减指数调整为 2003 年的不变价格。确定资本存量和劳动投入作为投入变量。其中，资本存量采用永续盘存法进行估算，具体参照单豪杰（2008）的处理方法，设定折旧率为 10.96%。城市的基期资本存量采用 2003 年各个城市的地区生产总值占本省地区生产总值的比重乘以本省的基期资本存量来表示。对于劳动投入，笔者选取城市就业人数来表示。基于卡尔多程式化事实，本章将利用柯布—达格拉斯形式的随机前沿模型对中国城市地区的经济效率进行核算，具体模型如下：

$$\ln y_{it} = \alpha_0 + \alpha_1 \ln L_{it} + \alpha_2 \ln K_{it} + \alpha_3 t + \nu_{it} - \mu_{it} \quad (6.4)$$

其中，$\mu_{it} = \mu_i \exp[\eta(t-T)]$，$\alpha_i$ 为待估计系数，$t$ 和 $T$ 分别为样本的观察期和基期年度，$\nu_{it}$ 为随机干扰项且服从标准正态分布 $N(0, \sigma_\nu^2)$，$\mu_{it}$ 为技术无效率项且服从非负断尾正态分布 $N^+(\mu, \sigma_{it}^2)$，$\eta$ 为技术效率水平的时变参数。在允许 $\mu$ 和 $\eta$ 自由取值的条件下，笔者利用 FRONTIER 4.1 软件计算出模型（6.4）的估计系数，结果如表 6-1 所示。

**表 6 - 1** 　　　　　　　　　中国城市地区经济生产函数模型的估计系数

| 变量 | 系数 | 估计值 | t 统计量 |
|---|---|---|---|
| 截距 | $\alpha_0$ | - 7. 305 *** | - 11. 9694 |
| lnK | $\alpha_1$ | 0. 1369 *** | 6. 2031 |
| lnL | $\alpha_2$ | 1. 0722 *** | 26. 1533 |
| t | $\alpha_3$ | 0. 1219 *** | 8. 3854 |
| $\sigma^2$ | | 1. 9820 *** | 17. 4181 |
| $\gamma$ | | 0. 9411 ** | 5. 7499 |
| $\mu$ | | 0. 0536 *** | 4. 5542 |
| $\eta$ | | 0. 0283 *** | 4. 2723 |
| Log 似然函数值 | | 4257. 7767 | |
| 技术无效率不存在的 LR 检验 | | 129. 187 *** | |

注：** 、*** 分别表示通过 5% 、1% 水平下的显著性检验。

由表 6 - 1 可知，模型（6.4）的拟合度很好，所有系数的估计结果均通过了 5% 的显著性检验。同时，$\gamma = 0.9411$ 说明模型（6.4）存在非常明显的复合结构，并且技术无效率不存在的 LR 检验也拒绝了原假设，这些都充分表明 SFA 模型较传统计量模型更好地刻画了中国城市地区的经济生产函数。在计算出上述模型的系数估计结果后，中国城市地区的经济效率可通过如下公式求得：

$$TFP_{it} = TE_{it} \exp(\alpha_0 + \alpha_3 t) \tag{6.5}$$

其中，$TE_{it} = \exp(-\mu_{it})$，$TE_{it}$ 表示 i 城市在 t 时期的技术效率，$\exp(\alpha_0 + \alpha_3 t)$ 表示 t 时期的前沿面技术水平。

**2. 解释变量**

制造业集聚（Magg）和生产性服务业集聚（Sagg）。产业集聚的测度方法有很多，例如 Hoover 指数、Gini 系数、E - G 指数等。本章将借鉴基布尔 Keeble et al. , 1991、多诺霍（Donoghue，2004）、陈国亮和陈建军（2012）、王晶晶（2014）等学者的做法，选取区位商指数来衡量地区的产业集聚水平。该指数能够消除区域规模差异因素，可以真实反映某一区域的要素空间分布情况。其计算公式如下：

$$\mathrm{Agg(t)} = \left[ \frac{\mathrm{e_{ij}(t)}}{\sum_i \mathrm{e_{ij}(t)}} \right] \Bigg/ \left[ \frac{\sum_j \mathrm{e_{ij}(t)}}{\sum_i \sum_j \mathrm{e_{ij}(t)}} \right] \tag{6.6}$$

其中，$\mathrm{Agg(t)}$ 表示 t 时期 i 城市 j 产业的区位商指数，$\mathrm{e_{ij}(t)}$ 表示 t 时期 i 城市 j 产业的就业人数，$\sum_i \mathrm{e_{ij}(t)}$ 表示 t 时期所有城市 j 产业的就业人数，$\sum_j \mathrm{e_{ij}(t)}$ 表示 t 时期 i 城市所有产业的就业人数，$\sum_i \sum_j \mathrm{e_{ij}(t)}$ 表示 t 时期所有城市所有产业的就业人数。区位商指数越大，产业集聚程度越高，反之则越低。本章将采用区位商指数来测算制造业集聚和生产性服务业集聚。其中，根据第 5 章的分类标准，对生产性服务业的细分行业进行划分。

共同集聚（Coagg）。对于共同集聚的测算，学术界并没有形成一致的方法。笔者借鉴杨仁发（2013）的做法，采用产业集聚的相对差异来衡量制造业与生产性服务业的共同集聚，具体计算公式为：

$$\mathrm{Coagg} = 1 - |\mathrm{Magg} - \mathrm{Sagg}| / (\mathrm{Magg} + \mathrm{Sagg}) \tag{6.7}$$

该指数值越大，则说明制造业与服务业的共同集聚水平越高。

### 3. 控制变量

考虑到影响地区经济效率的其他因素（Henderson，2003；Bronzini and Piselli，2009），本章还选取了第 5 章中的工资水平（Wage）、人力资本（Edu）、外商直接投资（FDI）和政府规模（Gov）作为控制变量。

### 4. 交叉相乘项

（1）产业集聚与人均地区生产总值的交叉相乘项，包括制造业集聚、生产性服务业集聚、制造业与生产性服务业共同集聚分别与人均地区生产总值的交叉相乘项。该交叉项主要借鉴孙浦阳等（2011）用以检验威廉姆森假说的方法，考察随着经济发展水平的提高，产业集聚对地区经济效率的影响效应。（2）产业集聚与外商直接投资的交叉相乘项，也包括三类集聚分别与外商直接投资的交叉相乘项。笔者借鉴王晶晶等（2014）的做法，用 FDI 来表征城市的对外开放程度，主要用以考察地区开放程度是否能影响产业集聚对地区经济效率的溢出效应，以检验前文提出的开放性假说。

## 6.2　空间计量检验与分析

### 6.2.1　空间相关性检验

判断地区之间经济效率的空间相关性，这里同样采用 Moran's I 指数进行检验，并且利用标准统计量 Z 来检验 Moran's I 指数的显著性水平，结果如表 6 – 2 所示。中国城市数据的统计结果显示，地区经济效率的 Moran's I 指数在 2003 ~ 2011 年都通过了 1% 水平下的显著性检验。这表明中国城市经济效率存在显著的空间相关性，即经济效率相似的城市存在明显的空间集聚效应。从表 6 – 2 还可以看出，空间相关性呈逐年增强的趋势，这意味着中国城市经济效率在空间集聚上存在较强的 "马太效应"。因此，可以推断：地理距离是影响中国地区经济效率差异的重要因素，而规模经济效应和集聚外部性是经济效率提升的关键。

表 6 – 2　　　　　2003 ~ 2011 年中国城市经济效率的 Moran's I 指数

| 年份 | 2003 | 2004 | 2005 | 2006 | 2007 | 2008 | 2009 | 2010 | 2011 |
|---|---|---|---|---|---|---|---|---|---|
| Moran's I | 0.1549 *** | 0.1552 *** | 0.1554 *** | 0.1556 *** | 0.1559 *** | 0.1561 *** | 0.1563 *** | 0.1566 *** | 0.1568 *** |

注：*** 分别表示通过 1% 水平下的显著性检验。

接下来，本书计算了 350 ~ 1050 千米距离带宽条件下的中国城市经济效率在 2003 ~ 2011 年的 Moran's I 指数及其统计检验（见表 6 – 3）。结果显示，中国城市经济效率的空间相关性随着地理距离的增加逐渐下降，而且当地理距离超过 850 千米时，空间相关性不再显著。这也验证了中国城市经济效率的空间相关性符合 "地理学第一定律"（tobler's first law）。因此，考虑地理距离的变化来分析产业的空间集聚对中国地区经济效率的影响效应就显得尤为重要。

表 6 – 3　中国城市经济效率的 Moran's 指数随地理距离的变化及其统计检验

| 距离<br>（千米） | (0 ~ 350] | (0 ~ 450] | (0 ~ 550] | (0 ~ 650] | (0 ~ 750] | (0 ~ 850] | (0 ~ 950] | (0 ~ 1050] |
|---|---|---|---|---|---|---|---|---|
| 2003 年 | 0.0844 *** | 0.0756 *** | 0.0557 *** | 0.0281 *** | 0.0112 * | 0.0105 * | 0.0048 | – 0.0013 |

| 距离<br>（千米） | (0～350] | (0～450] | (0～550] | (0～650] | (0～750] | (0～850] | (0～950] | (0～1050] |
|---|---|---|---|---|---|---|---|---|
| 2004 年 | 0.0846*** | 0.0757*** | 0.0557*** | 0.0281*** | 0.0112** | 0.0106* | 0.0049 | -0.0012 |
| 2005 年 | 0.0849*** | 0.0759*** | 0.0558*** | 0.0282*** | 0.0113* | 0.0106* | 0.0049 | -0.0012 |
| 2006 年 | 0.0851*** | 0.0760*** | 0.0559*** | 0.0283*** | 0.0113* | 0.0107* | 0.0049 | -0.0011 |
| 2007 年 | 0.0854*** | 0.0761*** | 0.0560*** | 0.0283*** | 0.0114* | 0.0107* | 0.0050 | -0.0012 |
| 2008 年 | 0.0856*** | 0.0763*** | 0.0561*** | 0.0284*** | 0.0114* | 0.0108* | 0.0050 | -0.0011 |
| 2009 年 | 0.0858*** | 0.0764*** | 0.0562*** | 0.0285*** | 0.0115* | 0.0108* | 0.0050 | -0.0010 |
| 2010 年 | 0.0861*** | 0.0766*** | 0.0563*** | 0.0285*** | 0.0115* | 0.0108* | 0.0051 | -0.0010 |
| 2011 年 | 0.0863*** | 0.0767*** | 0.0564*** | 0.0286*** | 0.0115* | 0.0109* | 0.0051 | -0.0009 |

注：*、**、***分别表示通过10%、5%、1%水平下的显著性检验。

## 6.2.2　全国层面的城市数据分析

对于空间面板数据模型到底选择 SLM 模型还是 SEM 模型，采用第 5 章的做法，通过比较两个 Lagrange 乘数及其稳健性来判断。检验结果显示，采用 SLM 模型将更为合理，并且经 Hausman 检验，模型选择固定效应。由于空间效应的存在，利用传统的 OLS 方法对参数进行估计将会有偏或无效（Elhorst，2003）。因此，根据李和虞（Lee and Yu，2010）的建议，本章对模型将采取极大似然法（quasi-maximum likelihood estimation）进行参数估计。

表 6-4 给出了采用极大似然法对产业集聚与地区经济效率的空间计量分析结果。从模型（1）~（3）的回归结果看，制造业集聚、生产性服务业集聚和制造业与生产性服务业共同集聚（下文简称"共同集聚"）对地区经济效率的影响都存在极显著的负向影响，并且这三类集聚与地区经济效率的二次项系数都通过了负的显著性检验。这说明：中国城市的制造业和生产性服务业的单独集聚和共同集聚都不利于地区经济效率的提升，其原因正是由于过度集聚所引发的拥塞效应明显高于集聚效应所致，从而最终推动了相关产业向其他地区的扩散。然而，模型（7）的回归结果显示，仅有制造业集聚和共同集聚对地区经济效率存在显著的负影响，而生产性服务业集聚以及这三类集聚的二次项对地区经济效率的影响系数均未通过显著性检验。这表明：当考虑经济发展水平和对外开放程度时，中国城市的制造业和生产性服务业的空间集聚并未出现

明显的拥塞效应。需要指出的是，制造业集聚和共同集聚在两种条件下对地区经济效率的影响依然为负，这一结论与大多数学者的研究结论相悖。亨德森（Henderson，2003）、布拉西奥和达达里奥（Blasio and Addario，2005）、圭索和西瓦尔帝（Guiso and Schivardi，2007）的研究认为，随着生产要素的空间集聚，厂商会通过规模经济效应和技术溢出效应提高地区生产率。但是本书认为，在拥塞效应不显著的前提下，制造业集聚对地区经济效率影响为负与中国实际相符，而共同集聚对地区经济效率的负向影响也主要来源于制造业集聚的阻滞效应，这从两者影响系数绝对值的比较中（$|-0.0073|>|-0.0048|$）可以看出。可能的解释为：一是中国制造业大多数属于劳动密集型产业，并处于全球价值链的低端环节且进入的技术门槛较低，从而导致制造业集聚虽然能有较高的经济产出，但却不利于地区经济效率的提升；二是中国制造业集聚并没有表现出显著的技术溢出效应，反而是"三高一低"（高投入、高消耗、高污染和低效应）和过度竞争的特征更为明显，从而压缩了制造企业的利润空间和降低了制造业集聚区的经济效率；三是生产性服务业虽然获得了快速发展，但并未与制造业形成良性互动，甚至在有些地方政府"退二进三""腾龙换鸟"等政策影响下，两者在有限的城市空间内存在显著的"挤出效应"。

表 6 - 4 空间面板模型的回归结果：全国层面的估计

| lnTFP | 模型（1） | 模型（2） | 模型（3） | 模型（4） | 模型（5） | 模型（6） | 模型（7） |
|---|---|---|---|---|---|---|---|
| lnMagg | − 0.0041 *** <br> [ − 7.0299] | | | − 0.0062 *** <br> [ − 8.0245] | | | − 0.0073 *** <br> [ − 5.8815] |
| lnSagg | | − 0.0028 *** <br> [ − 3.8776] | | | − 0.0044 *** <br> [ − 3.6302] | | − 0.0025 <br> [ − 1.4939] |
| lnCoagg | | | − 0.0056 *** <br> [ − 7.5207] | | | − 0.0031 * <br> [ − 1.8721] | − 0.0048 *** <br> [ − 2.7239] |
| $(lnMagg)^2$ | − 0.0002 ** <br> [ − 2.4324] | | | | | | − 0.0003 <br> [ − 1.1126] |
| $(lnSagg)^2$ | | − 0.0002 * <br> [ − 1.9515] | | | | | − 0.0004 <br> [ − 1.4314] |
| $(lnCoagg)^2$ | | | − 0.0005 *** <br> [ − 6.3666] | | | | 0.0001 <br> [0.0071] |
| lnMagg × lnVgdp | | | | 0.0002 *** <br> [6.1411] | | | 0.0004 *** <br> [4.5417] |

续表

| lnTFP | 模型（1） | 模型（2） | 模型（3） | 模型（4） | 模型（5） | 模型（6） | 模型（7） |
|---|---|---|---|---|---|---|---|
| lnSagg × lnVgdp | | | | | 0.0003 *** [5.7786] | | − 0.0001 [− 0.6103] |
| lnCoagg × lnVgdp | | | | | | − 0.0002 [1.2211] | − 0.0002 [− 1.0403] |
| lnMagg × lnFDI | | | | − 0.0002 *** [− 2.8586] | | | 0.0001 [0.5712] |
| lnSagg × lnFDI | | | | | − 0.0002 * [− 1.8877] | | − 0.0003 * [− 1.8616] |
| lnCoagg × lnFDI | | | | | | − 0.0004 *** [− 4.2088] | − 0.0005 *** [− 3.1648] |
| lnWage | 0.0007 *** [8.5593] | 0.0008 *** [9.1397] | 0.0008 *** [8.3149] | 0.0009 *** [9.8277] | 0.0010 *** [10.3136] | 0.0008 *** [8.7284] | 0.0009 *** [9.6367] |
| lnEdu | 0.0004 [1.5221] | 0.0003 [1.2561] | 0.0001 [0.2877] | 0.0008 *** [3.2875] | 0.0008 *** [2.8438] | 0.0001 [0.5813] | 0.0007 *** [2.7669] |
| lnFDI | − 0.0002 *** [− 2.5914] | − 0.0002 *** [− 2.6558] | − 0.0003 *** [− 3.1679] | − 0.0003 *** [− 3.6855] | − 0.0003 *** [− 3.0693] | − 0.0004 *** [− 4.6445] | − 0.0005 *** [− 4.3730] |
| lnGov | 0.0024 *** [9.9165] | 0.0026 *** [10.1774] | 0.0023 *** [9.0661] | 0.0029 *** [11.4521] | 0.0031 *** [11.6170] | 0.0023 *** [9.0833] | 0.0028 *** [10.9048] |
| ρ | 0.9909 *** [821.4943] | 0.9899 *** [678.4453] | 0.9899 *** [712.6614] | 0.9909 *** [866.4108] | 0.9899 *** [739.2397] | 0.9899 *** [693.3796] | 0.9910 *** [932.1961] |
| Adj − R² | 0.9998 | 0.9998 | 0.9998 | 0.9998 | 0.9998 | 0.9998 | 0.9998 |
| LogL | − 3516255.6 | − 3165485.3 | 3200624.4 | − 3552953.4 | − 3199413.5 | − 3186236.1 | − 3651724.9 |
| 观测值 | 2565 | 2565 | 2565 | 2565 | 2565 | 2565 | 2565 |

注：*、**、*** 分别表示通过10%、5%、1%水平下的显著性检验。

接下来，进一步通过模型（4）~（6）的估计结果对威廉姆森假说和开放性假说进行检验。在对威廉姆森假说进行检验时，笔者还发现了一个有趣的结论：虽然制造业集聚和生产性服务业集聚对地区经济效率具有显著的负向影响，但它们与人均地区生产总值的交叉项均显著为正。这意味着制造业集聚和生产性服务业集聚虽然目前对地区经济效率有明显的阻滞效应，但当经济发展达到一定水平后，阻滞效应会消失甚至变成促进作用。该结论是对威廉姆森假说的一种补充或拓展，即随着经济发展水平的提高，产业集聚对地区经济效率的影响呈现出先正后负再正的 "N" 形过程，而威廉姆森假说是对 "N" 形前部分的解释，而该结论则是对 "N" 形后半部分的描述。进一步对开放性假说进行检验时，发现制造业集聚、生产性服务业集聚和共同集聚对地区经济效率具有显著的负向影响，并且它们与 FDI 的交叉项也显著为负。这说明在中国城市地区中找到了支持开放性假说的经验证据，即由于存在地理距离和运输成本，产业集聚并不利于开放程度较高地区的经济效率提升。该结论也可从 FDI 对地区经济效率的影响显著为负中得到验证。模型（7）中的估计结果与模型（4）~（6）相似。

在其他控制变量方面，工资水平和人力资本对地区经济效率有极显著的正向影响，这与绝大多数研究结论相一致（陆铭和向宽虎，2012；王晶晶等，2014）。外商直接投资对地区经济效率的影响显著为负，这可能与外商在中国地区的投资结构仍以生产加工、品牌代工等全球价值链低端环节为主有关，并没有对本地区产生显著的知识和技术外溢效应，从而不利于地区经济效率的提升。需要指出的是，政府规模对地区经济效率有显著的正向影响，这与多数研究结论并不一致。笔者给出的解释是，政府规模在研究期间是适度的，尤其是在快速推进城市化的背景下，很多地方政府在基础设施投资和推动农村剩余劳动力转移等方面的举措对地区经济效率起了促进作用。

### 6.2.3 区域层面的城市数据分析

考虑到中国区域经济发展的不平衡，地区之间在制造业集聚、生产性服务业集聚、人力资本存量等方面存在的巨大差距，本章也将我国 285 个城市划分为东、中、西三个地区，三大地区的分类与第 5 章的分类方法相同。通过比较两个 Lagrange 乘数及其稳健性发现，仍然更合适选择 SLM 模型，并且 Hausman 检验支持所有模型选择固定效应，具体结果如表 6 – 5 所示。

结果显示，制造业集聚对东、中、西部城市地区的经济效率影响均显著为负，并且都具有显著的拥塞效应。而生产性服务业集聚对地区经济效率的影响存在两面性：一方面，生产性服务业集聚对于东、西部城市的经济效率存在明显的负向影响，但是拥塞效应并不显著；另一方面，生产性服务业虽然对中部城市的经济效率具有明显的促进作用，但却存在显著的拥塞效应。共同集聚对东部城市具有明显的负向影响，而对中、西部城市的经济效率影响显著为正，但却对三个地区都具有明显的拥塞效应。从中可以得到三点重要的启示：对于东部城市而言，制造业过度集聚是导致制造业集聚和共同集聚产生拥塞效

表6-5　空间面板模型的回归结果：区域层面的估计

| lnTFP | 东部地区 | | | | 中部地区 | | | | 西部地区 | | | |
|---|---|---|---|---|---|---|---|---|---|---|---|---|
| | 模型（1） | 模型（2） | 模型（3） | 模型（4） | 模型（5） | 模型（6） | 模型（7） | 模型（8） | 模型（9） | 模型（10） | 模型（11） | 模型（12） |
| lnMagg | -0.0198 *** [-6.1018] | | | -0.0205 *** [-5.9569] | -0.0011 [-0.6279] | | | -0.0017 * [-1.8761] | -0.0104 *** [-6.5134] | | | -0.0208 *** [-5.8950] |
| lnSagg | | -0.0022 *** [-2.4292] | | -0.0139 *** [-2.6018] | | 0.0035 ** [1.9852] | | 0.0034 *** [2.5249] | | -0.0047 * [-1.8136] | | -0.0142 *** [-3.6863] |
| lnCoagg | | | -0.0311 *** [-5.3595] | -0.0262 *** [-4.3581] | | | 0.0011 *** [2.5187] | 0.0043 *** [2.4071] | | | 0.0143 *** [3.9312] | 0.0303 *** [6.1486] |
| （lnMagg）² | -0.0069 *** [-5.2759] | | | -0.0098 *** [-3.3803] | -0.0013 *** [-4.2724] | | | -0.0041 *** [-5.8887] | -0.0005 *** [-4.0577] | | | -0.0026 *** [-5.0776] |
| （lnSagg）² | | -0.0038 [-1.2781] | | -0.0035 [-0.8959] | | 0.0013 [1.2886] | | -0.0028 *** [-2.5668] | | -0.0000 [-0.2479] | | -0.0020 [-1.3170] |
| （lnCoagg）² | | | -0.0027 ** [-2.1311] | -0.0101 ** [-2.3644] | | | -0.0006 [-0.8236] | 0.0023 ** [2.4624] | | | -0.0005 *** [-4.3677] | 0.0017 *** [3.9174] |
| lnMagg × lnVgdp | 0.0015 *** [5.2300] | | | 0.0014 *** [4.9495] | -0.0005 *** [-4.2724] | | | -0.0005 ** [-4.712] | 0.0001 [0.7074] | | | -0.0005 ** [-2.1871] |
| lnSagg × lnVgdp | | -0.0005 [-1.2017] | | 0.0005 [1.2867] | | -0.0001 [-1.2294] | | 0.0001 [0.1599] | | 0.0003 *** [3.8365] | | 0.0008 *** [2.8708] |
| lnCoagg × lnVgdp | | | 0.0015 *** [3.8611] | 0.0014 *** [3.3683] | | | -0.0003 *** [-2.5361] | -0.0002 *** [-2.7049] | | | -0.0018 *** [-5.9151] | -0.0028 *** [-6.9688] |

续表

| lnTFP | 东部地区 | | | | | 中部地区 | | | 西部地区 | | | |
|---|---|---|---|---|---|---|---|---|---|---|---|---|
| | 模型 (1) | 模型 (2) | 模型 (3) | 模型 (4) | 模型 (5) | 模型 (6) | 模型 (7) | 模型 (8) | 模型 (9) | 模型 (10) | 模型 (11) | 模型 (12) |
| lnMagg × lnFDI | -0.0014 ** [-2.3502] | | | -0.0006 [-0.6632] | 0.0001 ** [1.9509] | | | 0.0004 ** [1.9799] | -0.0003 * [-1.8655] | | | -0.0006 *** [-2.6970] |
| lnSagg × lnFDI | | 0.0007 [0.7729] | | 0.0008 [0.7742] | | 0.0001 [0.4759] | | -0.0001 [-0.1168] | | -0.0003 [-1.4049] | | -0.0007 [-1.4377] |
| lnCoagg × lnFDI | | | -0.0016 [-1.1062] | -0.0006 [-0.6632] | | | 0.0000 [0.1139] | -0.0003 [-1.0164] | | | 0.0003 ** [2.3594] | 0.0006 * [1.9083] |
| lnWage | 0.0005 *** [3.0678] | 0.0004 ** [2.5212] | 0.0006 *** [3.2974] | 0.0004 ** [2.4976] | 0.0008 *** [6.1982] | 0.0009 *** [6.9668] | 0.0009 *** [6.6377] | 0.0007 *** [5.6021] | 0.0013 *** [6.9416] | 0.0015 *** [7.4748] | 0.0011 *** [6.3244] | 0.0012 *** [6.6737] |
| lnEdu | -0.0006 [1.0789] | 0.0004 [0.7729] | 0.0004 [0.7957] | 0.0003 [0.5056] | 0.0008 ** [1.9737] | 0.0008 ** [1.9583] | 0.0008 ** [2.1123] | 0.0008 ** [2.1340] | 0.0010 ** [2.5234] | 0.0012 *** [2.8750] | 0.0010 *** [2.7166] | 0.0011 *** [2,7486] |
| lnFDI | -0.0027 *** [-8.1089] | -0.0020 *** [-5.9972] | -0.0028 *** [-6.7818] | -0.0025 *** [-5.5901] | -0.0001 [-0.6236] | -0.0001 [-1.1329] | -0.0002 [-1.2254] | -0.0001 [-0.3301] | -0.0002 [-1.1248] | -0.0001 [-0.5083] | 0.0001 [1.0068] | -0.0003 * [-1.8269] |
| lnGov | 0.0043 *** [9.4054] | 0.0037 *** [7.4405] | 0.0049 *** [9.5419] | 0.0049 *** [9.2022] | 0.0068 *** [13.3547] | 0.0072 *** [13.9728] | 0.0070 *** [13.6412] | 0.0070 *** [13.4373] | -0.0010 ** [-2.2723] | -0.0010 ** [-2.3495] | -0.0029 *** [-6.8888] | -0.0019 *** [-4.0043] |
| $\rho$ | 9.9880 *** [580.0413] | 9.9879 *** [573.2798] | 9.9879 *** [573.8701] | 0.9880 *** [622.0967] | 0.9900 *** [983.0171] | 0.9899 *** [894.1541] | 0.9900 *** [948.6304] | 0.9900 *** [999.9136] | 0.9879 *** [475.1637] | 0.9880 *** [419.2213] | 0.9880 *** [443.9623] | 0.9880 *** [555.7831] |
| Adj – R² | 0.9998 | 0.9998 | 0.9998 | 0.9998 | 0.9998 | 0.9998 | 0.9998 | 0.9998 | 0.9998 | 0.9998 | 0.9998 | 0.9998 |
| LogL | -916795.9 | -877657.6 | -898977.6 | -970666.7 | -2302402.2 | -2179653.3 | -2243693.0 | -2380943.1 | -950148.3 | -886098.6 | -935833.7 | -1038736.9 |
| 观测值 | 2565 | 2565 | 2565 | 2565 | 2565 | 2565 | 2565 | 2565 | 2565 | 2565 | 2565 | 2565 |

注：*、**、***分别表示通过 10%、5%、1% 水平下的显著性检验。

应的主要原因，而应在避免生产性服务业出现拥塞效应的条件下，进行有效的制造业转移与服务业升级将明显推动地区经济效率的提升；对于中部城市而言，生产性服务业的发展对优化整个中部城市的产业结构至关重要，但是前提是要避免复制东部城市产业过度集聚与同质化竞争的老路；对于西部城市而言，单个产业的集聚并不能带来整个地区经济效率的提高，而应该从制造业与生产性服务业良性互动的视角对制造业和生产性服务业进行有选择的承接和培育。

从表 6-5 中还可以看出，威廉姆森假说和开放性假说存在明显的地区和产业差异。这同样从另外一个侧面验证了充分考虑经济发展水平和对外开放程度对于研究产业集聚与地区经济效率的重要意义。估计结果显示，威廉姆森假说适用于中、西城市的制造业集聚和共同集聚。结合前文的研究结论发现，东部城市的制造业集聚处于"N"形过程的后半部分，即通过经济发展水平的不断提升，可以化解制造业集聚对地区经济效率的负向效应，而中部和西部城市的制造业集聚更多的是处于"N"形过程的前半部分。开放性假说只有在东、西部城市的制造业集聚中找到经验证据，而生产性服务业集聚和共同集聚对地区经济效率的影响效应与外开放程度并无显著的相关性。其主要原因在于服务存在库存和运输的不可能性，较制造品受运输成本的影响较小，这也说明了地理距离对产业集聚和地区经济效率的重要性。其他控制变量的影响与前文的研究结论基本一致，仅在显著性和系数大小方面有所差别。

# 6.3 集聚外部性对地区经济效率的影响效应

通过上述分析发现，从全国层面看，制造业集聚与共同集聚对地区经济效率有显著的负向影响，但并未产生明显的拥塞效应，而从区域层面看，产业集聚与地区经济效率的影响因产业类型和地区差异而呈现出不同的结论。这与传统空间集聚理论认为产业集聚可以通过知识和技术溢出效应提高地区经济效率的研究结论并不一致。为什么有些产业会在没有产生拥塞效应的条件下抑制地区经济效率，而有些产业却在具有明显拥塞效应的情况下促进地区经济效率？前文尝试从考虑经济发展水平和对外开放程度等方面给出了初步解释，本节将进一步从集聚外部性视角对此分析。

### 6.3.1 理论模型

假设存在初始特征完全相同的两个区域（1，2），每个地区有 L 单位的本地化劳动者（local worker），即劳动力不能自由流动，只能在居住地提供劳动。但每个劳动者是一个全球化消费者（global consumer），既可以在本地消费，也可以通过贸易消费另一个地区的商品。每个地区都存在传统和现代两个部门，传统部门只提供同质产品，而现代部门则生产差异化产品。差异化产品的运输成本采用"冰山成本"（iceberg cost），即每单位差异化产品从一个地区运输到另一地区只有 $\tau \in (0, 1]$ 单位产品可到达。传统产品的贸易无运输成本。

**1. 消费者效用**

假设每个消费者都有相同的偏好，并在传统产品和现代产品中做出消费决策以使自己效用最大化。效用是柯布—道格拉斯（Cobb-Douglas）函数形式：

$$U = C_T^{1-\mu} C_M^{\mu} \tag{6.8}$$

其中，T 是传统产品集，M 是现代产品集，$\mu$ 是现代产品的消费份额。由于现代产品有大量的差异化产品，每一类产品 $c_i$ 被不同的企业 i 生产，生产函数为 CES 型：

$$C_M = (\sum_{i=1}^{N} c_i^{\frac{\sigma-1}{\sigma}})^{\frac{\sigma}{\sigma-1}}, \quad \sigma < 1 \tag{6.9}$$

其中，$\sigma$ 是现代产品的替代弹性，$\sigma$ 越大表明现代产品的可替代性就越大，消费者对产品差异性的偏好就越小。由于现代产品之间存在固定替代弹性，我们假设每个现代企业生产一种差异化产品，那么 N 就能同时表示可供消费的现代产品数和现代企业数。另外，传统产业部门仅把劳动力作为唯一投入且规模报酬不变，产品市场为完全竞争市场，其价格等于边际成本，均衡消费量为 $2L(1-\mu)$。

**2. 生产者行为**

假设现代部门的企业 i 投入劳动量 $v_i$ 能产出 $y_i$，则劳动力数量函数可表示为：

$$v_i = \beta y_i + \alpha_{l_i} \tag{6.10}$$

其中，边际数量 $\beta$ 在不同企业、不同区域中是固定不变的，而固定劳动量 $a_{l_i}$ 则依赖于企业 i 的区位选择。企业 i 的利润函数可表示为：

$$\pi_i = p_i y_i - w_i v_i = y_i(p_i - w_i\beta) - w_i a_{l_i} \tag{6.11}$$

其中，$p_i$ 为现代产品 i 的价格，$w_i$ 是企业 i 的单位劳动力成本。

### 3. 集聚外部性的处理：成本分摊（cost sharing）

由方程（6.10）可知，规模经济的存在会使企业的平均成本随着产量的增加而降低。假设固定劳动量 $a_{l_i}$ 会随着某一地区企业数量的增加而下降，可用方程表示为：

$$\alpha_1 = \frac{\alpha}{\dfrac{n_1}{N} + \lambda\left(1 - \dfrac{n_1}{N}\right)} \tag{6.12}$$

其中，$n_1$ 表示生产现代产品的企业数量，$l \in \{1, 2\}$。方程（6.12）表示存在显著的技术外部性，即某一地区生产者越集聚，生产成本就越低。$\lambda \in (0, 1]$ 描述了技术外部性的本地化效应以及一个地区的企业对于另外一个地区成本降低效应的偏好程度。

方程（6.12）类似于研发部门的生产函数（Grossman and Helpman，1991；Martin and Ottaviano，1999），但本书与之不同的是，并没有直接在研发部门与专利市场之间构建模型，而是假设每个企业内部都包含一个研发单位。企业之间的技术溢出效应提高了研发活动效率的同时，也降低了固定成本或称之为"成本分摊"（cost sharing）。企业追求固定成本的降低增加了生产部门和研发部门在同一地区的集聚程度。随着固定成本的边际降低和研发效率的不断提高，企业的区位选择主要由区域间溢出效应参数 $\lambda$ 所反映的"技术开放"（technological openness）程度决定。当 $\lambda = 0$ 时，两个地区的研发是完全独立的，且固定成本都等于 $N\alpha$；当 $\lambda = 1$ 时，技术外部性的影响波及所有企业，且无论哪个地区的企业都要承担 $\alpha$ 单位的固定成本。显然，区域间的外溢效应对于固定成本的影响主要有两种方式：一是通过降低所有企业的生产成本并创造全球性优势，从而增加现代部门的利润；二是降低企业区位选择的相关性，在区域之间达到均衡。

在传统部门中，假设为完全竞争市场、规模报酬不变以及运输成本为零，因此工资必须等于价格且在两个地区是相同的。由于工人（消费者）是不能跨区域流动的，均衡时工人在传统和现代部门工作是无差异的，即工资水平在两个部门是相同的。由此，可以将工资水平作为计价单位，即对所有地区 i 设置 $w_i = 1$。在现代部门中，由于每个地区的企业都面临相同的技术水平、市场需求（CES）和劳动供给，因此给定地区所有企业的价格、产出和工资都是相同的。为此，我们只需在每个地区选择一个代表性的产品市场进行分析即可。

为了计算每个地区均衡时的价格、产量和利润以及企业的区位选择，分析步骤如下：第一步，在垄断竞争的市场结构条件下，给定消费者需求弹性（固定需求弹性），利用 CES 偏好结构来分析企业的定价行为；第二步，考虑所有产品的可替代性及作用于进口产品的运输成本，运用消费者预算约束条件计算每个地区的产品总需求；第三步，通过市场出清（供给等于需求）确定每个地区均衡时的产量和利润，以作为企业布局 $n_1$ 和 $n_2$ 的函数。

居住在 l 地区的一个消费者对在 m 地区生产的一类产品的需求数量可以记为 $d_{lm}$，$m \in \{1, 2\}$。相对需求在 CES 条件下可表示为：

$$\frac{d_{11}}{d_{12}} = \left(\frac{p_2}{p_1 \tau}\right)^{\sigma}, \quad \frac{d_{22}}{d_{21}} = \left(\frac{p_1 \tau}{p_2}\right)^{\sigma} \quad (6.13)$$

同时，预算约束条件为：

$$\begin{cases} \mu = n_1 d_{11} p_1 + n_2 d_{12} \dfrac{p_2}{\tau} \\ \mu = n_1 d_{21} \dfrac{p_1}{\tau} + n_2 d_{22} p_2 \end{cases} \quad (6.14)$$

通过方程（6.13）和方程（6.14）可以得到产品的市场需求为：

$$\begin{cases} d_{11} = \dfrac{\mu}{n_1 p_1 + n_2 p_1^{\sigma} p_2^{1-\sigma} \tau^{\sigma-1}} \\[2mm] d_{12} = \dfrac{\mu}{n_1 p_1^{1-\sigma} p_2^{\sigma} + n_2 p_2 \tau^{\sigma-1}} \\[2mm] d_{22} = \dfrac{\mu}{n_1 p_1^{1-\sigma} p_2^{\sigma} \tau^{\sigma-1} + n_2 p_2} \\[2mm] d_{21} = \dfrac{\mu}{n_1 p_1^{1-\sigma} \tau^{\sigma-1} + n_2 p_1^{\sigma} p_2^{1-\sigma}} \end{cases} \quad (6.15)$$

给定垄断竞争的市场结构，每个企业都会通过 MR = MC 来确定产出，以最大化自己的利润。当边际利润等于零时，利用方程（6.10）和方程（6.11）可以得到：

$$p_1 \left(1 + \frac{1}{\varepsilon}\right) = \beta \quad (6.16)$$

其中，$\varepsilon = \partial \mathrm{log}c / \partial \mathrm{log}p$ 表示需求弹性。随着产品种类 N 的增加，通过方程（6.9）可知 $\varepsilon = -\sigma$（Dixit and Stiglitz, 1977），并将其代入方程（6.16）可以得到：

$$p_1 = \beta \left(\frac{\sigma}{\sigma - 1}\right) \quad (6.17)$$

计算每个地区的生产供给与消费需求，可以得到：

$$\begin{cases} y_1 = Ld_{11} + \dfrac{Ld_{21}}{\tau} \\ y_2 = Ld_{22} + \dfrac{Ld_{12}}{\tau} \end{cases} \tag{6.18}$$

由方程（6.15）、方程（6.17）和方程（6.18）可以得到市场均衡时的产出：

$$\begin{cases} y_1 = \dfrac{L\mu(\sigma-1)}{\beta\sigma}\left(\dfrac{1}{n_1 + n_2\tau^{\sigma-1}} + \dfrac{\tau^{\sigma-1}}{n_1\tau^{\sigma-1} + n_2}\right) \\ y_2 = \dfrac{L\mu(\sigma-1)}{\beta\sigma}\left(\dfrac{1}{n_2 + n_1\tau^{\sigma-1}} + \dfrac{\tau^{\sigma-1}}{n_2\tau^{\sigma-1} + n_1}\right) \end{cases} \tag{6.19}$$

通过方程（6.10）、方程（6.17）和方程（6.19）可以确定每个地区企业的利润。我们设定地区 1 企业数占比 $x = n_1/N$，则 $n_2 = (1-x)N$。由 $w_i = 1$ 可知每个地区关于 $x$ 的利润函数：

$$\begin{cases} \pi_1(x) = \dfrac{L\mu}{N\sigma}\left(\dfrac{1}{x + (1-x)\tau^{\sigma-1}} + \dfrac{\tau^{\sigma-1}}{x\tau^{\sigma-1} + (1-x)}\right) - \dfrac{\alpha}{x + \lambda(1-x)} \\ \pi_2(x) = \dfrac{L\mu}{N\sigma}\left(\dfrac{1}{x\tau^{\sigma-1} + (1-x)} + \dfrac{\tau^{\sigma-1}}{x + (1-x)\tau^{\sigma-1}}\right) - \dfrac{\alpha}{1 - x + \lambda x} \end{cases} \tag{6.20}$$

从方程（6.20）可知，特定区域的企业利润与本地区产品的总需求正相关，而与本地区的固定成本负相关，并且受企业的区位选择与运输成本的影响。当 $\tau$ 增加时，本地的消费需求开始增长，即消费者会选择用本地产品替代进口产品，从而降低了本地产品的出口。随着该地区企业集聚度的提高，产品除满足本地需求外开始增加出口，而另一地区的消费者会因本地产品减少而增加进口。另外，由方程（6.20）还可以得到企业的平均利润：

$$\overline{\pi} = x\pi_1(x) + (1-x)\pi_2(x) = \dfrac{2L\mu}{N\sigma} - x\left(\dfrac{\alpha}{x + \lambda(1-x)}\right) - (1-x)\left(\dfrac{\alpha}{1 - x + \lambda x}\right)$$

$$\tag{6.21}$$

为了分析方便，进一步将成本分摊的方程（6.12）进行简化：

$$\alpha_1 = \dfrac{\alpha}{2x_1}$$

$$x_1 = \dfrac{n_1}{N} \tag{6.22}$$

这一简化并未改变前文对于集群外部性处理的意图。成本分摊效应（或技术外部性）可以表示为获取高端要素（如高技能人才）而支付的前期成本（up-front cost），一个地区企业越集聚，每个企业面临的人才培养成本就越低或对于共同服务和基础设施的成本承担就越低。为此，企业的平均利润方程（6.22）可以转换为：

$$\overline{\pi} = \frac{2L\mu}{N\sigma} - \alpha \tag{6.23}$$

方程（6.23）显示，每个地区的固定成本为 $\alpha N/2$，且企业的平均利润 $\overline{\pi}$ 既不依赖于企业分布 x 也不受运输成本 $\tau$ 的影响。当企业数 N 给定后，如果企业可以无成本进入或退出一个地区，那么长期均衡时企业利润最终为零（$\overline{\pi} = 0$），因此可得到：

$$N = \frac{2L\mu}{\sigma\alpha} \tag{6.24}$$

每个地区关于 x 的利润函数的可以简化为：

$$\begin{cases} \pi_1(x) = \dfrac{\alpha}{2}\left( \dfrac{1}{x + (1-x)\tau^{\sigma-1}} + \dfrac{\tau^{\sigma-1}}{x\tau^{\sigma-1} + (1-x)} \right) - \dfrac{\alpha}{2x} \\[3mm] \pi_2(x) = \dfrac{\alpha}{2}\left( \dfrac{1}{x\tau^{\sigma-1} + (1-x)} + \dfrac{\tau^{\sigma-1}}{x + (1-x)\tau^{\sigma-1}} \right) - \dfrac{\alpha}{2(1-x)} \end{cases} \tag{6.25}$$

虽然前文暗含假设 $\overline{\pi} = 0$，但是如果不考虑市场均衡，那么利润的变化就是企业重新进行区位选择的主要驱动力。由方式（6.25）可知，在给定固定成本 $\alpha$、产品替代弹性 $\sigma$ 和运输成本 $\tau$ 时，企业在两个地区的区位选择由 x 决定。虽然方程（6.20）与方程（6.25）都是由市场需求和固定成本共同决定的企业区位分布的函数，但是前者的驱动力主要依赖于市场效应（货币外部性），而后者的驱动力主要依靠成本分摊效应（技术外部性）。

## 6.3.2　区域均衡分析

当企业以利润最大化为目的进行区位选择时，任何一个区域的企业都没有任何激励转移到另外一个地区时便达到了区域均衡。区域均衡分为边界均衡（border equilibrium）和内部均衡（interior equilibrium）两种类型。边界均衡的条件是 x = 1（或 x = 0），即由于区域 1（区域 2）比区域 2（区域 1）有更高的利润，所有企业的区位都选择在区域 1（区域 2）。而内部均衡的条件是 x ∈ (0, 1)，利润在两个地区是相同的且都有企业分布。根据方程（6.25）中的参数差异，可以获得区域均衡的存在性（边界均衡或内部均衡）和唯一性。

无论是货币外部性还是技术外部性，都可以通过观察利润函数来判断区域均衡。当存在货币外部性时（令 $\alpha = 0$），以区域 1 企业的利润变化为例进行分析（区域 2 同理）。当 x→0 时，只有很少企业分布在区域 1（$n_1 \leqslant n_2$）且区域

1 的企业面临很高的本地市场需求和很低的国外市场需求，此时区域 1 企业的产出和利润水平都很高。随着 x 的增加，区域 1 的本地需求和利润水平开始下降。当 x 进一步增大时，消费需求开始来自于区域 2（此时只有很少企业分布在区域 2），区域 2 开始越来越多地从区域 1 进口产品，由此区域 1 企业的利润水平又开始增加。这表明区域 1 的利润曲线 $\pi_1(x)\mid_{\alpha=0}$ 呈 "U" 形变化，即随着 x 的增大而先减后增。由于一个企业单独在一个区域时，它能创造最高的利润，因此可以得到 $\pi_1(x=0)\mid_{\alpha=0} > \pi_1(x=1)\mid_{\alpha=0}$，这也意味着永远不存在边界均衡（x = 1 或 x = 0）。事实上，当所有企业集聚在一个区域时，转移到另外一个区域通常可以创造更高的利润，尤其是随着运输成本 $\tau$ 的上升。因此，我们发现货币外部性对于企业集聚通常具有离散效应。

接下来，我们将考虑成本分摊效应所反映的技术外部性对利润函数的影响，即在方程（6.25）中 $\alpha > 0$。由图 6 - 1 可知，与市场驱动的货币外部性引致的 "U" 形利润曲线相比，受技术外部性影响的利润函数是单调的。当运输成本较低时（如 $\tau = 0.9$ 时），利润函数主要受成本分摊效应影响，随边际利润的降低而单调递增。在企业集聚度较低时，企业并不能因技术外部性而受益，但当企业集聚度提高时，随着成本分摊效应的显现，企业利润开始单调增加。当运输成本较高时（如 $\tau = 0.1$ 时），利润函数的形状仍然是单调递增的，但是边际利润却是先降后升。在企业集聚度较低时，技术外部性起主导作用，从而使边际利润下降。随着企业集聚度的上升，成本分摊的正效应会逐渐被本地市场相互作用的负效应所抵消。此时，尽管利润仍然在增加，但边际利润已经趋向于零。当企业集聚度继续增加时，利润的增长会更加稳定（边际利润开始增加），这是由于本地市场需求逐渐被进口市场所补充，而且此时货币外部性也发挥正效应。从图 6 - 1 可以看出，技术外部性的正效应要明显大于货币外部性的负效应，即企业最终集聚在一个地区（边界均衡）可以使自身利润最大化。

## 6.3.3　基于技术外部性的实证分析

产业集聚的技术外部性是指同一产业或不同产业在同一地区的集聚而产生的外部溢出效应，并且与市场竞争程度密切相关。根据以往研究，技术外部性可以总结为三类：一是 MAR 外部性。它由马歇尔（Marshall，1980）提出，阿罗（Arrow，1962）和罗默（Romero，1986）修正，最后被格莱泽（Glaser et al.，1992）认定为 "M - A - R 外部性"。该理论指出，同一产业在同一地区的

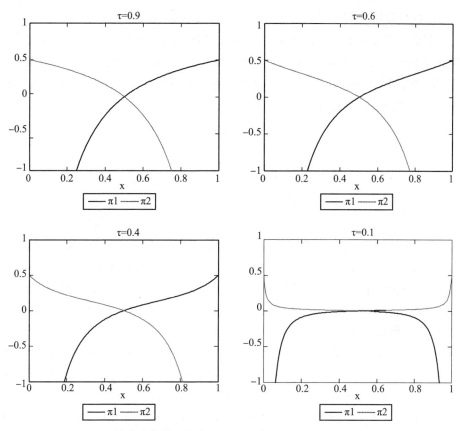

图 6 - 1　不同运输成本条件下的企业区位（产业空间）演化（设 σ=3，σ=1）

专业化集聚，有利于知识、信息和技术在产业内的扩散和共享，从而形成知识和技术溢出的外部性效应。同时，该理论认为垄断比竞争更有利于发挥技术溢出效应，更有利于推动产业技术创新和地区经济效率提升。二是 Jacobs 外部性。该理论由雅各布斯（Jacobs，1969）提出并认为，同一地区的产业多样化集聚是推动产业技术创新和地区经济效率提升的主要动力，一个地区的产业多样化集聚较专业化集聚更能发挥知识和技术溢出的外部性效应。而且，该理论也指出，竞争化的市场结构要比垄断性的市场结构更有利于产业之间的知识外溢与技术创新，从而更能促进地区经济效率的提高。三是 Porter 外部性。波特（Porter，1990）指出，市场竞争程度才是影响产业技术创新和知识溢出的关键因素。而且，他认为市场竞争比垄断更有利于产业技术创新，而同一产业的空间集聚比多样化产业的空间集聚更能促进知识和技术的溢出效应。同一产业在同一地区的有效竞争可以促进厂商将产业的创新技术更快地运用到实际生产过程中，这样将更有利于地区产业增长和地区经济效率提升。

那么，产业集聚的 3 种技术外部性如何影响地区经济效率？我们利用第 5 章中的 RZI 指数和 RDI 指数来测度产业集聚的 MAR 外部性和 Jacobs 外部性。关于产业集聚的 Porter 外部性，笔者借鉴张学良（2012）的处理方法，采用波特指数来测度，计算公式分别为：

$$Porter_i = \frac{N_i/G_i}{\sum_i N_i / \sum_i G_i} \qquad (6.26)$$

其中，$N_i$ 为 i 地区的工业企业数目，$G_i$ 为 i 地区总的工业增加值。

根据检验结果，本书同样选择 SLM 模型和固定效应，具体结果如表 6 - 6 所示。从模型（1）~（4）中可以看出，在分别引入 3 种外部性之后，各项指标的估计结果都表现出了很好的稳健性，这表明 SEM 模型具有较高的拟合度。从全国层面来看，Jacobs 外部性对地区经济效率的影响显著为正，而 MAR 外部性和 Porter 外部性对地区经济效率却存在明显的负向影响。这表明 Jacobs 外部性是中国城市地区经济效率提升的主要来源，这与迪朗东和蒲格，2001、王（2003）的研究结论相一致。MAR 外部性和 Porter 外部性的估计结果进一步验证了前文关于中国制造业集聚现状的评论。这表明在制造业集聚水平较高和竞争程度较强的地区，同一产业的过度集聚容易导致企业技术创新被模仿和激烈的同质化竞争，这些现象并不利于地区知识和技术溢出效应的发挥，进而对地区经济效率产生了抑制作用。笔者将 3 种外部性对地区经济效率的影响效应结合起来分析，就可以回答在节首提出的问题。为什么有些产业会在没有产生拥塞效应的条件下抑制地区经济效率？这正是由于产业集聚的 MAR 外部性和 Porter 外部性在起主导作用，虽然专业化集聚并没有形成拥塞效应，但是创新水平低和同质化竞争严重阻碍了地区经济效率的改进，这与坎切利（Cainelli et al.，1991）对意大利、迪罗西奥（DeLucioa，2002）对西班牙和库姆斯（Combes，2002）对法国的研究结论相类似。而为什么有些产业却在具有显著拥塞效应的情况下仍能促进地区经济效率？这可以从 Jacobs 外部性对地区经济效率显著的正向影响上找到答案，即多种产业在同一地区的集聚虽能增强本地区的拥塞效应，但是能避免同质化竞争和低技术模仿以及有效地促进知识和技术的溢出和共享，从而提高了本地区的经济效率。从区域层面看，MAR 外部性对东、中、西部城市经济效率的影响基本与对全国层面的研究结论相一致。而 Jacobs 外部性对东部城市经济效率存在显著的正向影响，却对中、西部城市经济效率的影响并不显著。这与前文中关于共同集聚对中、西部城市经济效率的正向效应结合起来分析就会得到一个相同的推论：中、西部城市通过加强产业间尤其是制造业与生产性服务业的共同集聚可以明显提高本地区的经济效率。Porter 外部性对中、西部城市经济效率具有显著的负向影响，而对东部城市经济效率的影响效应为正，但没有通过显著性检验。该结论不仅对东部城市产业结构优化的效果提供了证据支持，更重要的是为中、西部城市对于产业的低水平发展和同质化竞争提出了警示。其他控制变量对地区经济效率的影响与前文研究结论基本一致。

表 6 – 6　　　　　　集聚外部性对地区经济效率影响的空间计量结果

| lnTFP | 全国层面 | | | | 东部地区 | 中部地区 | 西部地区 |
|---|---|---|---|---|---|---|---|
| | 模型（1） | 模型（2） | 模型（3） | 模型（4） | 模型（5） | 模型（6） | 模型（7） |
| lnMAR | | – 0. 0043 *** [ – 11. 2863 ] | | – 0. 0060 *** [ – 13. 5252 ] | – 0. 0074 *** [ – 4. 9417 ] | – 0. 0050 *** [ – 5. 3630 ] | – 0. 0044 *** [ – 5. 8190 ] |
| lnJacobs | 0. 0006 ** [ 2. 2618 ] | | | 0. 0008 ** [ 2. 0234 ] | 0. 0055 *** [ 4. 0785 ] | – 0. 0003 [ – 0. 5394 ] | – 0. 0007 [ – 1. 0095 ] |
| lnPorter | | | – 0. 0014 *** [ – 4. 5850 ] | – 0. 0025 *** [ – 7. 8039 ] | 0. 0012 [ 0. 9785 ] | – 0. 0012 *** [ – 3. 5222 ] | – 0. 0059 *** [ – 11. 2084 ] |
| lnWage | 0. 0008 *** [ 8. 8962 ] | 0. 0009 *** [ 10. 4379 ] | 0. 0007 *** [ 7. 8526 ] | 0. 0009 *** [ 9. 6741 ] | 0. 0004 ** [ 2. 3460 ] | 0. 0009 *** [ 6. 9137 ] | 0. 0010 *** [ 5. 6183 ] |
| lnEdu | 0. 0003 [ 1. 1235 ] | 0. 0009 *** [ 3. 7670 ] | – 0. 0001 [ – 0. 2116 ] | 0. 0007 *** [ 2. 8749 ] | 0. 0006 [ 1. 2360 ] | 0. 0007 * [ 1. 9407 ] | 0. 0007 * [ 1. 9299 ] |
| lnFDI | – 0. 0002 *** [ – 2. 8713 ] | – 0. 0002 *** [ – 2. 6481 ] | – 0. 0002 *** [ – 2. 7052 ] | – 0. 0002 ** [ – 2. 4353 ] | – 0. 0018 *** [ – 5. 6958 ] | – 0. 0002 ** [ – 2. 0352 ] | – 0. 0005 *** [ – 4. 3730 ] |
| lnGov | 0. 0026 *** [ 9. 8299 ] | 0. 0028 *** [ 11. 6757 ] | 0. 0022 *** [ 8. 6974 ] | 0. 0027 *** [ 10. 6328 ] | 0. 0037 *** [ 8. 0571 ] | 0. 0067 *** [ 13. 0614 ] | 0. 0002 [ 1. 5568 ] |
| $\rho$ | 0. 9900 *** [ 655. 8599 ] | 0. 9910 *** [ 912. 5140 ] | 0. 9900 *** [ 672. 9230 ] | 0. 9910 *** [ 953. 5987 ] | 0. 9880 *** [ 625. 9942 ] | 0. 9900 *** [ 966. 4562 ] | 0. 9880 *** [ 606. 8160 ] |
| Adj – R$^2$ | 0. 9998 | 0. 9998 | 0. 9998 | 0. 9998 | 0. 9998 | 0. 9998 | 0. 9998 |
| LogL | – 3147566. 7 | – 3581725. 0 | 3166389. 0 | – 3414861. 1 | – 912196. 3 | – 2276553. 4 | – 1068021. 0 |
| 观测值 | 2565 | 2565 | 2565 | 2565 | 2565 | 2565 | 2565 |

注：* 、** 、*** 分别表示通过 10% 、5% 、1% 水平下的显著性检验。

# 6.4 城市群框架下的实证检验

## 6.4.1 城市群选择与经济效率核算

本章选取中国发展程度最高的十大城市群 2003～2011 年的面板数据作为分析对象，具体包括京津翼城市群、辽中南城市群、长三角城市群、海峡西岸城市群、长江中游城市群、山东半岛城市群、中原城市群、珠三角城市群、川渝城市群、关中城市群，其所辖城市如表 6 - 7 所示。2011 年，中国十大城市群占全国国土面积的 1/10，却集聚了全国 40% 的人口总量和创造了全国 70% 以上的 GDP 总量。表 6 - 7 所列的十大城市群是中国人口和经济活动最具活力和潜力的核心区域，完全可以代表中国的主要经济版图。统计数据来源于历年的《中国城市统计年鉴》和《中国统计年鉴》，并对少数缺失的数据采用插值法补充。

表 6 - 7 中国十大城市群及所辖城市

| 城市群名称 | 城市群空间范围 |
|---|---|
| 京津冀城市群 | 北京、天津、石家庄、唐山、秦皇岛、保定、张家口、承德、沧州、廊坊 10 个市 |
| 辽中南城市群 | 沈阳、大连、鞍山、抚顺、本溪、丹东、营口、辽阳、盘锦、铁岭 10 个市 |
| 长三角城市群 | 上海、南京、无锡、常州、苏州、南通、扬州、镇江、泰州、杭州、宁波、嘉兴、湖州、绍兴、舟山、台州 16 个市 |
| 海峡西岸城市群 | 福州、厦门、莆田、泉州、漳州、宁德 6 个市 |
| 长江中游城市群 | 九江、信阳、武汉、黄石、鄂州、荆门、孝感、荆州、黄冈、咸宁、随州、岳阳 12 个市 |
| 山东半岛城市群 | 济南、青岛、淄博、东营、烟台、潍坊、威海、日照 8 个市 |
| 中原城市群 | 郑州、开封、洛阳、平顶山、新乡、焦作、许昌、漯河 8 个市 |
| 珠三角城市群 | 广州、深圳、珠海、佛山、江门、肇庆、惠州、东莞、中山 9 个市 |
| 川渝城市群 | 重庆、成都、自贡、泸州、德阳、绵阳、遂宁、内江、乐山、南充、眉山、宜宾、广安、雅安、资阳 15 个市 |
| 关中城市群 | 西安、铜川、宝鸡、咸阳、渭南、商洛 6 个市 |

　　笔者同样采用 SFA 方法进行效率核算，确定城市群的资本存量和劳动投入作为投入变量。其中，资本存量采用永续盘存法进行估算，也将折旧率设定为 10.96%。城市群的基期资本存量采用 2003 年各个城市地区生产总值占本省份地区生产总值的比重乘以本省份基期资本存量的加总来表示。对于劳动投入，本书用城市群的就业人数来反映。估计结果如表 6-8 所示。

表 6-8　　　　　　　中国城市群经济生产函数模型的估计系数

| 变量 | 系数 | 估计值 | t 统计量 |
|---|---|---|---|
| 截距 | $\alpha_0$ | 2.8866 *** | 2.8611 |
| lnK | $\alpha_1$ | 0.8713 *** | 9.7458 |
| lnL | $\alpha_2$ | 0.1406 *** | 2.5044 |
| t | $\alpha_3$ | 0.0639 *** | 4.2349 |
| $\sigma^2$ | | 0.0715 *** | 3.3071 |
| $\gamma$ | | 0.9379 *** | 53.2971 |
| $\mu$ | | 0.5178 *** | 4.2719 |
| $\eta$ | | 0.0509 *** | 3.5275 |
| Log 似然函数值 | | 90.0997 | |
| 技术无效率不存在的 LR 检验 | | 143.8067 *** | |

　　注：*** 分别表示通过 1% 水平下的显著性检验。

　　由表 6-8 可知，模型的拟合度很好，所有系数的估计结果均通过了 1% 的极显著性检验。同时，$\gamma = 0.9379$ 说明模型存在非常明显的复合结构，并且技术无效率不存在的 LR 检验也拒绝了原假设，这些都充分表明 SFA 模型较传统计量模型更好地刻画了中国城市群的经济生产函数。根据计算结果，在 2003～2011 年，中国城市群经济效率的年均增幅达 9.99%，相对于年均 18.12% 的经济增长速度，贡献水平达 55.1%。从经济效率的排序情况看，从大到小分别为珠三角、长三角、山东半岛、辽中南、长江中游、京津冀、海峡西岸、川渝、中原和关中，且该顺序一直贯穿于这 9 个年份中。

## 6.4.2 模型设定与变量说明

为了考察产业集聚对城市群经济效率的影响，笔者把产业集聚划分为多样化集聚和专业化集聚两种模式。借鉴刘生龙和胡鞍钢（2010）的处理方法，将多样化和专业化纳入生产效率函数，并加入了市场竞争强度、产业结构、政府规模和基础设施4个控制变量，并取对数以建立如下基本计量模型：

$$\ln TFP_{it} = \beta_0 + \beta_1 RZI_{it} + \beta_2 RDI_{it} + \beta_3 Com_{it} + \beta_4 Str_{it} + \beta_5 Gov_{it} + \beta_6 Inf + \varepsilon_{it} \qquad (6.27)$$

其中，$TFP_{it}$表示城市群经济效率，$RZI_{it}$和$RZI_{it}$分别为产业集聚的专业化指数和多样化指数，$Com_{it}$、$Str_{it}$、$Gov_{it}$、$Inf$分别代表市场竞争程度、产业结构、政府规模和基础设施，$\varepsilon_{it}$是随机扰动项。

### 1. 解释变量

专业化指数和多样化指数。对于这两个指数的测度，笔者同样采用相对专业化指数和相对多样化指数来衡量。

### 2. 控制变量

市场竞争强度。市场竞争主要通过两种机制来影响经济效率：一是可以对企业创新形成倒逼机制，加快科技成果的创造、转化与吸收，从而提高经济效率；二是过度竞争会削减利润，降低企业技术创新的动力，阻碍经济效率提升。笔者采用前文代表市场竞争强度的Porter指数来衡量，同时也反映了产业集聚的Porter外部性，其计算公式见公式（6.26）。

产业结构。城市群经济体系的高效运行需要以合理的产业结构为基础。由于中国典型的二元经济结构特征和第二、三产业之间的差异，本书分别采用一个城市群第二产业增加值占地区生产总值的比重和第三产业增加值占地区生产总值的比重来反映城市群的产业结构和发展模式。

关于政府规模和基础设施的测度，借鉴第5章的处理方法，即以一个城市群的财政收入占GDP的比重来控制城市群之间地方政府对经济干预程度的差异；采用城市群道人均占有面积作为城市群基础设施的代理变量。

### 3. 门槛变量

城市群规模。这一变量用于捕捉一个城市群经济活动的密度和市场规模的大小。笔者的理论猜想是：当城市群规模较小时，从事相近产品生产和服务提

供的企业集聚更有利于劳动力分享和技术扩散，产业专业化集聚对城市群经济
效率的推动作用显著；当城市群规模较大时，专业化集聚的正外部性将会减
弱，产业多样化集聚反而能够促进地区知识溢出和新技术的出现，从而带动
城市群经济效率的提升。这里采用各城市群市辖区总人口来表征该城市群的
规模。

　　经济发展水平。笔者通过各城市群经济总量与就业人数的比重来反映该城
市群经济发展的层次与水平，以检验威廉姆森假说在中国城市群中的适用性。

　　对外开放程度。笔者借鉴王晶晶等（2014）的做法，用城市群的年度实
际外商投资额占地区生产总值的比重来表征城市群的对外开放程度，以检验前
文的开放性假说。

　　本节的回归模型的构建以汉森（Hansen，1999）的面板数据门槛模型为基
础，其给出的基本模型为：

$$y_{it} = \mu_i + \theta_1' x_{it} I(q_{it} \leqslant \gamma) + \theta_2' x_{it} I(q_{it} > \gamma) + e_{it} \tag{6.28}$$

其中，i、t 分别表示地区和年份，$q_{it}$ 为门槛变量，$\gamma$ 为门槛值，$e_{it} \sim iid$
$(0，\delta^2)$ 为随机扰动项，$I(\cdot)$ 为指标函数。模型（6.28）也等价于：

$$y_{it} = \begin{cases} \mu_i + \theta_1' x_{it} + e_{it}，& q_{it} \leqslant \gamma \\ \mu_i + \theta_2' x_{it} + e_{it}，& q_{it} > \gamma \end{cases} \tag{6.29}$$

　　模型（6.29）实际上是一个分段函数模型。当 $q_{it} \leqslant \gamma$ 时，$x_{it}$ 的系数是 $\theta_1'$，
当 $q_{it} > \gamma$ 时，$x_{it}$ 的系数为 $\theta_2'$。借鉴 Hansen 的门槛模型，回归模型可以设定为：

$$\ln TFP_{it} = \begin{cases} \theta_0 + \theta_1 RZI_{it} + \theta_2 RDI_{it} + \theta_3 Com_{it} + \theta_4 Str_{it} + \theta_5 Gov_{it} + \theta_6 Inf + \varepsilon_{it}，& q_{it} \leqslant \gamma \\ \theta_0' + \theta_1' RZI_{it} + \theta_2' RDI_{it} + \theta_3' Com_{it} + \theta_4' Str_{it} + \theta_5' Gov_{it} + \theta_6' Inf + \varepsilon_{it}，& q_{it} > \gamma \end{cases}$$
$$\tag{6.30}$$

### 6.4.3　门槛模型的回归结果

　　由于城市群经济效率本身是一个动态变化的过程，当前的经济效率不仅决
定于现期因素，同时也受前期因素的影响。因此，笔者将被解释变量滞后一期
作为解释变量，借助动态 GMM 估计方法来进行更为深入的分析。从表 6–9 中
门槛回归的结果可以看出，被解释变量滞后一期与被解释变量在所有回归模型
中都存在极显著的正相关性，这进一步佐证了笔者采用动态 GMM 对模型进行
估计的合理性。

表 6 – 9　　　　　　　　　　　门槛模型回归的 GMM 估计

| 变量 | 城市群规模 | | 经济发展水平 | | 对外开放程度 | |
|---|---|---|---|---|---|---|
| | Size ≤ 1780.6893 （单位：万人） | Size > 1780.6893 （单位：万人） | Vgdp ≤ 36.6726 （单位： 万元/人） | Vgdp > 36.6726 （单位： 万元/人） | FDI ≤ 8.8383 （单位:%） | FDI > 8.8383 （单位:%） |
| lnTFP$_{-1}$ | 0.9769 (1128.88***) | 0.9847 (708.93***) | 0.9783 (2373.32***) | 0.9847 (708.93***) | 0.9791 (1529.99***) | 0.9940 (553.77***) |
| lnRZI | 0.0003 (0.39) | 0.0015 (0.31) | − 0.0011 (− 2.64***) | 0.0015 (0.31) | − 0.0005 (− 0.82) | − 0.0024 (− 1.60) |
| lnRDI | 0.0013 (3.71***) | 0.0014 (0.77) | 0.0001 (0.32) | 0.0014 (0.77) | 0.0015 (4.65***) | − 0.0019 (− 2.62***) |
| lnCom | 0.0008 (0.99) | 0.0077 (2.31**) | 0.0017 (3.37***) | 0.0077 (2.31**) | 0.0003 (0.38) | − 0.0030 (− 1.56) |
| lnInd | 0.0289 (4.53***) | 0.0341 (2.27**) | 0.0341 (2.27**) | 0.0049 (1.53) | 0.0197 (4.42***) | − 0.0132 (− 0.86) |
| lnSer | 0.0295 (4.66***) | 0.0348 (2.35**) | 0.0056 (1.72*) | 0.0348 (2.35**) | 0.0201 (4.52***) | − 0.0134 (− 0.88) |
| lnGov | 0.0020 (2.74***) | 0.0024 (1.20) | 0.0001 (0.21) | 0.0024 (1.20) | 0.0010 (1.70*) | − 0.0066 (− 3.67***) |
| lnInf | 0.0009 (0.74) | 0.0029 (1.71*) | 0.0011 (1.63*) | − 0.0029 (− 1.17*) | − 0.0006 (− 0.63) | − 0.0026 (− 3.51***) |
| Constant | 0.2036 (17.27***) | 0.1936 (7.93***) | 0.1649 (28.57***) | 0.1936 (7.93***) | 0.1873 (22.82***) | 0.0762 (2.68***) |
| Wald 检验 | 1.52e + 07*** | 2.73e + 06*** | 5.73e + 07*** | 2.73e + 06*** | 2.67e + 07*** | 5.34e + 06*** |

注：（1）括号内为 Z 值检验；（2）*、**、***分别表示通过 10%、5%、1% 水平下的显著性检验。

门槛检验结果显示，城市群规模在回归模型中只存在一个门槛，其门槛值为 1780.6983 万人。截至 2011 年，京津冀、长三角、珠三角和川渝 4 个城市群越过了规模门槛。从产业集聚对城市群经济效率的影响效应来看，对于没有越过规模门槛的城市群而言，产业专业化集聚对经济效率具有正向效应但不显著，而产业多样化集聚对经济效率具有明显的促进作用且通过了 1% 的显著性检验。当城市群越过规模门槛以后，产业专业化和多样化集聚对经济效率的影响都为正但都没通过显著性检验。这表明当城市群规模较小时，充分发挥产业多样化集聚带来的 Jacobs 外部性可以显著提升城市群经济效率。

在控制变量方面，市场竞争程度仅对越过规模门槛的城市群经济效率有显著的正向影响，而对没有越过规模门槛的城市群经济效率的影响虽为正但没有通过显著性检验。这与政府规模的影响效应结合一起来分析就会得到一个有趣的结论：在城市群规模没有越过门槛时，政府作用比市场行为更能促进经济效率提升；而当城市群规模越过门槛时，市场竞争机制较政府行为对经济效率具有更加显著的正向效应。在产业结构方面，工业比重和服务业比重的提高都能促进城市群经济效率的提升，而与城市群规模无关。这说明中国城市群经济发展整体处于工业化和城市化相互融合、互促共进的阶段。而基础设施对于城市群经济效率的影响与基本预期一致，即当城市群没有越过门槛时，基础设施对经济效应的影响为正但不显著，而当城市群规模越过门槛时，基础设施建设对经济效率的促进效应就越明显。

通过门槛回归模型检验发现，经济发展水平也存在一个门槛且门槛值为 36.6726 万元/人。截至 2011 年底，仅有辽中南、长三角、山东半岛和珠三角 4 个城市群越过了经济发展水平门槛。门槛回归结果显示：当城市群没有越过经济发展水平门槛时，产业专业化集聚对经济效率具有负向影响且通过 1% 的显著性检验，而产业多样化集聚对经济效率的影响为正但不显著；当城市群越过经济发展水平门槛时，产业专业化和多样化集聚对经济效率都具有正向影响但却没有通过显著性检验。这表明在城市群发展过程中，产业过度的专业化集聚必然会带来经济效率的损失，即产业专业化集聚的 MAR 外部性对经济效率具有负面效应。可能的原因是：一是中国产业在城市群的专业化集聚大多数属于劳动密集型产业，而这些处于全球价值链的低端环节且进入的技术门槛较低，导致产业集聚虽有较高的经济产出，但却不利于城市群经济效率的提升；二是产业专业化集聚并没有表现出显著的技术溢出效应，取而代之的是"三高一低"（高投入、高消耗、高污染和低效应）和过度竞争的集聚特征，从而压缩了群内企业的利润空间和降低了产业集聚区的经济效率。该结论也意味着中国城市群的发展并不支持威廉姆森假说。

从控制变量方面看，市场竞争程度对经济效率的影响在经济发展水平所有阶段都显著为正，只不过对越过经济发展水平门槛的城市影响效应更大（0.0077 > 0.0017）。从产业结构的影响系数和显著性检验来看，工业比重和服务业比重对处于不同经济发展水平的城市群经济效率的影响效应存在显著差异，即工业化对于经济发展水平较低的城市群具有更明显的正向影响，而服务化对经济发展水平较高的城市群经济效率的促进作用更显著。政府规模对处于两个阶段的城市群经济效率的影响都不显著。基础设施建设对经济发展水平较低的城市群经济效率具有显著的正向影响，而对经济发展水平较高的城市群经济效率的影响显著为负。这意味着城市群基础设施建设与经济发展水平存在不协调的现象。

门槛检验结果表明，对外开放程度也只存在一个门槛且门槛值为8.8383%。在2011年，只有辽中南、长三角和珠三角3个城市群越过了对外开放程度门槛。通过门槛回归结果发现，产业专业化集聚对城市群经济效率都具有负向效应但不显著，而产业多样化集聚对没有越过对外开放程度门槛的城市群经济效率影响显著为正，但对越过对外开放程度门槛的城市群经济效率具有显著的负向影响。该结论从产业多样化集聚的角度验证了开放性假说在中国城市群经济发展中的存在性。这也说明产业多样化集聚带来的Jacobs外部性对城市群经济效率的正向影响会随着对外开放程度的提高逐渐由正变负。

控制变量的门槛回归结果显示，在任何开放程度条件下，市场竞争程度对城市群经济效率的影响都不显著。工业占比与服务业占比仅对没有越过对外开放程度门槛的城市群经济效率具有显著的正向影响，而对越过对外开放程度门槛的城市群经济效率虽具有负向影响但不显著。这意味着对外开放程度的提高弱化了国内工业和服务业对城市群经济效率的影响作用，这也从另一个侧面支持了开放性假说。而政府规模对没有越过对外开放程度门槛的城市群经济效率影响显著为正，而对跨过对外开放程度门槛的城市群经济效率却具有显著的负向效应。这说明随着中国城市群对外开放程度的提高，政府对经济效率的正向影响效应正在减弱，甚至会严重阻碍高度开放型城市群经济效率的提升。这也意味着对于对外开放程度较高的城市群而言，政府干预应逐渐让位于市场机制。基础设施对于对外开放程度较低的城市群经济效率影响不显著，但会明显阻碍开放程度较高的城市群经济效率的提升。

# 第 7 章

## 产业结构调整与生产率
## 提升的经济增长效应

改革开放以来，中国经济保持了持续高速增长，总体经济规模增加了
20.5 倍，已经成为全球最大的出口国、"世界工厂"、世界第二大经济体，创
造了举世瞩目的"中国奇迹"。但值得高度关注的是，国际金融危机所导致的
世界经济下滑，尤其是中国经济从过去两位数的高速增长，下滑到现在 7% 左
右的速度，这一醒目的事实引起了经济学家们的浓厚兴趣和重大争论。一类观
点认为，中国经济增长速度的减缓并非是一个周期性现象，而是源于中国工业
化阶段"结构性加速"向城市化阶段"结构性减速"转换的必然性[1]，即进入
了以"三期叠加"[2] 和"三重冲击"[3] 为特征的"新常态"经济发展阶段（黄
群慧，2014；中国经济增长前沿课题组，2014；金碚，2015）。"结构性增速"
缘于产业结构调整和工业化发展，劳动力资源由农业部门向劳动生产率增速较
高的工业部门转移，并促进了经济增长速度的提高。当工业化开始向城市化过
渡时，产业结构会再次调整，使得劳动力资源由工业部门转向劳动生产率增速
较低的服务业部门，导致经济增长速度回落并形成"结构性减速"。另一类观
点指出，根据新古典经济增长理论，生产要素投入具有边际递减的倾向，在资
源环境的约束条件下，经济持续快速的增长不可能单纯依靠生产要素投入的拉
动，而只能通过全要素生产率的提升来实现。如果"中国奇迹"中不包含足
够多的生产率内容，那么中国经济增长势必将面临增速下滑甚至停滞的危险，
而无法跨越"中等收入陷阱"（Krugman，1994；刘伟和张辉，2009；武鹏，

---

[1] 经过多年的快速经济增长，中国整体上已经步入了工业化后期，2013 年中国经济结构发生了
具有历史意义的重大变化，即第三产业比重首次超过第二产业比重。

[2] 三期叠加是指增长速度换挡期、结构调整阵痛期和前期刺激政策消化期。

[3] 三重冲击是指资本积累速度下降、人口红利消失和"干中学"技术进步效应削减。

2013）。随着以劳动力资源短缺和工资持续提高为特征的"刘易斯转折点"的来临，在"人口红利"面临消失的情况下，依靠生产要素投入的经济增长模式难以为继，中国面临从要素驱动向生产率驱动经济增长模式的转换（蔡昉，2013）。本章也正是致力于论证产业结构调整和生产率提升的经济增长效应。

# 7.1 模 型 框 架

## 7.1.1 基 础 模 型

本章借鉴坦普尔和沃斯曼（Temple and Wößmann，2006）的二元经济思想，建立包含传统产业和现代产业两部门的经济增长模型，以分析产业结构调整和生产率提升的经济增长效应。其中，传统产业部门以农业为主，依赖非技能型的简单劳动进行生产，实际产出为 $Y_a$；现代产业部门即非农产业部门，其生产活动既需要技能型的复杂劳动，又需要非技能型的简单劳动，实际产出为 $Y_m$。这样实际总产出为：$Y = Y_a + Y_m$。两部门的要素投入都包含资本 $K$、非技能型劳动 $L_o$ 和技能型劳动 $L_t$。因此，两部门的生产函数为：

$$Y_a = A_a F(K_a, L_{ao}, L_{at}) \tag{7.1}$$

$$Y_m = A_m G(K_m, L_{mo}, L_{mt}) \tag{7.2}$$

其中，$A_a$、$A_m$ 分别表示两个产业部门的生产技术水平；$L_{ao}$、$L_{at}$ 分别表示传统产业部门中非技能型和技能型的工人数量；$L_{mo}$、$L_{mt}$ 别表示现代产业部门中非技能型和技能型的工人数量。由于传统产业部门只需要非技能型的简单劳动，因而 $L_{at}$ 实际上衡量的是一个经济体系中人力资源配置失效的程度，即学非所用的工人数量。相对而言，现代产业部门则既需要技能型的工人从事生产率较高的工作，同时又需要非技能型的工人从事生产率较低的工作。

假设两部门工人都是根据边际产出来确定工资水平。在传统产业部门中，非技能型和技能型工人都只能从事简单的劳动生产，因而他们都获得相同的工资水平，即 $w_{ao} = w_{at}$。而在现代产业部门中，由于非技能型和技能型工人的边际产出不一样，所以他们获得的工资水平也不一样：非技能型工人获得的工资水平与传统产业部门非技能型工人一样，即 $w_{mo} = w_{ao} = w_{at}$；由于技能型工人利用高技能从事生产率较高的工作，可以实现更高的边际产出水平，因此他们获得的工资水平要高于非技能型工人，同时也高于传统产业部门中的技能型工人，即 $w_{mt} > w_{mo} = w_{ao} = w_{at}$。

假设工资差别是影响劳动力资源从传统产业部门向现代产业部门转移的决定性因素，我们设定经济处于长期均衡时两部门的工资水平比为 $q = \dfrac{\overline{w_{mt}}}{w_{at}}$。当 $\dfrac{w_{mt}}{w_{at}} > q$ 时，传统产业部门的技能型工人会向现代产业部门转移。

令 p 表示技能型工人从传统产业部门向现代产业部门转移的概率，那么这一概率必然与两部门的工资水平比呈正向的变动关系。这一关系可以用如下方程表示：

$$p = \frac{\psi\left(\dfrac{w_{mt}}{qw_{at}} - 1\right)}{1 + \psi\left(\dfrac{w_{mt}}{w_{at}} - 1\right)} \tag{7.3}$$

其中，参数 $\gamma$ 表示经济体系向长期均衡进行调整的速度。通过式（7.3）可以推导出两部门工资水平之间的数量关系，其公式表示为：

$$w_{mt} = w_{at}q\left[1 + \frac{1}{\gamma}\left(\frac{p}{1-p}\right)\right] = w_{ao}q\left[1 + \frac{1}{\gamma}\left(\frac{p}{1-p}\right)\right] \tag{7.4}$$

假设资本可以在部门之间自由流动，因此经济处于长期均衡时两部门的资本利润率也由边际产出确定且相同，即 $r = r_a = r_m$。这里不考虑资本折旧率，则实际国民收入可表示为：$Y = w_{ao}L_{ao} + w_{at}L_{at} + w_{mo}L_{mo} + w_{mt}L_{mt} + r_aK_a + r_mK_a$。因此，可以确定劳动和资本在实际国民收入中所占的份额为：

$$\eta = \frac{w_{ao}L_{ao} + w_{at}L_{at} + w_{mo}L_{mo} + w_{mt}L_{mt}}{Y} \tag{7.5}$$

$$1 - \eta = \frac{rK_a + rK_m}{Y} \tag{7.6}$$

实际国民收入增长率可表示为：

$$\frac{dY/dt}{Y} = \frac{\dot{Y}}{Y} = s\frac{\dot{Y}_a}{Y_a} + (1-s)\frac{\dot{Y}_m}{Y_m} \tag{7.7}$$

其中，$s = \dfrac{Y_a}{Y_a + Y_m}$ 是传统产业部门实际产出占总产出的比重，（1 - s）则是现代产业部门实际产出占总产出的比重。由于工资水平和资本利润率都是由边际产出确定，式（7.7）经过推导可得：

$$\frac{\dot{Y}}{Y} = s\frac{\dot{A}_a}{A_a} + (1-s)\frac{\dot{A}_m}{A_a} + (1-\eta)\left(\frac{\dot{K}_a}{K} + \frac{\dot{K}_m}{K}\right) + \frac{w_{ao}L}{Y}\frac{\dot{L}_{ao}}{L} + \frac{w_{ao}L}{Y}\frac{\dot{L}_{mo}}{L} + \frac{w_{mt}L}{Y}\frac{\dot{L}_{mt}}{L}$$

$$(7.8)$$

令 $\phi = \dfrac{w_{ao}L}{Y}$，将式（7.4）和式（7.8）代入式（7.7），经过整理可得：

$$\frac{\dot{Y}}{Y} = s\frac{\dot{A}_a}{A_a} + (1-s)\frac{\dot{A}_m}{A_m} + (1-\eta)\frac{\dot{K}}{K} + \phi\frac{\dot{L}}{L} + \phi\left(q\frac{L_{mt}}{L} - \frac{L_{mt}}{L}\right)\frac{\dot{L}_{mt}}{L_{mt}} + \phi q\frac{p}{\psi(1-p)}\frac{L_{mt}}{L}\frac{\dot{L}_{mt}}{L_{mt}}$$

$$(7.9)$$

令 $\lambda = \dfrac{L_{mt}}{L}$，将 $\dfrac{\dot{\lambda}}{\lambda} = \left(\dfrac{\dot{L}_{mt}}{L_{mt}} - \dfrac{\dot{L}}{L}\right)$ 代入式（7.9），整理后最终得到：

$$\frac{\dot{Y}}{Y} = s\frac{\dot{A}_a}{A_a} + (1-s)\frac{\dot{A}_m}{A_m} + (1-\eta)\frac{\dot{K}}{K} + \phi\frac{\dot{L}}{L} + \phi\dot{\lambda}(q-1) + \phi q\dot{\lambda}\frac{p}{\psi(1-p)}$$

$$(7.10)$$

由式（7.10）可知，经济增长是由三种效应共同作用的结果：（1）$\phi\dot{\lambda}(q-1) + \phi q\dot{\lambda}\dfrac{p}{\psi(1-p)}$ 可以反映产业结构调整的经济增长效应。根据前文分析可知：$\phi > 0$，$\psi > 0$，$q > 1$，$0 < p < 1$，因此这一部分的大小与 $\dot{\lambda}$ 呈正向变动关系。$\lambda = \dfrac{L_{mt}}{L}$ 是指现代产业部门中技能型工人所占工人总数的比重，而 $\dot{\lambda}$ 是 $\dfrac{L_{mt}}{L}$ 的导数。由于现代产业部门的生产率要高于传统产业部门，因而通过产业结构调整加快技能型工人从传统产业部门向现代产业部门转移，即提高技能型工人的比重就能实现经济增长。（2）$s\dfrac{\dot{A}_a}{A_a} + (1-s)\dfrac{\dot{A}_m}{A_m}$ 代表整个经济体系全要素生产率的增长率，是传统产业部门和现代产业部门的全要素生产率按照实际产出所占总产出比重的加权平均。（3）$(1-\eta)\dfrac{\dot{K}}{K} + \phi\dfrac{\dot{L}}{L}$ 表示生产要素增长率在实际总产出中所占比重的加权平均。

## 7.1.2　进一步拓展与解释

上述理论模型反映了经济增长的动力来源于三种效应，那么哪一种效应在经济增长中起到决定性作用？结构主义理论认为，产业结构演化是理解发展中国家与发达国家经济差异的一个核心变量，也是后发国家加快经济发展的本质要求。根据产业经济学的经典理论，产业结构调整是经济增长的内在需求和主要推动力。由于部门之间的生产率和生产率增长率存在显著差异，生产要素从低生产率或低生产率增长部门向高生产率或高生产率增长部门转移时所产生的"结构红利"是经济高速增长的重要源泉（Peneder，2003）。但更重要的是，对于中国这样的发展中国家而言，在改革开放的最初阶段，全要素生产率提升对于经济增长的贡献很可能要逊色于市场化改革带来的产业结构变迁对经济增长的贡献；随着改革开放的继续推进，产业结构变迁带来的收益可能会慢慢减少，而全要素生产率对经济增长的贡献则会逐步凸显出来。根据新古典经济增长理论，生产要素投入具有边际递减的倾向，在资源环境的约束条件下，经济持续快速的增长不可能单纯依靠生产要素投入的拉动，而只能通过全要素生产率的提升来实现。瓦利和萨科内（2009）对中国和印度经济发展中产业结构变迁的研究发现，经济增长存在两方面动力：一个是要素资源在行业之间的再分配，另一个是行业内部生产率的提升，而后者往往是经济增长的主要动力。究其原因主要在于产业结构调整是一个"创造与破坏并存"的过程：一方面，产业结构调整加快了生产要素从低生产率部门转向高生产率部门，而且资源再配置会加速新兴行业及现代服务业的发展，从而提高了经济增长率；另一方面，产业结构调整通常伴随着行业之间、企业之间产品结构的剧烈转换、资本构成的持续提高以及传统产业的急剧衰退，进而压缩了生产率提升的空间和降低了经济增长速度。

虽然现代经济增长是产业结构调整和生产率提升共同作用的结果，但产业结构调整的经济增长效应存在明显的阶段性，而全要素生产率提升对经济增长的促进作用却具有长期可持续性。钱纳里等在《工业化和经济增长的比较研究》一书中就提出，经济结构变迁对经济增长影响的重要性随着发展水平的差异而不同，这一特征在发展中国家的表现尤为突出。这意味着经济增长动力及其时变性转换与经济发展阶段密切相关，即不同地区之间会因所处发展阶段的差异而存在不同的经济增长动力。这一推论也为目前中国区域经济增长所形成的差异化格局提供了一个可供解释的理论框架。具体而言，在大规模工业化阶段，经济增长动力来源于通过对生产要素配置结构的优化调整来提高各种生产要素的边际产量和产出弹性，主要表现为：（1）在现代产业部门和传统产业部门的工资水平和生产效率存在巨大差距的背景下，产业结构调整加快了技能型工人从传统产业部门向现代产业部门转移的概率（p），从而提高了现代产业部门中技能型工人所占工人总数的比重（λ）以及降低了现代产业部门与传统产业部门的工资差距（q），这一过程释放了充足的"人口红利"；（2）较高的工业增长速度有利于人力资本和物质资本积累，逐渐形成利用充足劳动力资源的低价工业化发展模式，最终使得产业结构调整的"结构红利" $\left( \phi\dot{\lambda}(q-1) + \phi q\dot{\lambda}\dfrac{p}{\psi(1-p)} \right)$ 越来越显著。然而，工业化时期经济"结构性加速"本身就蕴含着"经济结构性减速"的必然性，这种趋势由人口结构变迁、产业结构转型和经济增长阶段更替而变得更加显著：一方面，现代产业部门与传统产业部门的工资差距（q）在缩小，"人口红利"窗口逐渐关闭；另一方面，在大规模工业化扩张放缓和城市化趋向成熟阶段的演进过程中，资本对于经济增长贡献的弹性参数由高向低逆转，这缘于资本增速随经济发展呈现显著的倒"U"形发展趋势。因此，随着工业化阶段向城市化阶段的变迁，经济增长的动力也随之由产业结构调整向全要素生产率提升转换，即在城市化发展阶段，$\left( s\dfrac{\dot{A}_a}{A_a} + (1-s)\dfrac{\dot{A}_m}{A_m} \right)$ 的增长率决定了经济可持续增长的潜力。

当区域发展跃迁到城市化阶段时，城市经济增长在进一步优化产业结构和挖掘全要素生产率"黑箱"的同时，还会受到城市规模的影响，主要体现在以下两个方面：（1）产业结构调整和生产率提升受到城市规模的约束和引导。第二次世界大战后发达国家和"亚洲四小龙"的发展经验显示，随着城市化推进和城市规模扩张，产业结构服务化调整压缩了生产率持续增长的空间，从而导致经济增长陷入"结构性减速"（袁富华，2012）。卡佩洛（Capello，2013）的研究指出，在一个由不同规模城市构成的城市体系中，产业结构调整随城市规模的变化而变化，并且城市部门结构调整导致了城市"效率规模"的差异。欧和亨德森（Au and Henderson，2006）在研究中国城市的规模效率时也发现，具有不同产业结构的城市存在不同的规模—效益曲线。这意味着城市最优规模因城市功能和产业结构不同而异，各城市基于其行业的规模经济和集聚效益不同而逐渐形成功能化、专业化分工，如以总部经济和高级商务服务为主的大中型城市和以普通制造业加工为代表的中小城市。（2）大城市具有生产率优势。梅洛等（Melo et al.，2009）、库姆斯等（Combes et al.，2012）等学者研究发现，与中小城市相比，大城市中企业与劳动力的生产率会更高，城市规模对于生产率的边际产出弹性在 2% ～ 10%。大城市之所以存在生产率优势，主要来源于经济活动高度集聚产生的"集聚效应"以及因市场竞争激烈而存在"选择效应"。其中，"集聚效应"通过共享、匹配和学习三种微观机制，加速了大城市中人力资本在部门之间的转换概率和速率，以及推动了现代产业部门的成长，也为企业和劳动力的发展提供了更大的市场空间，从而有助于提升企业和劳动力的生产效率。由于具有更激烈的市场竞争和更大的市场空间，低效率企业会在市场竞争中被淘汰出大城市，存活下来的企业效率更高，最终导致高效率的企业倾向于选择规模较大的城市，而低效率的企业更倾向于选择规模较小的城市，这种效应被称为大城市的"选择效应"（Melo et al.，2009；Combes et al.，2012；Baldwin and Okubo，2006）。余壮雄和杨扬（2014）利用中国城市数据研究发现，"集聚效应"是解释中国大城市生产率优势的基本原因，而"选择效应"并不存在。从上述分析可以得到的启示是：一方面，城市规模与经济增长可能存在显著的正相关性，其作用机理是通过产业结构调整和生产效率改善来实现的；另一方面，无论是"集聚效应"还是"选择效应"在起作用，其目标都是优化城市产业结构和提升生产率。鉴此，本章将探讨不同规模城市的经济增长动力及其转换的差异性。

## 7.2　研究设计

### 7.2.1　计量方法与模型设定

由于经济增长本身就是一个动态变化过程，当前的经济增长不仅取决于现期因素，同时也受前期因素的影响，因此，本书将采用动态空间面板模型来检验产业结构调整和生产率提升对经济增长的影响效应。与静态空间面板模型相比，动态空间面板模型的优越性在于：既考虑了经济增长的动态效应和空间溢出效应（Zheng et al.，2014），又可以避免"鸡蛋相生"的内生性问题（Elhorst，2014），从而使得模型的估计结果更加准确和可靠。基于上述理论与研究目的，本书构建了如下动态空间面板模型：

$$\ln y_{it} = \theta \ln y_{it-1} + \rho \sum_{j=1}^{N} W_{ij} \ln y_{it} + \beta Str_{it} + \eta TFP_{it} + \gamma \ln X_{it} + \alpha_i + \nu_t + \varepsilon_{it}$$

$$(7.11)$$

其中，$\varepsilon_{it} = \lambda \sum_{j=1}^{N} W_{ij}\varepsilon_{it} + \mu_{it}$，$y_{it}$ 为 $i$ 城市在 $t$ 时间的地区人均产出的对数；$Str_{it}$ 为产业结构调整指数；$TFP_{it}$ 为全要素生产率；$X$ 为控制变量集；$\alpha_i$、$\nu_t$、$\varepsilon_{it}$ 分别为地区效应、时间效应和随机扰动项；$\rho$、$\lambda$ 分别为空间滞后系数和空间误差系数，反映了区域经济增长的空间溢出效应；$W_{ij}$ 为空间权重矩阵。

为了控制产业结构调整与生产率提升的交互性影响，在式（7.11）的基础上，笔者加入了产业结构调整与全要素生产率的交叉项 $Str_{it} \times TFP_{it}$，最终得到的动态空间面板模型为：

$$\ln y_{it} = \theta \ln y_{it-1} + \rho \sum_{j=1}^{N} W_{ij} \ln y_{it} + \beta Str_{it} + \eta TFP_{it} + \delta Str_{it} \cdot TFP_{it}$$
$$+ \ln X_{it} + \alpha_i + \nu_t + \varepsilon_{it} \qquad (7.12)$$

其中，$\varepsilon_{it} = \lambda \sum_{j=1}^{N} W_{ij}\varepsilon_{it} + \mu_{it}$。

### 7.2.2 变量说明

**1. 被解释变量**

人均产出（lny）。根据各个城市所在省份的地区生产总值平减指数，将各城市的人均地区生产总值调整为 2003 年的不变价格并对其取对数值。

**2. 核心解释变量**

产业结构调整指数（Str）。大多数研究采用第二、三产增加值占地区生产总值的比重来表征产业结构，但我们认为产业结构应该是一个不断变迁的动态性指标，因而这一静态指标无法考察产业结构调整的强度。本章则借鉴芬德森和苏德库姆（Findeisen and Südekum，2008）的方法，通过测算从业人员在行业之间的重新配置强度来反映产业结构的调整强度，其计算公式表示为：

$$\text{Str} = \frac{\left[\sum_{i=1}^{n} |e(i, t+1) - e(i, t)|\right] - |e(t+1) - e(t)|}{e(t)} \tag{7.13}$$

其中，$e(i, t+1)$ 和 $e(i, t)$ 分别表示一个城市 $i$ 产业在 $t+1$ 期和 $t$ 期的单位就业人数，$e(t+1)$ 和 $e(t)$ 分别表示该城市在 $t+1$ 期和 $t$ 期总的单位就业人数。该指数是一个大于或等于 0 的非负数，只有当城市所有行业的就业人数随总就业人数同增或同减时，这一指数才为 0。它隐去了一个城市总就业水平的年度变化，反映了城市劳动力资源跨行业配置的强度。

全要素生产率（TFP）。对于 TFP 的计算方法，本章采用基于数据包络分析（DEA）的 Malmquist 生产率指数[①]。TFP 的产出变量由各城市的实际地区生产总值来表示，同时也根据各个城市所在省份的地区生产总值平减指数调整为 2003 年的不变价格。确定资本存量和劳动投入为 TFP 的投入变量。其中，资本存量以社会固定资产投资来替代，并采用永续盘存法进行估算，同样将折旧率设定为 10.96%。对于劳动投入，笔者选取城市就业人数来表示。从 $t$ 期到（$t+1$）期，基于实际产出来测度 TFP 的 Malmquist 生产率指数可以表示为：

$$M_i(x^{t+1}, y^{t+1}; x^t, y^t) = \left[\frac{D_i^t(x^{t+1}, y^{t+1})}{D_i^t(x^t, y^t)} \times \frac{D_i^{t+1}(x^{t+1}, y^{t+1})}{D_i^{t+1}(x^t, y^t)}\right] \tag{7.14}$$

其中，$(x^{t+1}, y^{t+1})$ 和 $(x^t, y^t)$ 分别表示 $t+1$ 期和 $t$ 期的投入和产出向量；$D_i^t$ 和 $D_i^{t+1}$ 分别表示以 $t$ 期的技术 $T^t$ 为参照，时期 $t$ 和 $t+1$ 期的距离函数。

### 3. 控制变量

这里将选取人力资本（Edu）、人口密度（lnDen）、基础设施（Inf）、外商直接投资（FDI）、政府规模（Gov）、人口增长率（Pop）6 个变量作为的控制变量。其中，人力资本、基础设施、外商直接投资、政府规模 4 个变量与第 5 章的测度方法一致；对于人口密度，采用每平方千米土地上年末人口总数的对数来衡量人口密度，以控制城市内经济密度和市场规模的大小；对于人口增长率，根据各个城市历年的年末总人口来计算。

---

① Malmquist 生产率指数运用距离函数来定义，用来描述不需要说明具体行为标准的多输入、多输出生产技术。它至少具有四方面的优点：一是适用于面板数据分析；二是不需要相关的价格信息；三是无需特定的生产函数和生产无效率项的分布假设；四是可以进一步分解为技术效率和技术进步两类指数。

## 7.3 经验检验与结果分析

### 7.3.1 空间相关性检验

表 7 - 1 给出了 2003 ~ 2012 年中国城市地区生产总值的 Moran's I 指数检验结果。结果显示，在 2003 ~ 2012 年中国城市地区生产总值的 Moran's I 值都为正值且均通过了 1% 水平下的显著性检验，这说明中国城市之间的经济增长存在非常显著的空间相关性。为了考察中国城市之间的空间相关性是否符合"地理学第一定律"（Tobler's First Law），笔者计算了 350 ~ 2800 千米距离带宽条件下的中国城市地区生产总值在 2003 ~ 2012 年的 Moran's I 指数及其统计检验（见表 7 - 2）。结果显示，中国城市之间的空间相关性随地理距离的增加逐渐下降，并且当距离超过 2450 千米时，城市地区生产总值在 2003 ~ 2012 年的空间相关性都不再显著。这不仅证实了中国地区经济增长的空间相关性符合"地理学第一定律"，而且意味着考虑地理距离差异来分析中国城市经济增长就显得尤为重要。

表 7 - 1　2003 ~ 2012 年中国城市地区生产总值的 Moran's I 指数检验结果

| 年份 | 2003 | 2004 | 2005 | 2006 | 2007 | 2008 | 2009 | 2010 | 2011 | 2012 |
|---|---|---|---|---|---|---|---|---|---|---|
| y | 0. 2038 *** [10. 2832] | 0. 2195 *** [11. 0294] | 0. 2217 *** [12. 5541] | 0. 2344 *** [13. 0053] | 0. 2356 *** [13. 3576] | 0. 2427 *** [14. 1234] | 0. 1937 *** [9. 3274] | 0. 1845 *** [7. 3726] | 0. 1996 *** [9. 8475] | 0. 2184 *** [10. 9924] |

注：*** 表示通过 1% 水平下的显著性检验；方括号内为 Z 统计量。

表 7 - 2　　中国城市地区生产总值的 Moran's I 指数
随地理距离的变化及其统计检验

| 距离（千米） | (0 ~ 350] | (0 ~ 700] | (0 ~ 1050] | (0 ~ 1400] | (0 ~ 1750] | (0 ~ 2100] | (0 ~ 2450] | (0 ~ 2800] |
|---|---|---|---|---|---|---|---|---|
| 2003 年 | 0. 1629 *** | 0. 1177 *** | 0. 0815 *** | 0. 0574 *** | 0. 0278 *** | 0. 0270 *** | 0. 0053 * | - 0. 0032 |
| 2004 年 | 0. 1636 *** | 0. 1268 *** | 0. 0891 *** | 0. 0576 *** | 0. 0279 *** | 0. 0236 *** | 0. 0054 * | - 0. 0034 |
| 2005 年 | 0. 1506 *** | 0. 1168 *** | 0. 0829 *** | 0. 0580 *** | 0. 0282 *** | 0. 0236 *** | 0. 0055 * | - 0. 0035 |
| 2006 年 | 0. 1744 *** | 0. 1305 *** | 0. 0830 *** | 0. 0612 *** | 0. 0283 *** | 0. 0249 *** | 0. 0061 * | - 0. 0036 |

续表

| 距离<br>（千米） | (0 ~ 350] | (0 ~ 700] | (0 ~ 1050] | (0 ~ 1400] | (0 ~ 1750] | (0 ~ 2100] | (0 ~ 2450] | (0 ~ 2800] |
|---|---|---|---|---|---|---|---|---|
| 2007 年 | 0. 1828 *** | 0. 1305 *** | 0. 0832 *** | 0. 0613 *** | 0. 0284 *** | 0. 0249 *** | 0. 0062 * | − 0. 0037 |
| 2008 年 | 0. 1832 *** | 0. 1344 *** | 0. 0875 *** | 0. 0624 *** | 0. 0295 *** | 0. 0258 *** | 0. 0064 * | − 0. 0038 |
| 2009 年 | 0. 1603 *** | 0. 1155 *** | 0. 0800 *** | 0. 0521 *** | 0. 0274 *** | 0. 0262 *** | 0. 0051 * | − 0. 0030 |
| 2010 年 | 0. 1558 *** | 0. 1142 *** | 0. 0734 *** | 0. 0509 *** | 0. 0267 *** | 0. 0258 *** | 0. 0050 * | − 0. 0028 |
| 2011 年 | 0. 1643 *** | 0. 1166 *** | 0. 0833 *** | 0. 0610 *** | 0. 0275 *** | 0. 0266 *** | 0. 0051 * | − 0. 0030 |
| 2012 年 | 0. 1643 *** | 0. 1198 *** | 0. 0834 *** | 0. 0577 *** | 0. 0279 *** | 0. 0271 *** | 0. 0054 * | − 0. 0033 |

注： * 、 *** 分别表示通过 10% 、1% 水平下的显著性检验。

为了更直观地显示中国城市经济增长的空间相关性，笔者也采用能反映局部空间关联性的 LISA 集聚图来观察中国城市经济增长的局部地区高值或低值在空间上是否趋于集聚。结果显示，经济增长集聚的高值集聚区仍然集中在东部沿海地区，尤其是在长三角、珠三角和环渤海湾地区，而经济增长集聚的低值集聚区则主要集中在中西部地区。这说明中国城市经济增长出现了较强的局部空间集聚效应，即经济发展程度较高的城市被高值区的其他城市所包围，或较低的地区同样被低值区的其他城市所包围。这进一步佐证了中国城市之间的经济增长存在显著的空间依赖性。

## 7.3.2  估计结果与分析

对于空间面板模型到底采取 SAR 模型还是 SEM 模型，通过比较两个 Lagrange 乘数及其稳健性，最终将 SAR 模型作为实证分析模型。对于动态空间面板模型的估计方法主要有两种：一是先将模型的空间相关性剔除，再采用传统面板方法进行估计（Griffith，2000；Getis and Griffith，2002）；二是采用无条件 ML 法（Unconditional Maxi-mum Likelihood Estimation）对传统 ML 法进行改良（Elhorst，2005）。埃洛斯特（Elhorst，2012）的研究证明，第二类方法可能更加渐进有效。鉴此，笔者也采用无条件 ML 方法对模型进行估计。为了验证产业结构调整和生产率提升对经济增长影响的稳定性，笔者在动态空间面板模型中逐步引入解释变量的方式来观察模型系数和显著性的变化，在逐步加入解释变量后，核心变量的系数和显著性并未发生很大变化，这表明动态模型所输入的变量比较稳定，检验结果如表 7 - 3 所示。

表7-3　全国层面城市数据的动态与静态空间面板模型估计结果

| lny | 空间动态 SAR 面板模型 | | | | | | | | | 空间静态 SAR 面板模型 |
| --- | --- | --- | --- | --- | --- | --- | --- | --- | --- | --- |
| | 模型 (1) | 模型 (2) | 模型 (3) | 模型 (4) | 模型 (5) | 模型 (6) | 模型 (7) | 模型 (8) | 模型 (9) | 模型 (10) |
| $lny_{-1}$ | 0.1045 *** [3.53] | 0.1031 *** [3.85] | 0.1032 *** [3.44] | 0.1046 *** [3.47] | 0.1042 *** [3.56] | 0.1038 *** [3.58] | 0.1049 *** [3.99] | 0.1030 *** [4.02] | 0.1029 *** [3.87] | |
| ER | -0.0786 [-0.93] | -0.1750 [-1.02] | -0.1432 [-1.26] | -0.1133 [-1.39] | -0.2097 [-1.55] | -0.1645 [-1.53] | -0.0977 [-1.42] | -0.1348 [-1.06] | -0.1033 [-1.00] | -0.2394 * [-1.59] |
| ES | | -0.3171 *** [-9.37] | -0.3234 *** [-10.28] | -0.3075 *** [-9.56] | -0.3114 *** [-8.63] | -0.3138 *** [-9.34] | -0.3143 *** [-9.22] | -0.3286 *** [-8.99] | -0.3365 *** [-9.07] | -0.2836 *** [-3.42] |
| TFP | | | 0.1374 *** [3.43] | 0.1598 *** [4.02] | 0.1406 *** [5.11] | 0.1592 *** [4.65] | 0.1317 *** [3.99] | 0.1574 *** [3.87] | 0.1445 *** [4.06] | 0.0789 [1.01] |
| ER×TFP | | | | 0.2431 [1.21] | 0.2542 [1.22] | 0.2119 [1.11] | 0.1355 [0.89] | 0.1778 [0.96] | 0.2314 [1.05] | -0.1395 [-0.74] |
| ES×TFP | | | | | 0.6456 *** [2.47] | 0.6897 *** [2.85] | 0.6723 *** [3.08] | 0.6099 ** [1.99] | 0.6725 *** [2.76] | 0.6901 ** [2.11] |
| Edu | | | | | | 0.1321 *** [6.67] | 0.0754 *** [5.96] | 0.0862 *** [6.88] | 0.0980 *** [7.03] | 0.0774 *** [3.12] |
| Agg | | | | | | | 0.0983 *** [3.90] | 0.1027 *** [4.19] | 0.0999 *** [3.94] | 0.523 *** [2.98] |

续表

| | 空间动态 SAR 面板模型 | | | | | | | | | 空间静态 SAR 面板模型 |
|---|---|---|---|---|---|---|---|---|---|---|
| | 模型 (1) | 模型 (2) | 模型 (3) | 模型 (4) | 模型 (5) | 模型 (6) | 模型 (7) | 模型 (8) | 模型 (9) | 模型 (10) |
| lny | | | | | | | | | | |
| Inf | | | | | | | | 1.3348* [1.69] | 1.2309** [1.94] | 0.8932 [0.77] |
| Gov | | | | | | | | | −1.3942 [−1.33] | −2.005** [−2.32] |
| ρ | 2.13e−07** [3.26] | 1.42e−07** [3.27] | 1.35e−07** [3.01] | 1.68e−07** [3.44] | 1.74e−07** [3.23] | 1.97e−07** [3.19] | 2.08e−07** [3.40] | 2.55e−07** [3.33] | 2.03e−07** [3.57] | 0.8845*** [9.95] |
| Adj－R² | 0.1636 | 0.1716 | 0.1839 | 0.1845 | 0.1883 | 0.2012 | 0.1759 | 0.2050 | 0.2058 | 0.8456 |
| LogL | −4605.5219 | −4551.1158 | −4540.2242 | −4539.3560 | −4538.5745 | −4522.1587 | −4522.1693 | −4516.3041 | −4510.4284 | −5561.1171 |
| 观测值 | 2565 | 2565 | 2565 | 2565 | 2565 | 2565 | 2565 | 2565 | 2565 | 2565 |

注：（1）*、**、*** 分别表示通过 10%、5%、1% 水平下的显著性检验；（2）方括号内为 T 统计量。

从表7-3中可以看出，动态空间面板模型和静态空间面板模型的估计结果在系数符号和显著性方面基本类似，这意味着考虑地理距离和空间溢出效应来分析产业结构调整和生产率提升对经济增长的影响效应是合适的。需要指出的是，静态空间面板模型中的空间溢出系数 ρ 要显著高于动态空间面板模型中的空间溢出系数。尤其是在考虑经济增长一阶滞后变量的动态空间面板模型中，被解释变量滞后一期与被解释变量在所有模型中都通过了1%水平下的显著性检验且都为正值。这说明静态空间面板模型高估了产业结构调整和生产率提升的经济增长效应，原因在于经济增长的一阶滞后项能将影响经济增长的潜在因素（如经济环境、政策环境等）从空间结构因素的影响中分离出来，从而使静态空间面板模型带来的偏差得以矫正，也反映了中国城市经济增长具有动态性、连续性的特征。因此，笔者将选择更具有解释力的动态空间面板模型作为实证研究最终的解释模型。

由模型（9）的估计结果可知，产业结构调整对经济增长的影响效应为负且并未通过显著性检验，而生产率提升的经济增长效应通过了1%水平下的显著性检验。这说明，在考虑经济增长的空间效应前提下，中国经济增长的动力正由产业结构调整转换为生产率改进，而且劳动力要素在产业间流动具有的"结构红利"对经济增长的贡献在本书的研究跨期内并不明显。可能的原因有二：一是中国经济增长与产业结构的转变和恶化相伴相生，呈现出总量增长与结构分化此起彼伏的特征，一些学者称之为"结构失衡"（项俊波，2008；侯新烁等2013），即经济发展与不太匹配的产业结构之间存在明显依存关系；二是在人力资本水平相对较低的前提下，分割性的劳动力资源开发方式扭曲了人力资本配置，并成为经济增长的主要障碍（中国经济增长前沿课题组，2014）。产业结构调整和全要素生产率的交叉项通过了1%水平下的显著性检验，这意味着产业结构调整对经济增长所带来的负向效应可以通过生产率提升来化解。在控制变量方面，基础设施和外商直接投资对中国经济增长都通过1%水平下的显著性检验，这说明基础设施和外商直接投资对中国经济增长具有较为明显的外溢效应，这也与大部分研究基础设施和FDI外溢效应结论相一致。人口增长率对经济增长的影响显著为负，这与姚先国和张海峰（2008）的研究结论类似。需要指出的是，政府规模对经济增长的影响虽然为负但并未通过显著性检验，这可能与考虑了地理距离相关，从而弱化市场分割等地方保护主义对经济增长的阻碍作用。

### 7.3.3 控制经济发展阶段的考察

上述理论研究发现，区域经济增长的动力转换与经济发展阶段密切相关，因此这里也采用第5章的划分方法，将经济发展阶段划分为工业化（ES<1）和服务化（ES≥1）两个阶段。关于这两个发展阶段的动态空间面板模型估计结果显示（见表7-4）：产业结构合理化对城市化地区的经济增长存在显著的促进效应，而产业结构高级化对工业化地区经济增长具有明显的阻滞作用；全要素生产率提升对工业化和城市化地区的经济增长的影响均显著为正。这说明当经济发展进入服务化阶段时，产业结构变迁更趋向于合理化或均衡化调整，而当区域经济处于工业化发展阶段时，产业结构的"反向高级化"调整更利于本地区经济增长。由于中国区域经济发展长期采取的是非均衡发展战略，因而处于不同经济发展阶段地区的经济增长动力就存在显著差异，究其原因在于：一方面，处于工业化阶段的地区大都长期依靠劳动密集型产业的发展模式已然形成了"路径依赖"，"人口红利"和"结构红利"逐渐耗尽，即便进行产业结构的合理化和高级化调整，在短期内也难以对经济增长产生正向效应，这也为中国很多发达的工业化地区最近几年频频出现的"民工荒"现象提供了解释；另一方面，对处于城市化阶段的地区而言，劳动力不断从制造业向服务业转移，使得制造业与服务业的劳动生产率差距逐渐缩小，导致本地区经济发展依然可以从这一产业调整过程中获得较多的"结构红利"。产业结构高级化和全要素生产率的交叉项对于工业化地区的经济增长显著为负，而对于城市化地区的经济增长显著为正。这说明工业化地区的产业结构高级化调整对于经济增长的负向效应要明显大于全要素生产率提升对于经济增长的正向效应，因而进一步通过提升全要素生产率以抵消产业结构变迁对经济增长的负向效应是工业化地区避免陷入"贫困化增长"的主要途径。在控制变量中需要指出的是，产业集聚度进一步提高对工业化地区的经济增长具有显著的负向效应，这进一步验证了中国很多工业化地区产业结构存在被"低端化锁定"的现象。

表 7 – 4        不同经济发展阶段城市数据的动态空间面板模型估计结果

| lny | 工业化阶段 | | 城市化阶段 | |
|---|---|---|---|---|
| | 系数 | T 值 | 系数 | T 值 |
| $lny_{-1}$ | 0.2341 ** | 3.29 | 0.1273 *** | 3.07 |
| ER | − 0.2637 | − 1.45 | 1.7722 ** | 2.35 |
| ES | − 0.7814 ** | − 1.98 | 0.2846 | 1.48 |
| TFP | 0.4637 ** | 5.83 | 0.8291 * | 1.79 |
| ER × TFP | 0.1726 *** | 3.37 | 0.3472 | 1.30 |
| ES × TFP | − 0.3845 ** | − 2.38 | 0.5673 *** | 4.92 |
| Edu | 0.2736 *** | 3.45 | 0.3928 *** | 5.28 |
| Agg | − 1.0294 * | − 2.04 | 1.7382 ** | 2.67 |
| Inf | 1.3790 | 0.88 | − 1.1829 | − 1.00 |
| Gov | − 1.8397 *** | − 3.97 | 2.9365 | 0.97 |
| ρ | 0.1827 *** | 3.98 | 0.0183 ** | 2.51 |
| $Adj - R^2$ | 0.3948 | | 0.1156 | |
| LogL | − 3475.0495 | | − 1694.2783 | |
| 观测值 | 1791 | | 774 | |

注：* 、 ** 、 *** 分别表示通过 10% 、5% 、1% 水平下的显著性检验。

### 7.3.4  控制城市人口规模的考察

首先，利用散点图来观察城市规模与实际产出、全要素生产率之间的线性关系，从图 7 – 1 中可以看出城市规模与实际产出、全要素生产率存在较为明显的线性关系。笔者同样采用动态空间面板模型分别对不同规模城市的产业结构调整和生产率提升对经济增长的影响效应进行估计，检验结果如表 7 – 5 所示。

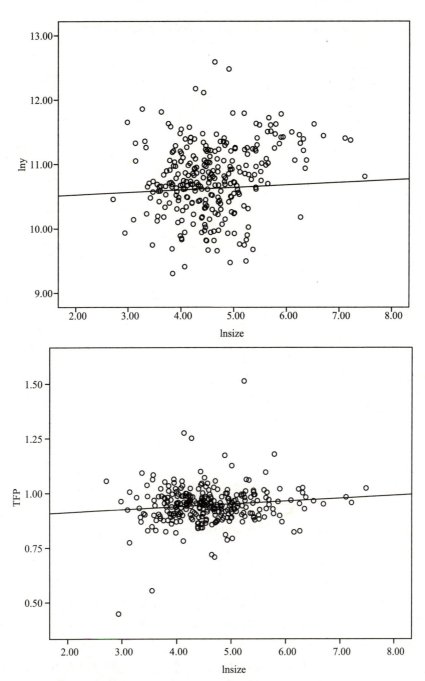

图 7-1　2012 年城市规模—人均产出和城市规模—全要素生产率的关系散点图

表 7 – 5    不同城市规模城市数据的动态空间面板模型估计结果

| lny | 特大城市 | | 大城市 | | 中等城市 | | 小城市 | |
|---|---|---|---|---|---|---|---|---|
| | 系数 | T 值 | 系数 | T 值 | 系数 | T 值 | 系数 | T 值 |
| $lny_{-1}$ | 0.1927 *** | 4.76 | 0.2087 *** | 3.09 | 0.0764 ** | 2.45 | 0.2654 ** | 1.99 |
| ER | 1.2122 *** | 3.06 | 0.2355 | 1.45 | – 0.1692 | – 1.07 | – 0.1308 | – 0.51 |
| ES | 0.3123 * | 1.76 | – 0.1623 | – 0.98 | – 0.1794 * | – 2.33 | – 0.0261 | – 0.44 |
| TFP | 1.2837 *** | 3.95 | 0.4758 ** | 1.95 | 2.003 ** | 2.63 | 0.3849 | 1.42 |
| ER × TFP | 0.3847 *** | 2.87 | 0.2473 * | 1.74 | – 0.1827 | – 0.98 | 0.7546 * | 1.88 |
| ES × TFP | 0.4823 | 1.30 | 0.2837 ** | 2.13 | – 0.0938 | – 1.25 | 1.2938 ** | 2.37 |
| Edu | 0.6857 *** | 4.09 | 0.3266 *** | 3.29 | 0.4637 *** | 4.52 | 1.0454 *** | 2.99 |
| Agg | 1.0283 ** | 2.34 | 0.9384 * | 1.76 | – 2.0384 | – 1.37 | 0.8372 | 1.05 |
| Inf | 0.8398 *** | 2.91 | 0.3746 | 1.50 | 3.9482 *** | 3.26 | – 1.8557 | – 0.83 |
| Gov | – 2.3323 | – 0.83 | – 3.2763 ** | – 1.99 | – 2.2734 *** | – 3.00 | 1.3837 ** | 2.28 |
| ρ | 8.59e – 06 ** | 2.14 | 6.38e – 07 ** | 2.45 | 9.74e – 07 *** | 3.26 | 5.08e – 07 ** | 2.14 |
| Adj – $R^2$ | 0.1702 | | 0.1633 | | 0.1705 | | 0.1686 | |
| LogL | – 957.0972 | | – 1428.5367 | | – 1584.1892 | | – 1107.26 | |
| 观测值 | 395 | | 729 | | 1062 | | 459 | |

注：*、**、***分别表示通过10%、5%、1%水平下的显著性检验。

在城市化水平快速提升和经济空间集聚继续加强的背景下，中国若要扭转区域经济发展失衡格局、实现平衡发展目标，需要认识到非均衡发展道路上区域尤其是城市之间的空间溢出效应对于产业结构调整和生产效率改善的重要影响。表7 – 5的估计结果显示，产业结构合理化和高级化调整对特大城市的经济增长具有显著的促进作用，但是产业结构高级化调整对中等城市的经济增长却存在显著的负向效应；全要素生产率提升将有利于中等规模以上的城市经济增长且都通过了1%或5%水平下的显著性检验，仅对小城市的经济增长没有通过显著性检验。这意味着产业结构调整和生产率提升的经济增长效应存在明显的城市规模差异：对于特大城市而言，其整体上处于以服务业为主的城市化阶段，在大规模工业化扩张放缓和城市化向成熟阶段的演进过程中，进一步加强产业之间要素投入—产出结构的协调程度以及加快现代服务业发展，就仍然能通过产业结构调整提高资源配置效率以获得规模报酬递增的经济增长效应；而对于中小城市而言，其大都处于以制造业为主的工业化阶段，强行进行经济结构的服务化调整不仅会破坏具有"结构性增速"特征的工业化结构，还可能导致人力资本结构与产业结构的"结构性失衡"，从而影响本地区的经济增长。产业结构调整和全要素生产率交叉项在特大城市、大城市和小城市的估计中都通过了显著性检验，这意味着这些城市的全要素生产率提升不仅能强化产业结构调整对经济增长的促进作用，还可以有效改善产业结构调整对经济增长的负向影响。这一结论从城市规模差异化的视角进一步验证了中国经济增长动力已逐渐由产业结构调整向全要素生产率提升转换。控制变量的估计结果显示，只有特大城市和大城市的产业集聚度对于经济增长的影响效应为正且通过了显著性检验。而且，前文关于城市化阶段的估计结果也显示，产业集聚度的提高能够显著促进城市化地区的经济增长。这正好共同验证了前文的理论分析，即特大城市存在显著的生产率优势，并且这一优势主要来源于经济活动空间集聚产生的"集聚效应"。这意味着，在人口密度越大的城市中，各种生产要素可以更好地匹配，企业也能从更大的市场范围内获得投入品供给，加速了技术、信息和知识的溢出效应，方便了人力资本（包括企业家）之间的学习、交流与合作，即大城市尤其是特大城市中的市场参与者可以通过分享、匹配和学习等机制从"集聚效应"中降低市场交易成本，获得生产效率改善和规模报酬递增收益。

## 7.3.5　稳健性检验

为了进一步检验产业结构调整与生产率提升对经济增长影响效应的稳健性，通过构建经济空间权重矩阵来替代地理距离空间权重矩阵对上述实证结果进行再检验。这里所选择的动态空间面板模型和模型估计方法与前文一致。其中，经济空间权重矩阵的构建公式为：

$$W_{ij}^e = W_{ij}^d diag(\overline{Y_1}/\overline{Y}, \ \overline{Y_2}/\overline{Y}, \ \cdots, \ \overline{Y_n}/\overline{Y}) \tag{7.15}$$

其中，$W_{ij}^d$ 为地理距离空间权重矩阵，$\overline{Y_i} = 1/(t_1 - t_0 + 1) \sum_{t_1}^{t_0} Y_{ij}$ 为考察期内第 i 城市的 GDP 均值，$\overline{Y} = 1/n(t_1 - t_0 + 1) \sum_{i=1}^{n} \sum_{t_1}^{t_0} Y_{ij}$ 为考察期内地区生产总值均值。

从表 7-6 中可以看出，稳健性检验结果与前文实证结果最大的区别在于某些变量系数和空间外溢系数及其显著性有了一定的提高或降低，但核心变量的估计结果与前文的研究结论基本一致。这说明产业结构调整和生产率提升对经济增长的影响效应是具有可靠性和稳健性的。

表 7 – 6　　　　　　　　　　稳健性检验的估计结果

| lny | 全国层面 | 工业化阶段 | 城市化阶段 | 特大城市 | 大城市 | 中等城市 | 小城市 |
|---|---|---|---|---|---|---|---|
| lny$_{-1}$ | 0. 2038 *** [4. 27] | 0. 3847 ** [3. 98] | 0. 1847 ** [2. 26] | 0. 1277 ** [2. 45] | 0. 1428 *** [2. 96] | 0. 2458 ** [2. 33] | 0. 1638 ** [1. 95] |
| ER | − 0. 2175 [ − 0. 66] | − 0. 1432 * [ − 1. 68] | 0. 6374 *** [3. 75] | 0. 8374 *** [3. 01] | 0. 3741 * [1. 69] | − 0. 1827 [1. 49] | − 0. 0283 [ − 0. 87] |
| ES | − 0. 1283 * [ − 2. 02] | − 0. 4382 *** [ − 2. 97] | 0. 082 [0. 44] | − 0. 0382 [ − 0. 97] | − 0. 1035 [ − 0. 47] | − 0. 0392 [ − 0. 73] | − 0. 1004 [ − 1. 11] |
| TFP | 1. 2112 *** [3. 89] | 0. 9156 *** [5. 83] | 1. 2876 *** [4. 19] | 0. 8374 ** [1. 97] | 0. 2228 * [1. 80] | 0. 8473 *** [2. 78] | − 0. 1243 [ − 0. 75] |
| ER × TFP | 0. 1045 * [1. 67] | 0. 3806 ** [1. 99] | 0. 2734 [1. 50] | 0. 7323 *** [2. 96] | 0. 3282 ** [2. 26] | 0. 1827 [0. 95] | 0. 2341 * [1. 70] |
| ES × TFP | 0. 4440 *** [3. 23] | − 0. 5962 ** [ − 4. 00] | 0. 2736 ** [1. 99] | 0. 3847 * [1. 65] | 0. 1254 *** [4. 32] | − 0. 1827 [ − 1. 50] | 0. 2736 *** [2. 76] |
| Edu | 0. 8372 *** [5. 21] | 1. 2738 *** [7. 48] | 0. 7686 *** [3. 75] | 0. 5762 *** [4. 39] | 0. 2435 *** [3. 99] | 0. 3837 *** [3. 22] | 1. 0478 *** [2. 95] |
| Agg | 0. 1556 * [1. 74] | − 0. 3847 [ − 0. 95] | 0. 6473 *** [3. 88] | 0. 3823 *** [2. 94] | 0. 1827 [1. 02] | − 0. 9372 [ − 1. 00] | 0. 1928 [1. 17] |
| Inf | 0. 8253 *** [2. 79] | 0. 9382 * [1. 77] | 0. 3552 [1. 27] | 0. 2837 * [1. 80] | 0. 2849 [1. 11] | 1. 8273 *** [2. 99] | − 0. 3821 [ − 0. 86] |
| Gov | − 0. 4001 *** [ − 3. 75] | − 0. 5841 *** [ − 5. 34] | 0. 3827 [0. 94] | − 1. 7732 * [ − 2. 04] | − 1. 2832 *** [ − 3. 94] | − 1. 9372 * [ − 1. 82] | 0. 8372 [1. 35] |
| ρ | 5. 13e − 06 *** [4. 77] | 0. 0157 *** [3. 02] | 0. 0086 ** [2. 33] | 2. 39e − 06 ** [2. 45] | 9. 34e − 07 ** [2. 31] | 2. 36e − 07 ** [2. 38] | 3. 84e − 07 ** [2. 34] |
| Adj – R$^2$ | 0. 1997 | 0. 2238 | 0. 1746 | 0. 1328 | 0. 1072 | 0. 1293 | 0. 1182 |
| LogL | − 6027. 2934 | − 4028. 2255 | − 2996. 0037 | − 1293. 9116 | − 1638. 9993 | − 1928. 7234 | − 1482. 3756 |
| 观测值 | 2565 | 1791 | 774 | 395 | 729 | 1062 | 459 |

注：* 、** 、*** 分别表示 10% 、5% 、1% 水平下的显著性检验。

# 第 8 章

# 结论与启示

## 8.1　主 要 结 论

从世界范围的各个维度来看，城市经济集聚都是一种普遍现象，但是地区差距（包括人均差距和总量差距）的持续扩大往往与经济集聚相伴而生。在发达国家，政策制定者非常清晰地认识到，经济逐渐向中心城市地区集聚的力量是如此之强大，以至于那些致力于推动落后地区发展的政策虽然成本巨大但收效甚微。自西部大开发、中部崛起等战略实施以来，我国地区差距扩大的趋势暂时得到缓解，但要改善地区差距仅依靠中央政府向中西部地区大规模的转移支付和政策优惠将难以最终解决根本问题。在党的十八大提出"充分发挥市场在资源配置中的决定性作用"的重大战略背景下，正确把握产业集聚与城市经济结构演化的经济规律对于解决中国产业结构调整和新型城镇化的可持续发展问题就显得尤为重要。本书从演化经济学、产业融合理论、空间溢出效应三个视角对产业集聚与城市经济结构变迁的演化规律进行了理论和实证研究，其中涵盖了静态与动态两个方法、区域和城市两个层面、时间和空间两个维度、集聚和扩散两个方向的研究内容。通过上述理论和实证研究，可以得到如下主要结论：

（1）本书首次采用演化经济学的演化范式对产业集聚与城市化的共同演化进行了理论和实证研究。基于共同演化的理论分析框架，本书对产业集聚与城市化共同演化的结构、内容、动力和阶段进行了系统性的论述，研究发现产业集聚与城市化之间的互动是一种微观、中观、宏观层级相互影响、相互作用的多层级、多阶段的动态演化过程，而且不同互动层级的微观参与者在创新机制、选择机制和扩散机制的共同作用下，内生性地推动产业集聚与城市化从萌芽起步阶段向耦合发展阶段再向创新整合阶段不断地进行层级转换和阶段跃迁。另外，通过对"义乌商圈"和"柯桥商圈"的案例分析，本书发现产业集聚与城市化的共同演化既存在特殊性也存在普遍性：一方面，产业集聚与城市化共同演化的起步阶段即选择城市化主导模式还是产业集聚主导模式，来源于本地区经济基础以及产业文化和企业家精神的传承与演化，例如"柯桥商圈"之所以采取产业集聚主导的演化模式，关键在于"日出华舍万丈绸"的历史纺织文化积淀和改革开放以后纺织类乡镇企业的迅速崛起；另一方面，两个商圈产业集聚与城市化共同演化的过程和方向相似，即两个商圈演化的动力机制都在于专业市场与产业集群（商贸服务业和制造业集群）的良性互动，而演化的最终方向都选择通过发展城市经济（如总部经济）实现产业集聚与城市化在更高层次和更高阶段上的跃迁。

（2）根据资源稀缺性的特点和产业融合的相关理论，本书以制造业与服务业的互动效应为理论框架，运用演化博弈论方法从企业微观层面阐述了城市制造业与服务业的演化机制与演化路径，最后采用"义乌商圈"和"柯桥商圈"的统计数据与问卷调查对相关理论机制进行了检验。结果显示：①在城市空间和生产要素具有稀缺性特点的基础上，本书采用文献研究法总结了制造业与服务业三种互动效应，分别为挤出效应、偏利效应和互惠效应。其中，"挤出效应"是制造业和服务业之间存在较强的"排斥反应"或"替代效应"，是导致制造业与服务业在区位上分离的主要原因；"偏利效应"是指在制造业与服务业的互动过程中，表现为一方使另一方受益而另一方无利也无害的共生关系，分为"制造偏利效应"和"服务偏利效应"两种类型；"互惠效应"是指在制造业与服务业的互动过程中，两者之间相互依赖、相互促进、相互渗透、相互融合，通过获取"制造外溢效应"和"服务外溢效应"最终实现两者共赢式的协调发展。②制造业与服务业的演化博弈存在城市化主导型、产业集聚主导型和产业集聚与城市化共演型三种模式，采取何种模式取决于地区之间初始禀赋和产业文化之间的差异性，这也再次佐证了本书采用演化经济学分析范式的合理性。③在"义乌商圈"和"柯桥商圈"1993～2012年的统计数据基础上，本书引入共生演化模型刻画了两个商圈在未来60年中制造业与服务业的演化路径图，发现两个商圈的制造业与服务业在不同发展阶段存在不同的互动效应，但最终两个商圈的服务业都会超过制造业，只不过制造业与服务业的比重取决于两者的演化模式。这从统计数据上再次验证了产业集聚与城市化的演化阶段和方向。④从"柯桥商圈"的问卷调查结果来看，产业集聚视角下企业技术创新受到新产品更新率、与供应商或销售商的合作程度、与高校及科研院所的技术合作、本地物流效率等因素的影响，需要根据自身规模、资金实力和技术基础正确考量自主性创新和合作性创新的成本和收益，在"干中学"的动态过程中对自主性创新和合作性创新进行针对性选择。

（3）基于中国地级及以上城市的统计数据，运用空间计量技术从空间溢出的视角讨论了城市集聚经济与产业结构变迁对劳动生产率影响机制。研究发现，地理距离是影响城市体系集聚与扩散的重要因素，中国城市劳动生产率之间存在显著的空间相关性和空间集聚效应且符合"地理学第一定律"，并且工业劳动生产率的溢出半径要显著大于服务业，分别为 1700 千米和 950 千米，即中国城市工业劳动生产率的溢出半径要远大于服务业。这一结论证实工业更容易受成本约束（如运输成本、土地价格等）而出现产业转移并在大、中、小城市间形成专业化分工，从而可以在更大的空间范围内产生溢出效应，而服务业更依赖于需求市场尤其是人口规模较大的中心城市，即在同一城市体系中，核心大城市的服务业对同一城市体系内其他城市的服务业具有替代作用。城市集聚经济与产业结构变迁的影响效应存在显著的地区、阶段和规模差异：城市专业化经济对东部城市的劳动生产率有显著的负向效应，而对进入服务化阶段的城市劳动生产率却存在明显的促进作用；城市多样化经济是特大城市劳动生产率提升的重要来源，但其对工业劳动生产率的提高具有显著的阻滞效应；产业结构波动化有利于城市工业劳动生产率的提高，尤其是针对东部和西部的城市；产业结构高级化对正处于工业化阶段的城市并不适用，整体而言，产业结构的"反向高级化"更能促进中国城市劳动生产率的提高。这意味着中国整体上仍然处于工业化阶段而非服务化阶段，而且工业内部的调整较跨产业调整更能促进城市劳动生产率的提高，更不是一味地"退二进三"或发展服务业。除了理性地看待产业结构高级化之外，应更多地关注同一行业内产业链的延伸和价值链的攀升对一个城市产业结构调整和劳动生产率提高的意义。

（4）采用 SFA 模型对中国城市经济效率进行了测度，以检验不同的产业集聚模式对于城市经济效率的影响机制，从而为产业集聚与城市经济结构变迁的演化方向提供相应的证据支持，进一步从城市群框架下进行了拓展性研究，并且对威廉姆森理论假说和开放性理论假说进行了验证。研究发现：①从全国层面看，制造业集聚、制造业与生产性服务业共同集聚对地区经济效率的影响显著为负，且制造业集聚对地区经济效率的影响具有先正后负再正的"N"形过程，从而对威廉姆森假说进行了扩充和修正。这可以说明三点：一是中国制造业集聚并没有表现出显著的技术溢出效应，反而是"三高一低"（高投入、高消耗、高污染和低效应）和过度竞争的特征更为明显，从而压缩了制造企业的利润空间和降低了制造业集聚区的经济效率；二是生产性服务业虽然获得了快速发展，但并未与制造业形成良性互动，甚至在有些地方政府"退二进三""腾龙换鸟"等政策影响下，两者在有限的城市空间内存在显著的"挤出效应"；三是制造业集聚和生产性服务业集聚虽然目前对地区经济效率有明显的阻滞效应，但当经济发展达到一定水平后，阻滞效应会消失甚至变成促进作用。②从区域层面看，制造业集聚对中、西部城市的经济效率都具有显著的负向影响且支持威廉姆森假说，而生产性服务业集聚、制造业与生产性服务业共同集聚对中、西部城市的经济效率具有明显的促进作用；开放性假说只有在东、西部城市的制造业集聚中找到了经验证据。③从外部性效应看，MAR 外部性和 Porter 外部性对中国城市地区的经济效率都存在显著的负向影响，而Jacobs 外部性仅对东部城市的经济效率具有显著的正向影响。该结论不仅对东部城市产业结构优化的效果提供了证据支持，更重要的是为中、西部城市对于产业的低水平发展和同质化竞争提出了警示。④进一步从城市群的视角来看，对于没有跨过人口规模门槛的城市群而言，产业多样化集聚能够显著促进地区经济效率的提升，而对于跨过人口规模的城市群而言，产业专业化和多样化集聚的影响效应都不显著；产业专业化集聚对于经济发展水平较低的城市群经济效率具有明显的阻滞效应，而产业多样化集聚对城市群经济效率的影响并不受经济发展水平的限制；随着对外开放程度的提高，产业多样化集聚对城市群经济效率的影响效应存在先显著为正、后显著为负的变化趋势，这为开放性假说提供了中国城市群的经验证据。

（5）构建了一个包含传统产业和现代产业的两部门增长模型，作为分析产业结构调整和生产率提升对经济增长影响效应的理论框架。在理论分析的基础上，利用中国地级及以上城市统计数据，运用解释力更强的动态空间面板模型检验了产业结构调整和生产率提升的经济增长效应。研究结论显示，中国城市经济增长存在显著的正向空间自相关性且符合"地理学第一定律"，同时经济增长集聚的高值集聚区仍然集中在东部沿海地区，而低值集聚区则主要集中在中部地区。随着"人口红利"和"结构红利"的逐渐消失，中国经济增长的动力更多地会体现在全要素生产率的提升上。进一步分地区、分城市规模进行讨论时，本书发现产业结构调整和生产率提升的经济增长效应存在明显区域差异和城市规模差异：一方面，东部地区的经济增长越来越依赖于全要素生产率的增长与提升，而中部地区的经济增长仍然可以获得较为明显的"结构红利"；另一方面，中等规模以上的城市经济增长动力逐渐转换为全要素生产率的提升，而中小城市的经济增长则仍依赖于产业结构调整所获取的"结构红利",尤其是农村剩余劳动力向工业部门快速转移带来的资源配置效率和"人口红利"。需要指出的是,生产率提升不仅是未来中国经济增长的主要动力,也是化解"结构失衡"和"人口红利"消失等对经济增长负向影响的主要途径。

## 8.2 政策含义

目前,中国正在从"乡土中国"向"城市中国"过渡并实现经济转型、社会转型的关键时期,这一观点无论是理论界还是政府层基本上已经形成共识。本书的研究结论在倾向于提高城市集聚和城市化水平的同时,兼顾城市之间的差距问题。从前文的理论和实证研究可知,鉴于产业集聚与城市规模的匹配性问题,需要根据不同城市规模、不同发展阶段、不同产业结构合理地推进产业集聚与扩散及产业发展优先顺序。本书根据前文的研究结论提出以下政策建议。

(1)从产业关联效应的视角改善制造业与服务业尤其是生产性服务业共同集聚的外部互动环境。通过研究结论发现,制造业、生产性服务业和社会性服务业的集聚能够显著提高东部地区城市的劳动生产率,而这三类产业对于中部地区城市则具有显著的负向效应,因而可以推断:制造业与生产性服务业在同一地区集聚的"挤出效应"大于"互惠效应"是导致两者单独或共同集聚对地区经济效率产生阻滞作用的根源。中国城市整体上仍处于工业化阶段,产业结构一定程度的波动或调整将有利于工业劳动生产率的提高,而产业结构高级化或服务化虽然对服务业劳动生产率有一定的正向作用,但是不利于工业的结构调整与升级。自从中央提出大力发展战略性新兴产业和现代服务业以后,各地政府纷纷予以响应,但是中国城市在产业结构和城市规模的差异性较大,并非所有地区都已进入了一个高水平的发展阶段。因此,地方政府应该根据自身的实际情况因地制宜地制定适当的产业结构调整政策,重点在促进制造业与服务业良性互动上下功夫,而不是一味地"退二进三"或发展服务业。另外,在中国制造业集聚发展过程中,应加强知识产权保护和技术创新激励,以消除模仿性的技术复制和同质化竞争,以避免再次掉入"制造业低端陷阱"。一方面,应该强化在人力资本、信息化水平和交通基础设施的积累和投入,扩大制造业与生产性服务业良性互动的区域边界;另一方面,充分发挥制造业集聚与生产性服务业集聚的空间外溢效应,构建两者在知识溢出、信息共享、专业化人才等方面交流与融合的长效机制。

（2）消除不同城市间的"市场分割"，减少对生产要素和商品流动的限制。中国城市间的市场分割、集聚阴影效应以及激烈竞争使得劳动生产率的空间关联效应存在"断层"，制约了中国劳动生产率全域性的空间传导机制。而劳动力资源、资本在跨区域流动和土地要素在跨区域配置过程中遇到的诸多制度性障碍及行政性壁垒使城市劳动生产率的空间集聚效应严重受挫。因此，应尽快给要素市场"松绑"并在城市之间建立起"共同市场"，通过打破行政层级壁垒和地区保护来释放"制度红利"，从而提高城市的劳动生产率。一是要积极引导劳动力资源的合理流动，逐渐消除限制劳动力在城市之间自由流动的户籍制度及地方区别管理的就业、医疗、养老等社会保障制度，建立快速、有效的劳动力转移预警机制，促进城市人力资源市场的公平化、均等化、统一化；二是在典型的城市或城市群率先推进资本市场的自由化改革，加快资本要素在城市间的流通速度并降低资本灵活流通的门槛，以优化资本要素在企业、产业及区域间的配置效率；三是加大城市之间交通基础设施、自由贸易市场的建设，降低商品跨城流通的交易成本和贸易成本，同时要加强城市政府、行业协会、各级商会及消费者协会等中介组织之间正式和非正式的交流与合作，逐渐弱化行政因素、地区因素在人才、资本和商品跨城流通中的阻力。

（3）完善区域发展战略及相关政策，实现东、中、西部城市产业的功能再分工和协调发展。东部地区正经历产业结构调整的"阵痛期"，劳动生产率增速下滑，亟需新的经济增长方式和产业发展模式来加以改变。因此，应极力促进东部城市的产业结构从价值链低端向技术、品牌及营销端攀升，积极融入全球研发网络和市场营销体系，避免落入"中等收入陷阱"，并且要着力发展物流、金融、培训、中介、售后等生产性服务业，通过打造城市"总部经济"培育高附加值产业及加快推动东部城市劳动密集型产业向中西部地区转移，以"腾笼换鸟"的方式继续提升城市劳动生产率。另外，本书的研究结论也表明，中部地区是东、西部区域发展的"过渡地带"，既能较便捷地承接东部地区的产业转移，又接近西部地区低成本的要素市场，将是中国未来城市化版图最重要的部分。这需要进一步提升"中部崛起"的战略地位，将区域发展重心从东部转移至中部，最大限度地挖掘中部地区的发展潜能，以保证中部地区尽早成为"前东部地区"。西部地区正成为劳动生产率的高值集中区，需要进一步促进西部地区劳动力、资本等要素从低生产率农业向高生产率制造业转移，并建立应对外出劳动人口回流的社会保障、就业政策等机制，为承接东部地区的产业转移提供充足的人力资源，同时要借鉴东部地区产业的发展教训，提前建立防止本地产业在全球价值链中被低端化锁定的预警机制，积极寻求建构国内乃至国际比较优势的可能途径。

（4）根据产业的初始结构和调整方向，选择"多样化"为主、"专业化"为辅的"双轨式"城市化发展道路。本书的研究结论表明：专业化经济对大城市和中等城市有明显的负向影响，而多样化经济对特大城市和大城市有显著的正向效应。因此，应以"国际化大都市"① 为发展方向来提高现有特大城市及大城市产业发展的多样性，加强城市间的产业异质性以满足不同层次的就业、消费及生产技术的市场需求，将大城市打造成知识中心与创新孵化器，强化城市间新知识的溢出效应、规模效应和匹配效应。同时，逐步提高现有中等城市的人口密度，使其发展成为新的大城市乃至特大城市，继而选择多样化的城市发展道路，实现更高程度的范围经济。另外，由于小城市间的区域外部性对城市劳动生产率的影响效应不明显，需要加强小城市与大城市协调发展的功能分工，打通大城市与小城市之间的知识溢出渠道：一要完善小城市连接大城市的交通运输、基础设施和通信设施的建设，改善城市间的通达性，鼓励小城市吸收大城市的知识溢出而成为"卫星城"，实现更高层次的规模经济；二要加强小城市与大城市"点对点"式的交流与协作，消除小城市与大城市间平等交流的意识障碍、体制痼疾及平台缺陷，并建立起长期、持续互通的保障机制。

（5）在都市圈和城市群的框架下规划和引导城市结构调整和模式变迁，加快都市圈和城市群的框架完善和层次提升。一方面，按照中国三大区域的梯度发展要求，对不同区域城市群发展的目标和路径进行适应性调整，如将长三角城市群和珠三角城市群培育成为中国先进制造业和现代服务业的集中区，而把中原城市群、成渝城市群以及关中—天水城市群打造成为中国制造产业带；另一方面，在中西部地区重点建设新的经济增长极和中心城市群，以优化调整城市的产业结构和空间布局。本书的研究结论表明：在 1400 千米的距离带宽以内，中国城市劳动生产率的溢出效应保持增长，而 1400 千米以后溢出效应开始下降，至 1700 千米后逐渐消失，这为中国都市圈和城市群的规模设定提供了有益的参考。由于中心城市因生产要素集中而具有显著的规模经济，过于邻近中心城市的区域难以形成与之媲美的发展优势，而与中心距离稍远的区域可以凭借低成本优势表现出较强的发展潜力。因此，在中、西部城市城市群的

---

① 根据国家发改委 2009 年颁布的《关中—天水经济区发展规划》和国务院 2010 年颁布的《全国主体功能区规划》，目前中国仅有 4 个国际化大都市，分别为北京、上海、广州和西安。

培育中应坚持"中心—外围"的发展思路，在中心城市加强城市基础设施建设并积极发展现代服务业，加快人口和资源向核心城市集中，在中心城市周围则重点发展制造业，增强小城市与中心城市在交通、资讯等方面的可达性。

# 8.3  未来展望

尽管本书试图对产业集聚、结构演化与经济绩效的演化机制与空间效应进行多维度的解析，但鉴于时间和能力有限，本书仍然存在一些不足之处，主要包括：

第一，作为城市与产业演化机制的探索性研究，本书构建的理论框架还有待在未来开展更为充分的案例及实证研究，以证实研究结论的普适性意义，尤其是针对产业集聚和城市化不同发展模式的实证比较研究将有助于检验和完善文中所提出的理论观点。另外，共同演化的研究框架本身就属于演化经济学的一个前沿方向，在某些方面还可以进一步拓展和深化，如对产业集聚与城市化互动阶段跃迁的前因后果分析，产业集聚与城市经济结构共同演化中更为多样性的层级间关系类型的考察，以及社会网络结构的变化对城市系统演化的影响及网络性交叉嵌套等。这些相关研究将会深化我们对产城动态演化过程和机制的认识，并有助于进一步拓展研究视野。

第二，由于新经济地理学模型非线性、动态性的特征使得传统计量经济学难以处理，本书尽管通过空间计量分析技术引入了地理距离及城市之间的相互作用，但仍未充分利用城市内部微观尺度的地理信息，对于上市公司数据、工业企业数据、微观调查数据也尚未进行挖掘和利用。考虑到地理信息系统（GIS）和遥感（RS）在地理空间建模和描述经济活动的空间分布等方面具有独特的技术优势，这也是笔者未来研究的重要方向。

第三，囿于国内统计资料的限制，本书的实证研究部分尽管分为案例分析和数据分析两个方面，对有些问题得到了一致性结论，但还需要做进一步的拓展：一方面，案例局限于浙江省内，带有典型的"浙江模式"色彩，应进行跨地区甚至跨国界的对比性分析，以检验理论分析的普世价值和差异化特性；另一方面，统计分析部分所选择的度量指标对于普遍关注的内生性问题和研究结论的稳健性检验可以再进行更为细致和深入的讨论。

# 附录　中国城市相对专业化、多样化指数测算结果

**附表 1**　　　中国城市的相对专业化指数（前 18 位与后 18 位）

| 排序 | 2003 年 | | 2005 年 | | 2007 年 | | 2009 年 | | 2011 年 | |
|---|---|---|---|---|---|---|---|---|---|---|
| | 城市（行业） | rzi | 城市（行业） | rzi | 城市（行业） | rzi | 城市（行业） | rzi | 城市（行业） | rzi |
| 1 | 崇左（农） | 47.618 | 伊春（农） | 41.340 | 伊春（农） | 52.053 | 伊春（农） | 68.961 | 吕梁（农） | 69.964 |
| 2 | 伊春（农） | 30.122 | 白城（农） | 22.421 | 白城（农） | 20.234 | 白城（农） | 26.608 | 伊春（农） | 63.859 |
| 3 | 三亚（农） | 14.817 | 七台河（采） | 15.784 | 荆州（农） | 16.143 | 阳江（制） | 23.262 | 娄底（农） | 43.902 |
| 4 | 七台河（采） | 14.697 | 荆门（农） | 15.618 | 鹤岗（采） | 15.486 | 荆州（农） | 18.564 | 白城（农） | 22.990 |
| 5 | 黑河（农） | 14.481 | 鹤岗（采） | 14.152 | 七台河（采） | 14.906 | 来宾（农） | 16.371 | 海口（农） | 20.389 |
| 6 | 东营（采） | 13.322 | 崇左（农） | 13.966 | 松原（采） | 14.264 | 扬州（农） | 15.746 | 巴中（农） | 18.070 |
| 7 | 淮北（采） | 13.078 | 三亚（农） | 13.581 | 鸡西（采） | 13.848 | 武威（农） | 15.558 | 鹤岗（采） | 16.829 |
| 8 | 双鸭山（采） | 11.922 | 双鸭山（采） | 13.095 | 崇左（农） | 13.764 | 通辽（农） | 15.521 | 七台河（采） | 16.359 |
| 9 | 松原（采） | 11.301 | 松原（农） | 12.389 | 淮北（采） | 13.513 | 七台河（采） | 15.507 | 淮北（采） | 15.912 |
| 10 | 鹤岗（采） | 10.922 | 淮北（采） | 11.811 | 双鸭山（采） | 13.279 | 鹤岗（采） | 15.451 | 武威（农） | 15.134 |
| 11 | 鸡西（采） | 10.742 | 鸡西（采） | 11.531 | 武威（农） | 12.431 | 松原（采） | 14.847 | 双鸭山（采） | 14.084 |
| 12 | 克拉玛依（采） | 10.134 | 来宾（农） | 11.338 | 通辽（农） | 12.402 | 淮北（采） | 14.624 | 通辽（农） | 13.923 |
| 13 | 盘锦（采） | 9.852 | 阳泉（采） | 11.132 | 来宾（农） | 12.055 | 崇左（农） | 14.245 | 黑河（农） | 13.360 |
| 14 | 来宾（农） | 9.497 | 东营（采） | 10.932 | 防城（农） | 11.901 | 鸡西（农） | 13.609 | 来宾（农） | 13.334 |
| 15 | 晋城（采） | 9.400 | 通辽（农） | 10.861 | 阳泉（采） | 11.482 | 黑河（农） | 13.487 | 阳泉（采） | 13.296 |

| 排序 | 2003 年 | | 2005 年 | | 2007 年 | | 2009 年 | | 2011 年 | |
|---|---|---|---|---|---|---|---|---|---|---|
| | 城市（行业） | rzi | 城市（行业） | rzi | 城市（行业） | rzi | 城市（行业） | rzi | 城市（行业） | rzi |
| 16 | 鹤壁（采） | 9.385 | 克拉玛依（采） | 10.807 | 吴忠（农） | 11.327 | 双鸭山（采） | 12.417 | 晋城（采） | 12.890 |
| 17 | 阳泉（采） | 9.363 | 防城（农） | 10.711 | 晋城（采） | 10.763 | 盘锦（采） | 12.400 | 东营（采） | 12.123 |
| 18 | 荆门（农） | 9.278 | 吴忠（农） | 10.677 | 三亚（消） | 10.490 | 防城（农） | 12.202 | 克拉玛依（采） | 11.483 |
| 268 | 烟台（制） | 1.317 | 漯河（制） | 1.391 | 东营（采） | 10.268 | 常州（制） | 1.399 | 泰安（建） | 1.418 |
| 269 | 西安（消） | 1.316 | 大连（制） | 1.388 | 柳州（农） | 1.381 | 株洲（制） | 1.392 | 襄樊（农） | 1.416 |
| 270 | 舟山（社） | 1.313 | 柳州（建） | 1.379 | 潮州（电） | 1.368 | 新乡（制） | 1.392 | 芜湖（制） | 1.413 |
| 271 | 开封（建） | 1.307 | 梧州（建） | 1.371 | 济宁（社） | 1.366 | 日照（分） | 1.390 | 赣州（社） | 1.410 |
| 272 | 佛山（制） | 1.297 | 绵阳（生） | 1.369 | 咸宁（社） | 1.360 | 绵阳（制） | 1.381 | 上饶（社） | 1.409 |
| 273 | 镇江（电） | 1.292 | 三明（制） | 1.366 | 漯河（制） | 1.354 | 衢州（社） | 1.370 | 常州（社） | 1.405 |
| 274 | 天津（消） | 1.284 | 佛山（制） | 1.336 | 荆门（电） | 1.353 | 宜春（社） | 1.366 | 自贡（社） | 1.400 |
| 275 | 衡阳（电） | 1.281 | 西安（消） | 1.329 | 清远（社） | 1.350 | 南京（分） | 1.347 | 潍坊（社） | 1.393 |
| 276 | 保定（分） | 1.274 | 杭州（消） | 1.324 | 蚌埠（生） | 1.347 | 西安（消） | 1.323 | 沈阳（电） | 1.373 |
| 277 | 鄂州（制） | 1.266 | 沈阳（电） | 1.316 | 洛阳（电） | 1.329 | 潍坊（制） | 1.325 | 日照（分） | 1.367 |
| 278 | 泰州（制） | 1.265 | 保定（电） | 1.313 | 保定（制） | 1.317 | 泰州（制） | 1.321 | 新乡（制） | 1.366 |
| 278 | 合肥（社） | 1.250 | 舟山（社） | 1.301 | 南京（分） | 1.314 | 长春（电） | 1.289 | 大连（制） | 1.349 |
| 280 | 南京（分） | 1.243 | 南京（电） | 1.296 | 许昌（农） | 1.312 | 许昌（制） | 1.286 | 保定（制） | 1.346 |
| 281 | 沈阳（电） | 1.234 | 合肥（分） | 1.289 | 新乡（制） | 1.306 | 保定（制） | 1.271 | 衢州（社） | 1.329 |
| 282 | 宁波（制） | 1.224 | 蚌埠（生） | 1.282 | 绵阳（生） | 1.295 | 廊坊（制） | 1.224 | 许昌（制） | 1.302 |
| 283 | 长春（社） | 1.173 | 天津（消） | 1.267 | 舟山（社） | 1.273 | 舟山（电） | 1.197 | 南京（分） | 1.279 |
| 284 | 梧州（制） | 1.153 | 洛阳（制） | 1.231 | 杭州（建） | 1.246 | 洛阳（制） | 1.186 | 柳州（生） | 1.215 |
| 285 | 福州（制） | 1.329 | 福州（制） | 1.199 | 长春（社） | 1.200 | 自贡（制） | 1.106 | 洛阳（制） | 1.159 |

**附表2　　　　中国城市的相对多样化指数（前18位与后18位）**

| 排序 | 2003 年 | | 2005 年 | | 2007 年 | | 2009 年 | | 2011 年 | |
|---|---|---|---|---|---|---|---|---|---|---|
| | 城市 | rdi | 城市 | rdi | 城市 | rdi | 城市 | rdi | 城市 | rdi |
| 1 | 重庆 | 7.451 | 太原 | 8.382 | 太原 | 7.081 | 自贡 | 9.182 | 洛阳 | 7.855 |
| 2 | 福州 | 7.314 | 重庆 | 7.215 | 长治 | 6.994 | 西安 | 7.806 | 太原 | 6.963 |
| 3 | 太原 | 6.864 | 镇江 | 6.363 | 长春 | 6.708 | 舟山 | 7.425 | 济宁 | 6.916 |
| 4 | 许昌 | 6.863 | 九江 | 6.208 | 九江 | 6.633 | 洛阳 | 6.784 | 郑州 | 6.255 |
| 5 | 九江 | 6.856 | 南京 | 6.066 | 连云港 | 5.986 | 长春 | 6.462 | 丹东 | 6.065 |
| 6 | 梧州 | 6.614 | 福州 | 5.941 | 荆门 | 5.951 | 连云港 | 6.198 | 温州 | 5.566 |
| 7 | 武汉 | 6.332 | 杭州 | 5.931 | 西安 | 5.9221 | 福州 | 5.968 | 西安 | 5.508 |
| 8 | 盐城 | 6.039 | 沈阳 | 5.863 | 丹东 | 5.738 | 长治 | 5.847 | 南平 | 5.061 |
| 9 | 南京 | 5.935 | 许昌 | 5.849 | 南阳 | 5.639 | 沈阳 | 5.789 | 自贡 | 4.988 |
| 10 | 汉中 | 5.834 | 天津 | 5.574 | 镇江 | 5.619 | 柳州 | 5.764 | 咸阳 | 4.945 |
| 11 | 镇江 | 5.689 | 盐城 | 5.477 | 石家庄 | 5.540 | 泰安 | 5.240 | 连云港 | 4.812 |
| 12 | 南昌 | 5.589 | 梧州 | 5.430 | 重庆 | 5.410 | 重庆 | 5.176 | 舟山 | 4.782 |
| 13 | 衡阳 | 5.566 | 南阳 | 5.358 | 南京 | 5.367 | 盐城 | 4.977 | 宜昌 | 4.713 |
| 14 | 丹东 | 5.505 | 石家庄 | 5.263 | 合肥 | 5.327 | 南京 | 4.965 | 南京 | 4.706 |
| 15 | 天津 | 5.377 | 兰州 | 5.246 | 包头 | 5.141 | 岳阳 | 4.960 | 许昌 | 4.581 |
| 16 | 长春 | 5.374 | 武汉 | 4.904 | 泰州 | 5.101 | 晋中 | 4.950 | 张家口 | 4.537 |
| 17 | 宁波 | 5.357 | 合肥 | 4.885 | 沈阳 | 4.980 | 太原 | 4.929 | 柳州 | 4.504 |
| 18 | 沈阳 | 5.276 | 洛阳 | 4.879 | 舟山 | 4.944 | 南阳 | 4.899 | 重庆 | 4.386 |
| 268 | 定西 | 1.193 | 盘锦 | 1.155 | 辽源 | 1.182 | 黑河 | 1.074 | 抚州 | 1.102 |
| 269 | 嘉峪关 | 1.183 | 惠州 | 1.149 | 濮阳 | 1.172 | 庆阳 | 1.055 | 延安 | 1.098 |
| 270 | 晋城 | 1.171 | 阳泉 | 1.140 | 东营 | 1.166 | 阳泉 | 1.055 | 定西 | 1.083 |
| 271 | 遂宁 | 1.153 | 庆阳 | 1.134 | 盘锦 | 1.156 | 盘锦 | 1.027 | 辽源 | 1.081 |
| 272 | 临沧 | 1.144 | 巴中 | 1.121 | 晋城 | 1.155 | 固原 | 1.025 | 晋城 | 1.070 |
| 273 | 广安 | 1.143 | 宣城 | 1.102 | 固原 | 1.151 | 吕梁 | 1.001 | 东营 | 1.051 |
| 274 | 盘锦 | 1.142 | 东营 | 1.089 | 惠州 | 1.135 | 陇南 | 0.969 | 巴中 | 1.033 |
| 275 | 三亚 | 1.131 | 伊春 | 1.074 | 阳泉 | 1.101 | 定西 | 0.937 | 阳泉 | 1.030 |
| 276 | 伊春 | 1.116 | 鸡西 | 1.055 | 陇南 | 1.040 | 双鸭山 | 0.915 | 庆阳 | 1.026 |
| 277 | 鸡西 | 1.054 | 陇南 | 1.049 | 宣城 | 0.996 | 宣城 | 0.913 | 鸡西 | 1.019 |
| 278 | 克拉玛依 | 1.044 | 淮北 | 1.048 | 伊春 | 0.996 | 伊春 | 0.903 | 固原 | 0.968 |
| 278 | 松原 | 1.042 | 克拉玛依 | 1.041 | 定西 | 0.936 | 鸡西 | 0.899 | 陇南 | 0.965 |
| 280 | 鹤岗 | 0.954 | 松原 | 1.017 | 淮北 | 0.920 | 淮北 | 0.858 | 伊春 | 0.903 |
| 281 | 双鸭山 | 0.927 | 白城 | 0.983 | 双鸭山 | 0.901 | 松原 | 0.848 | 双鸭山 | 0.885 |
| 282 | 淮北 | 0.889 | 临沧 | 0.948 | 鸡西 | 0.882 | 鹤岗 | 0.802 | 淮北 | 0.862 |
| 283 | 东营 | 0.871 | 双鸭山 | 0.897 | 松原 | 0.879 | 七台河 | 0.777 | 吕梁 | 0.836 |
| 284 | 七台河 | 0.784 | 鹤岗 | 0.787 | 七台河 | 0.804 | 十堰 | 0.579 | 七台河 | 0.814 |
| 285 | 崇左 | 0.697 | 七台河 | 0.783 | 鹤岗 | 0.801 | 阳江 | 0.135 | 鹤岗 | 0.804 |

# 参 考 文 献

## 中文部分

［1］安东内利. 创新经济学：新技术与结构变迁（中译本）［M］. 北京：高等教育出版社，2006.

［2］薄文广. 外部性与产业增长——来自中国省级面板数据的研究［J］. 中国工业经济，2007（1）：37－44.

［3］蔡昉. 中国经济增长如何转向全要素生产率驱动型［J］. 中国社会科学，2013，（1）：56－71.

［4］陈建军，陈国亮，黄洁. 新经济地理学视角下的生产性服务业集聚及其影响因素［J］. 管理世界，2009（4）：83－95.

［5］陈建军，陈菁菁. 生产性服务业与制造业的协同定位研究——以浙江省69个城市和地区为例［J］. 中国工业经济，2011（6）：141－150.

［6］陈良文，杨开忠，沈体雁，王伟. 经济集聚密度与劳动生产率差异——基于北京市微观数据的实证研究［J］. 经济学（季刊），2009（1）：99－114.

［7］陈宪，黄建锋. 分工、互动与融合：服务业与制造业关系演进的实证研究［J］. 中国软科学，2004（10）：65－71.

［8］陈雁云，秦川. 产业集聚与经济增长互动：解析14个城市群［J］. 改革，2012（10）：38－43.

［9］程大中. 中国生产性服务业的水平、结构及影响——基于投入—产出法的国际比较研究［J］. 经济研究，2008（1）：5－12.

［10］程大中，陈福炯. 中国服务业相对密集度及对其劳动生产率的影响［J］. 管理世界，2005（2）：77－84.

［11］池仁勇. 区域中小企业创新网络形成、结构属性与功能提升：浙江省实证考察［J］. 管理世界，2005（10）：102－112.

［12］邓慧慧. 贸易自由化、要素分布和制造业集聚［J］. 经济研究，

2009（11）：118 - 129.

[13] 凡勃伦. 有闲阶级论：关于制度的经济研究 [M]. 北京：商务印书馆，1997.

[14] 范剑勇. 产业集聚与地区间劳动生产率差异 [J]. 经济研究，2006（11）：72 - 81.

[15] 方远平，毕斗斗. 国内外服务业分类探讨 [J]. 国际经贸探索，2008（1）：72 - 76.

[16] 冯宝轩. 基于社会网络理论产业集群升级理论及其实证研究 [D]. 吉林大学硕士论文，2008.

[17] 冯泰文. 生产性服务业的发展对制造业效率的影响——以交易成本和制造成本为中介变量 [J]. 数量经济技术经济研究，2009（3）：56 - 65.

[18] 付淼. 地理距离和技术溢出效应——对技术和经济集聚现象的空间计量解释 [J]. 经济学（季刊），2009（4）：1549 - 1566.

[19] 干春晖，郑若谷，余典范. 中国产业结构变迁对经济增长和波动的影响 [J]. 经济研究，2011（5）：4 - 16.

[20] 葛立成. 产业集聚与城市化的地域模式——以浙江省为例 [J]. 中国工业经济，2004（1）：56 - 62.

[21] 格鲁伯，沃克. 服务业的增长：原因和影响 [M]. 上海：上海三联书店，1993.

[22] 公彦德，李帮义. 主导模式对供应链决策、稳定性和效率的影响分析 [J]. 管理工程学报，2012（3）：42 - 49.

[23] 工业化与城市化协调发展研究课题组. 工业化与城市化关系的经济学分析 [J]. 中国社会科学，2002（2）：44 - 55.

[24] 顾乃华，毕斗斗，任旺兵. 生产性服务业与制造业互动发展：文献综述 [J]. 经济学家，2006（6）：35 - 41.

[25] 顾乃华. 生产性服务业对工业获利能力的影响和渠道——基于城市面板数据和 SFA 模型的实证研究 [J]. 中国工业经济，2010（5）：48 - 58.

[26] 韩峰，柯善咨. 追踪我国制造业集聚的空间来源：基于马歇尔外部性与新经济地理的综合视角 [J]. 管理世界，2012（10）：55 - 70.

[27] 黄凯南. 现代演化经济学理论研究最新进展 [J]. 理论学刊，2012（3）：48 - 52.

[28] 黄凯南. 演化博弈与演化经济学 [J]. 经济研究，2009（2）：132 - 145.

[29] 黄群慧."新常态"、工业化后期与工业增长新动力 [J]. 中国工业经济, 2014, (10): 5-19.

[30] 霍景东, 黄群慧. 影响工业服务外包的因素分析——基于22个工业行业的面板数据分析 [J]. 中国工业经济, 2012 (12): 44-56.

[31] 贾根良. 演化经济学: 经济学革命的策源地 [M]. 太原: 山西人民出版社, 2003.

[32] 贾根良. 理解演化经济学 [J]. 中国社会科学, 2004 (2): 33-41.

[33] 金碚. 中国经济发展新常态研究 [J]. 中国工业经济, 2015 (1): 5-18.

[34] 金祥荣, 茹玉骢, 吴宏. 制度、企业生产效率与中国地区间出口差异 [J]. 管理世界, 2008 (11): 65-77.

[35] 经济增长前沿课题组. 经济增长、结构调整的累积效应与资本形成——当前经济增长态势分析 [J]. 经济研究, 2003 (8): 3-12.

[36] 李大元, 项保华. 组织与环境共同演化理论研究述评 [J]. 外国经济与管理, 2007 (1): 9-17.

[37] 李东. 基于机会成本分析的新产品定位时机选择: 策略与模型 [J]. 管理工程学报, 2001 (1): 8-11.

[38] 李福柱. 演化经济地理学的理论框架与研究范式: 一个文献综述 [J]. 经济地理, 2011 (12): 1975-1994.

[39] 李惠娟. 中国城市服务业集聚测度——兼论服务业集聚与制造业集聚的关系 [J]. 经济问题探索, 2013 (4): 13-19.

[40] 李金滟, 宋德勇. 专业化、多样化与城市集聚经济——基于中国地级单位面板数据的实证研究 [J]. 管理世界, 2008 (2): 25-34.

[41] 李敬, 陈澍, 万广华, 付陈梅. 中国区域经济增长的空间关联及其解释 [J]. 经济研究, 2014, (11): 4-16.

[42] 李强, 陈宇琳, 刘精明. 中国城镇化"推进模式"研究 [J]. 中国社会科学, 2012 (7): 82-100.

[43] 李清娟. 产业发展与城市化 [M]. 上海: 复旦大学出版社, 2003.

[44] 李文秀, 夏杰长. 基于自主创新的服务业与制造业融合: 机理与路径 [J]. 南京大学学报 (哲学·人文科学·社会科学), 2012 (2): 60-67.

[45] 江静, 刘志彪, 于明超. 生产性服务业发展与制造业效率提升: 基于地区和行业面板数据的经验分析 [J]. 世界经济, 2007 (8): 52-62.

[46] 井原哲夫. 李松操译. 服务经济学 [M]. 北京: 中国展望出版社,

1986.

　　[47] 柯善咨，姚德龙.工业集聚与城市劳动生产率的因果关系和决定因素——中国城市的空间计量经济联立方程分析 [J].数量经济技术经济研究，2008 (12)：3-14.

　　[48] 库尔特·多普菲.演化经济学：纲领与范围 [M].北京：高等教育出版社，2004.

　　[49] 梁军，周扬.不同驱动模式下生产者服务业与制造业的互动关系研究 [J].现代财经，2013 (4)：121-129.

　　[50] 梁正.演化经济学研究范式的重新思考——来自现代生物学的隐喻 [J].南开经济研究，2003 (5)：15-18.

　　[51] 刘戒骄.生产分割与制造业国际分工——以苹果、波音和英特尔为案例的分析 [J].中国工业经济，2011 (4)：148-157.

　　[52] 刘梅英，蔡玉莲.演化经济学对新古典经济学的超越及其理论框架的形成 [J].当代财经，2008 (7)：24-28.

　　[53] 刘明广，李高扬.区域产业集群的演化模型及仿真分析 [J].统计与决策，2012 (24)：53-56.

　　[54] 刘伟，张辉.中国经济增长中的产业结构变迁和技术进步 [J].经济研究，2008 (11)：4-15.

　　[55] 刘修岩.集聚经济与劳动生产率：基于中国城市面板数据的实证研究 [J].数量经济技术经济研究，2009 (7)：109-119.

　　[56] 刘修岩，邵军，薛玉立.集聚与地区经济增长：基于中国地级市数据的再检验 [J].南方经济，2012 (3)：52-64.

　　[57] 刘志彪.发展现代生产者服务业与调整优化制造业结构 [J].南京大学学报 (哲学·人文科学·社会科学)，2006 (5)：47-55.

　　[58] 刘志高，尹贻梅.演化经济地理学评价 [J].经济学动态，2005 (12)：91-95.

　　[59] 刘志高，尹贻梅.演化经济学的知识体系分析 [J].外国经济与管理，2007 (6)：1-13.

　　[60] 卢锋.当代服务外包的经济学观察：产品内分工的分析视角 [J].世界经济，2007 (8)：23-35.

　　[61] 陆根尧，符翔云，朱省娥.基于典型相关分析的产业集群与城市化互动发展研究：以浙江省为例 [J].中国软科学，2011 (12)：101-109.

　　[62] 卢丽娟，张子刚.R&D 联盟时机选择的期权理论分析 [J].管理工

程学报，2005（2）：18－22.

[63] 陆立军. 义乌商圈 [M]. 杭州：浙江人民出版社，2006.

[64] 陆立军，王祖强. 浙江模式——政治经济学视角的观察与思考 [M]. 北京：人民出版社，2007.

[65] 陆立军，王祖强，杨志文. 义乌商圈 [M]. 杭州：浙江人民出版社，2006.

[66] 陆立军，俞航东，陆瑶. 专业市场和产业集群的关联强度及其影响因素——基于浙江省绍兴市万份调查问卷的分析 [J]. 中国工业经济，2011（1）：151－160.

[67] 陆立军，郑小碧. 基于共同演化的专业市场与产业集群互动机理研究：理论与实证 [J]. 中国软科学，2011（6）：117－129.

[68] 陆铭，向宽虎. 地理与服务业——内需是否会使城市体系分散化？[J]. 经济学（季刊），2012（3）：1079－1096.

[69] 陆铭，向宽虎，陈钊. 中国的城市化和城市体系调整：基于文献的评论 [J]. 世界经济，2011（6）：3－25.

[70] 罗勇，曹丽莉. 中国制造业集聚程度变动趋势实证研究 [J]. 经济研究，2005（8）：106－127.

[71] 吕拉昌，阎小培. 论生产服务业的若干理论问题 [J]. 地理与地理信息，2006（6）：54－57.

[72] 马涛. 演化经济学对主流经济学的挑战及影响 [J]. 学术月刊，2009（11）：67－74.

[73] 马涛，龚海林. 演化经济学与主流经济学研究范式的比较与互补 [J]. 福建论坛·人文社会科学版，2012（1）：15－21.

[74] 科斯等. 财产权利与制度变迁——产权学派与新制度学派译文集（中译本）[M]. 上海：上海人民出版社，1994.

[75] 潘文卿. 中国的区域关联与经济增长的空间溢出效应 [J]. 经济研究，2012（1）：54－65.

[76] 庞博慧. 中国生产服务业与制造业共生演化模型实证研究 [J]. 中国管理科学，2012（2）：176－183.

[77] 乔彬，李国平. 城市群形成的产业机理 [J]. 经济管理·新管理，2006（22）：78－83.

[78] 乔尔·科特金. 全球城市史（修订版）[M]. 北京：社会科学文献出版社，2010.

［79］单豪杰.中国资本存量 K 的再估算：1952－2006 年 ［J］.数量经济技术经济研究，2008（10）：17－31.

［80］盛昭瀚，蒋德鹏.演化经济学 ［M］.上海：上海三联出版社，2002.

［81］宋华盛，何力力，朱希伟.二重开放、产业集聚与区域协调 ［J］.浙江大学学报（人文社会科学版），2010（5）：104－115.

［82］世界银行.胡光宇等译.2009 年世界发展报告：重塑世界经济地理 ［M］.北京：清华大学出版社，2009.

［83］苏雪串.城市化进程中的要素集聚、产业集群和城市群发展 ［J］.中央财经大学学报，2004（1）：49－52.

［84］孙军锋，王慧娟.社会网络理论视角下的客户保持策略 ［J］.中外企业家，2006（11）：64－67.

［85］孙浦阳，韩帅，许启钦.产业集聚对劳动生产率的动态影响 ［J］.世界经济，2013（3）：33－53.

［86］孙浦阳，武力超，张伯伟.空间集聚是否总能促进经济增长：不同假设条件下的思考 ［J］.世界经济，2011（10）：3－20.

［87］王晶晶，黄繁华，于诚.服务业集聚的动态溢出效应研究——来自中国 261 个地级及以上城市的经验证据 ［J］.经济理论与经济管理，2014（3）：48－58.

［88］汪宇明，王玉芹，张凯.近十年来中国城市行政区划格局的变动与影响 ［J］.经济地理，2008（2）：197－200.

［89］魏后凯.城镇化与产业集聚升级战略 ［N］.河北日报，2009－10－27（5）.

［90］徐维祥，唐根年.产业集群与城镇化互动发展模式研究 ［J］.商业经济与管理，2005（7）：40－44.

［91］徐盈之，彭欢欢，刘修岩.威廉姆森假说：空间集聚与区域经济增长——基于中国省域数据门槛回归的实证研究 ［J］.经济理论与经济管理，2011（4）：95－102.

［92］许政，陈钊，陆铭.中国城市体系的"中心—外围模式" ［J］.世界经济，2010（7）：144－160.

［93］宣烨.生产性服务业空间集聚与制造业效率提升——基于空间外溢效应的实证研究 ［J］.财贸经济，2012（4）：121－128.

［94］薛立敏.生产性服务业与制造业互动关系之研究 ［D］.台湾中华经

济研究院，1993.

[95] 杨宏力. 解读演化经济学的兴起——兼论演化经济学的现状与未来发展 [J]. 经济学家，2008（1）：25－31.

[96] 杨虎涛. 演化经济学——无序态及其整合 [J]. 中南财经政法大学学报，2006（5）：3－7.

[97] 杨虎涛. 论演化经济学的困境与前景 [J]. 经济评论，2007（4）：86－91.

[98] 杨仁发. 产业集聚与地区工资差距——基于我国 269 个城市的实证研究 [J]. 管理世界，2013（8）：41－52.

[99] 杨向阳，徐翔. 中国服务业生产率与规模报酬分析 [J]. 财贸经济，2004（11）：77－82.

[100] 姚永玲，赵宵伟. 城市服务业动态外部性及其空间效应 [J]. 财贸经济，2012（1）：101－107.

[101] 于斌斌. 产业结构调整与生产率提升的经济增长效应——基于中国城市动态空间面板模型的分析 [J]. 中国工业经济，2015（12）：83－98.

[102] 于斌斌. 对省域、市域现代化进程的新测算——以浙江省为例 [J]. 重庆大学学报（社会科学版），2014（6）：18－27.

[103] 于斌斌. 基于产业链与技术链融合的浙江纺织产业升级 [J]. 纺织学报，2015（6）：148－154.

[104] 于斌斌. 基于自主创新的纺织业国际市场势力提升研究——来自浙江省绍兴市万份调查问卷的测度分析 [J]. 华东经济管理，2013（3）：166－172.

[105] 于斌斌. 区域一体化、集群效应与高端人才集聚——基于推拉理论扩展的视角 [J]. 经济体制改革，2012（6）：16－20.

[106] 于斌斌. 演化经济学理论体系的建构与发展：一个文献综述 [J]. 经济评论，2013（5）：139－146.

[107] 于斌斌. 中国城市群产业集聚与经济效率差异的门槛效应研究 [J]. 经济理论与经济管理，2015（3）：60－73.

[108] 于斌斌，胡汉辉. 产业集群与城市化的共同演化机制：理论与实证 [J]. 产业经济研究，2013（6）：1－11.

[109] 于斌斌，胡汉辉. 产业集群与城市化共生演化的机制与路径——基于制造业与服务业互动关系的视角 [J]. 科学学与科学技术管理，2014（3）：58－68.

[110] 于斌斌，胡汉辉．企业家能力与集群竞争优势：基于越商群体的实证研究 [J]．科技进步与对策，2014（8）：145 – 151．

[111] 于斌斌，刘吉恒．基于集聚外部性的企业区位选择 [J]．中国科技论坛，2014（10）：113 – 119．

[112] 于斌斌，金刚．城市集聚经济与产业结构变迁的空间溢出效应 [J]．产业经济评论，2014（4）：89 – 123．

[113] 于斌斌，金刚．中国城市结构调整与模式选择的空间溢出效应 [J]．中国工业经济，2014（2）：31 – 44．

[114] 于斌斌，杨宏翔．产业集群与城市化的演化机制与实践路径——以"义乌商圈"和"柯桥商圈"为例 [J]．中国地质大学学报（社会科学版），2015（2）：92 – 102．

[115] 于斌斌，杨宏翔，金刚．产业集聚能提高地区经济效率吗？——基于中国城市数据的空间计量分析 [J]．中南财经政法大学学报，2015（3）：121 – 130．

[116] 于斌斌，余雷．基于演化博弈的集群企业创新模式选择研究 [J]．科研管理，2015（4）：30 – 38．

[117] 余壮雄，杨扬．大城市的生产率优势：集聚与选择 [J]．世界经济，2014，（10）：31 – 51．

[118] 袁富华．长期增长过程的"结构性加速"与"结构性减速"：一种解释 [J]．经济研究，2012（3）：127 – 140．

[119] 张三峰，杨德才．产业转移背景下的制造业与服务业互动研究——基于我国中部地区的分析 [J]．经济管理，2009（8）：27 – 32．

[120] 张学良．中国交通基础设施促进了区域经济增长吗——兼论交通基础设施的空间溢出效应 [J]．中国社会科学，2012（3）：60 – 77．

[121] 章元，刘修岩．集聚经济与经济增长：来自中国的经验研究 [J]．世界经济，2008（3）：60 – 70．

[122] 郑吉昌．全球产业与市场整合下的服务业国际化 [J]．中国软科学，2004（5）：16 – 22．

[123] 郑勇军，袁亚春，林承亮．解读"市场大省"——浙江专业市场现象研究 [M]．杭州：浙江大学出版社，2002．

[124] 中国经济增长前沿课题组．中国经济增长的低效率冲击与减速治理 [J]．经济研究，2014，（12）：4 – 17．

[125] 周振华．产业融合：产业发展及经济增长的新动力 [J]．中国工业

经济, 2003 (4): 46 – 52.

[126] 朱希伟, 金祥荣, 罗德明. 国内市场分割与中国的出口贸易扩张 [J]. 经济研究, 2005 (12): 68 – 76.

## 英文部分

[1] Abraham, K. G., Taylor, S. K. Firms' Use of Outside Contractors: Theory and Evidence [J]. Journal of Labor Economics, 1996, 14 (3): 394 – 424.

[2] Ades, F. A., Glaeser, L. E. Trade and Circuses: Explaining Urban Giants [J]. Quarterly Journal of Economics, 1995, 110 (1): 195 – 227.

[3] Alcacer, J., Chung, W. Location strategies and knowledge spillovers [J]. Management, 2007, 53 (5): 760 – 776.

[4] Alperovich, G., Bergsman, J., Ehemann, C. An Econometric Model of Migration between US Metropolitan Areas [J]. Urban Studies, 1977, 14 (2): 135 – 145.

[5] Anselin, L. Local Indicators of Spatial Association – LISA [J]. Geographical Analysis, 1995, 27 (2): 93 – 115.

[6] Anselin, L. Spatial Econmectrics, Methods and Models [M]. Boston: Kluwer Academic Publishers, 1988.

[7] Anselin, L. Thirty years of spatial econometrics [J]. papers in Regional Science, 2010, (1): 3 – 25.

[8] Anselin, L., Raymond, J. G. M., Florax, R. J. Advances in Spatial Econometrics: Methodology, Tools and Applications [M]. Berlin: Springer – Verlag, 2004.

[9] Arrow, K. J. The Economic Implications of Learning by Doing [J]. The Review of Economic Studies, 1962, 29 (3): 155 – 173.

[10] Au, C. C., and J. V. Henderson. Are Chinese Cities Too Small? [J]. Review of Economic Studies, 2006, 73 (3): 549 – 576.

[11] Audretsch, D. B., Feldman, M. P. R&D Spillovers and the Geography of Innovation and Production [J]. American Economic Review, 1996, 86 (3): 630 – 640.

[12] Baldwin, R. E. Agglomeration and Endogenous Capital [J]. European Economic Review, 1999, 43 (2): 253 – 280.

[13] Baldwin, R. E., Martin, P., Ottaviano, G. I. P. Global Income Diver-

gence, Trade, and Industrialization: The Geography of Growth Take – Offs [J]. Journal of Economic Growth, 2001, 6 (1): 5 – 37.

[14] Baldwin, R. E. , Okubo, T. Heterogeneous Firms, Agglomeration and Economic Geography: Spatial Selection and Sorting [J]. Journal of Economic Geography, 2006, 6 (3): 323 – 346.

[15] Baltagi, B. H. , Moscone, F. , Tosetti, E. Medical Technology And The Production Of Health Care [D]. Center for Policy Research Working Paper, 2011.

[16] Barnes, T. J. Retheorizing economic geography: from the quantitative revolution to the "cultural turn" [J]. Annals of the Association of American Geographers, 2001, 91 (3): 546 – 565.

[17] Basevi, G. , Ottaviano , G. I. P. The District and the Global Economy: Exportation Versus Foreign Location [J]. Journal of Regional Science, 2002, 42 (1): 107 – 26.

[18] Behrens, K. , Gaigne, C. , Ottaviano, G. I. P. , Thisse, J – F. Countries, Regions and Trade: On the Welfare Impacts of Economic Internation [J]. European Economic Review, 2007, 51 (5): 1277 – 1301.

[19] Berliant, M. , Fujita, M. Knowledge Creation as a Square Dance on the Hilbert Cube [J]. International Economic Review, 2008, 49 (4): 1251 – 1259.

[20] Berliant, M. , Fujita, M. Dynamics of Knowledge Creation and Transfer: The Two Person Case [J]. International Journal of Economic Theory, 2009, 5 (2): 155 – 179.

[21] Berliant, M. , Konishi, H. The Endogenous Formation of a City: Population Agglomeration and Marketplaces in a Location-specific Production Economy [J]. Regional Science and Urban Economics, 2000, 30 (3): 289 – 324.

[22] Bertinelli, L. , Black, D. Urbanization and Growth [J]. Journal of Urban Economics, 2004, 56 (1): 80 – 96.

[23] Beyers, W. B. , Lindahl, D. Explaining the Demand for Producer Services [J]. Papers in Regional Science, 1996, 75 (3): 351 – 374.

[24] Beyers, W. B. On the Geography of the New Economy: Perspectives from the United States [J]. Service Industries Journal, 2003, 23 (1): 4 – 26.

[25] Bhagwati, J. N. Splintering and Disembodiment of Services and Developing Nations [J]. The Word Economy, 1984, 7 (2): 133 – 143.

［26］Blasio, G., Addario, S. D. Do Workers Benefit from Industrial Agglomeration? ［J］. Journal of Regional Science, 2005, 45（4）: 797 – 827.

［27］Bogue, D. J. "Internal Migration", in Hauser, Duncan（ed.）, The Study of Population: An Inventory Appraisal ［M］. Chicago: University of Chicago Press, 1959.

［28］Boschma, R. A., Lambooy, J. G. Evolutionary economics and economic geography ［J］. Journal of Evolutionary Economics, 1999, 9（4）: 411 – 429.

［29］Boschma, R. A. The competitiveness of regions from an evolutionary perspective ［J］. Regional Studies, 2004, 38（9）: 1001 – 1014.

［30］Boschma, R. A., Frenken, K. Why is economic geography not an evolutionary science? Towards an evolutionary economic geography ［J］. Journal of Economic Geography, 2006, 6（3）: 273 – 302.

［31］Boschma, R. A., Frenken, K. The emerging empirics of evolutionary economic geography ［J］. Journal of Economic Geography, 2011, 11（2）: 295 – 307.

［32］Bottazzi, L., Peri, G. Innovation and Spillovers in Regions: Evidence from European Patent Data ［J］. European Economic Review, 2003, 47（4）: 687 – 710.

［33］Brakman, S., Garretsen, H., Gigengack, R. Negative Feedbacks in the Economy and Industrial Location ［J］. Journal of Regional Science, 1996, 36（4）: 631 – 651.

［34］Braunerhjelm, P., Borgman, R. Agglomeration, Diversity and Regional Growth ［R］. CE – SIS Electronic Working Paper Series, 2006.

［35］Bronzini, R., Piselli, P. Determinants of Long – Run Regional Productivity with Geographical Spillovers: The Role of R&D, Human Capital and Public Infrastructure ［J］. Regional Science and Urban Economics, 2009, 39（2）: 187 – 199.

［36］Brown, T. J., Mowen, J. C., Donovan, T., Licata, J. W. The Customer Orientation of Service Workers: Personality Trait Determinants and Effect on Self-and Supervisor Performance Ratings ［J］. Journal of Marketing Research, 2002, 39（2）: 110 – 119.

［37］Brülhart, M., Mathys, N. A. Sectoral Agglomeration Economies in a Panel of European Regions ［J］. Regional Science and Urban Economics, 2008, 38

(4): 348 – 362.

[38] Brülhart, M., Sbergami, F. Agglomeration and Growth: Cross-country Evidence [J]. Journal of Urban Economics, 2009, 65 (1): 48 – 63.

[39] Brun, J. F., J. L. Combes, and M. F. Renard. Are There Spillover Effects between the Coastal and Noncoastal Regions in China? [J]. China Economic Review, 2002, 13 (2): 161 – 169.

[40] Cainelli, G., Leonine, R. Externalities and Long – Term Local Industrial Development: Some Empirical Evidence from Italy [J]. Revue d'économie industrielle, 1999, 90 (1): 25 – 39.

[41] Capello, R. Recent Theoretical Paradigm in Urban Growth [J]. European Planning Studies, 2013, 21 (3): 316 – 333.

[42] Cerina, F., Mureddu, F. Agglomeration and Growth with Endogenous Expenditure Shares [J]. Journal of Regional Science, 2012, 52 (2): 324 – 360.

[43] Chinitz, B. Contrasts in Agglomeration: New York and Pittsburgh [J]. American Economic Review, 1961, 51 (2): 279 – 289.

[44] Ciccone, A. Agglomeration Effect in Europe [J]. European Economic Review, 2002, 46 (2): 213 – 227.

[45] Ciccone, A., Hall, R. E. Productivity and the Density of Economic Activity [J]. American Economic Review, 1996, 86 (1): 54 – 70.

[46] Clark, G. L. The Functional and Spatial Structure of the Investment Management Industry [J]. Geoforum, 2000, 31, (1): 12 – 24.

[47] Coffey, S. Understanding the Riots [M]. Los Angeles: Los Angeles Times, 1992.

[48] Combes, P. P. Economic Structure and Local Growth: France, 1984 – 1993 [J]. Journal of Urban Economics, 2002, 47 (3): 329 – 355.

[49] Combes, P. P., G. Duranton, L. Gobillon, D. Puga, and S. Roux. Productivity Advantages of Large Cities: Distinguishing Agglomeration from Firm Selection [J]. Econometrics, 2012, 80 (6): 2543 – 2594.

[50] Daniel, D – F. On the Limits of the Post – Industrial Society Structural Change and Service Sector Employment in Spain [J]. International Review of Applied Economics, 1999, 13 (1): 111 – 123.

[51] Daniels, P. W. Some Perspectives on the Geography of Services [J]. Progress in Human Geography, 1989, 12 (3): 431 – 440.

[52] Davies, A. Are Firms Moving Downstream into High-value Services? in Tidd, J. and Hull, F. M. (Eds) [C]. Service Innovation: Organizational Responses to Technological Opportunities & Market Imperatives, 2003.

[53] Davis, J. C. , Henderson, J. V. Evidence on the Political economy of the Urbanization Process [J]. Journal of Urban Economics, 2003, 53 (1): 98 – 125.

[54] DeLucio, J. , Herce, J. A. , Goicolea, A. The Effects of Externalities on Productivity Growth in Spanish Industry [J]. Regional Science and Urban Economics, 2002, 32 (2): 241 – 258.

[55] Desmet, K. , Fafchamps, M. Changes in the Spatial Concentration of Employment Across Us Counties: A Sectoral Analysis 1972 – 2000 [J]. Journal of Economic Geography, 2005, 5 (3): 261 – 284.

[56] Dixit, A. K. , Stiglitz, J. E. Monopolistic Competition and Optimum Product Diversity [J]. The American Economic Review, 1977, 67 (3): 297 – 308.

[57] Donoghue, D. , Gleave, B. A Note on Methods for Measuring Industrial Agglomeration [J]. Regional Studies, 2004, 38 (4): 419 – 427.

[58] Duranton, G. Urban Evolutions, the Fast, the Slow, the Still [J]. American Economic Review, 2007, 97 (1): 197 – 221.

[59] Duranton, G. , Puga, D. Diversity and Specialization in Cities: Why, Where and When Does It Matter? [J]. Urban Studies, 2000, 37 (3): 533 – 555.

[60] Duranton, G. , Puga, D. From Sectoral to Functional Urban Specialization [J]. Journal of Urban Economics, 2005, 57 (2): 343 – 370.

[61] Duranton, G. , Puga, D. Nursery Cities: Urban Diversity, Process Innovation, and the Life Cycle of Products [J]. The American Economic Review, 2001, 91 (5): 1454 – 1477.

[62] Dixit, A. , Stiglitz, J. Monopolistic Competition and Optimum Product Diversity [J]. American Economic Review, 1977, 67 (3): 297 – 308.

[63] Dyer, J. , Singh, H. The Relational View: Cooperative Strategy and Sources of Interorganizational Competitive Advantage [J]. Academy of Management Review, 1998, 23 (4): 660 – 679.

[64] Elhorst, J. P. Dynamic Spatial Panels: Models, Methods, and Inferences [J]. Journal of Geographical System, 2012, 14 (1): 5 – 28.

[65] Elhorst, J. P. Matlab Software for Spatial Panels [J]. International Regional Science Review, 2014, 37 (3): 389 –405.

[66] Elhorst, J. P. Specification and Estimation of Spatial Panel Data Models [J]. International Regional Science Review, 2003, 26 (3): 244 – 268

[67] Elhorst, J. P. Unconditional Maximum Likelihood Estimation of Linear and Log-linear Dynamic Models for Spatial Panels [J]. Geographical Analysis, 2005, 37 (1): 85 – 106.

[68] Ethier, W. National and International Return to Scale in the Modern Theory of International Trade [J]. American Economic Review, 1982, 72 (6): 389 – 405.

[69] Essletzbichler, J., Rigby, D. L. Exploring evolutionary economic geographies [J]. Journal of Economic Geography, 2007, 7 (5): 549 – 571.

[70] Eswaran, M., Kotwal, A. The Role of the Service Sector in the Process of Industrialization [J]. Journal of Development Economics, 2002, 68 (2): 401 – 420.

[71] Faeeell, P. N., Hitchens, D. M. Priducer Services and Regional Development: A Review of Some Major Conceptual Policy and Research Issues [J]. Environment and Planning A, 1990, 22 (9): 1141 – 1154.

[72] Fan, S., Zhang, X., Robinson, S. Structural Change and Economic Growth in China [J]. Review of Development Economics, 2003, 7 (3): 360 – 377.

[73] Färe, R., Grosskopf, S., Norris, M., Zhang, Z. Productivity Growth, Technical Progress, and Efficiency Change in Industrialized Countries [J]. The American Economic Review, 1994, 84 (1): 66 – 83.

[74] Fiona, T. The Contribution of Manufacturing and Services to Employment Creation and Growth in South Africa [J]. South African Journal of Economics, 2008, 76 (2): 175 – 204.

[75] Fischer, M. M., Scherngell, T., Reismann, M. Knowledge Spillovers and Total Factor Productivity: Evidence Using a Spatial Panel Data Model [J]. Geographical Analysis, 2009, 41 (2): 204 – 220.

[76] Fishbein, B., McGarry, L. S., Dillon, P. S. Leasing: A Step Toward Producer Responsibility [M]. NY: INFORM, 2000.

[77] Fisher, W. D. Econometric Estimation with Spatial Dependence [J].

Regional and Urban Econometrics, 1971, (1): 19 – 40.

[78] Forni, M., Paba, S. Spillovers and the Growth of Local Industries [J]. The Journal of Industrial Economics, 2002, 50 (2): 151 – 171.

[79] Forslid, R., Ottaviano, G. I. P. An Analytically Solvable Core – Periphery Model [J]. Journal of Economic Geography, 2003, 3 (3): 229 – 240.

[80] Franke, R., Peter, K. Structural Changes in the Manufacturing Sector and Its Impact on Business-related Service: An Input-output Study for Germany [J]. Structural Change and Economic Dynamics, 2005, 16 (4): 467 – 488.

[81] Freeman, C., Soete, L. The Economic of Industrial Innovation [M]. London: MIT Press, 1997.

[82] Frenken, K., Boschma, R. A. A theoretical framework for evolutionary economic geography: industrial dynamics and urban growth as a branching process [J]. Journal of Economic Geography, 2007, 7 (5): 635 – 649.

[83] Friedman, D. Evolutionary Economics Goes Mainstream: A Review of the Theory of Learning in Games [J]. Journal of Evolutionary Economics, 1999, 8 (4): 423 – 432.

[84] Fujita, M. Thünen and the New Economics Geography [J]. Regional Science and Urban Economics, 2012, 42 (6): 907 – 912.

[85] Fujita, M., Krugman, P., Venables, A. The Spatial Economy: Cities, Regions and International Trade [M]. The MIT Press, 1999.

[86] Fujita, M., Krugman, P. The New Economic Geography: Past, Present and the Future [J]. Papers of Regional Science, 2004, 83 (4): 139 – 164.

[87] Fujita, M., Hu, D. Regional Disparity in China 1985 – 1994: The Effects of Globalization and Economic Liberalization [J]. The Annals of Regional Science, 2001, 35 (1): 3 – 37.

[88] Fujita, M., Mori, T. Frontier of the New Economic Geography [J]. Papers in Regional Science, 2005, 84 (3): 377 – 405.

[89] Fujita, M., Mori, T. The Role of Parts in Making of Major Cities: Self-agglomeration and Hub-effect [J]. Journal of Development Economics, 1996, 49 (1): 93 – 120.

[90] Fujita, M., Tabuchi, T. Regional Growth in Postwar Japan [J]. Regional Science and Urban Economics, 1997, 27 (6): 643 – 670.

[91] Furusawa, T., Konishi, H. Free Trade Networks [J]. Journal of Inter-

national Economics, 2007, 72 (2): 310 – 335.

[92] Gao, T. Regional Industrial Growth: Evidence from Chinese Industries [J]. Regional Science and Urban Economics, 2004, 34 (1): 101 – 124.

[93] Geo, W. R. The Growth of Producer Service Indusries: Sorting Through the Externalization Debate [J]. Growth and Change, 1991, 22 (4): 118 – 141.

[94] Getis, A. , Griffth, D. Comparative Spatial Filtering in Regression Analysis [J]. Geographical Analysis, 2002, 34 (2): 130 – 140.

[95] Gintis, H. A Framework for the Unification of the Behavioral Sciences [J]. Behavioral and Brain Sciences, 2007, 30 (1): 1 – 61.

[96] Giuliani, E. The Selective Nature of Knowledge Network in Clusters: Evidence From the Wine Industry [J]. Journal of Economic Geography, 2007, 7 (2): 139 – 168.

[97] Glaeser, E. L. Reinventing Boston: 1630 – 2003 [J]. Journal of Economic Geography, 2005, 5 (2): 119 – 153.

[98] Glaeser, E. L. , Kallal, H. D. , Scheinkman, J. A. , Shleifer, A. Growth in Cities [J]. Journal of Political Economy, 1992, 100 (6): 1126 – 1152.

[99] Glaeser, E. L. , Resseger, M. G. The Complementarity between Cities and Skills [J]. Journal of Regional Science, 2010, 50 (1): 221 – 224.

[100] Gong, H. , Wheeler, W. The Location and Suburbanization of Business and Professional Services in the Atlanta Metropolitan Area [J]. Growth and Change, 2002, (3): 341 – 369.

[101] Grief, A. Institutions and the Path to the Modern Economy: Lesions from Medieval Trade [M]. Cambirdge: Cambridge University Press, 2006.

[102] Griffth, D. A Linear Regression Sohition to the Spatial Autocorrelation Problem [J]. Journal of Geographical Systems, 2000, 2 (2): 141 – 156.

[103] Groenewold, N. , G. Lee, and A. Chen. Inter-regional Spillovers in China: The Importance of Common Shocks and the Definition of the Regions [J]. China Economic Review, 2008, 19 (1): 32 – 52.

[104] Gronroos, C. Service Quality: the Six Criteria of Good Perceived Service Quality [J]. Review of Business, 1988, 9 (3): 10 – 13.

[105] Grossman, G. M. , Helpman, E. Quality Ladders in the Theory of Growth [J]. The Review of Economic Studies, 1991, 58 (1): 43 – 61.

［106］Guangcai, S. The Qualitative Analysis of Symbiosis Model of Two Popu-lations ［J］. Mathematical Theory and Aplications, 2003, 23 (3): 64 – 69.

［107］Guerrieri, P., Meliciani, V. Technology and International Competi-tiveness: The Interdependence between Manufacturing and Producer Services ［J］. Structural Change and Economic Dynamics, 2005, 16 (4): 489 – 502.

［108］Guiso, L., Fabiano, S. Spillovers in Industrial Districts ［J］. The Economic Journal, 2007, 117 (516): 68 – 93.

［109］Hansen, N. The Strategic Role of Producer Service in Regional Develop-ment ［J］. International Regional Science Review, 1994, 16 (1 – 2): 187 – 195.

［110］Hansen, B. E. Threshold Effects in Non-dynamic Panels: Estimation, Testing and Inference ［J］. Journal of Economics, 1999, 93 (2): 345 – 368.

［111］Hanusch, H., Pyka, A. Principles of Neo – Schumpeterian Economics ［J］. Cambridge Journal of Economics, 2007, 31 (2): 275 – 289.

［112］Hayek, F. A. Law, Legislation and Liberty: Rules and Order (Ⅰ) ［M］. Chicago: The University of Chicago Press, 1973.

［113］Henderson, J. V. The Size and Types of Cities ［J］. American Economic Review, 1974, 64 (4): 640 – 656.

［114］Henderson, J. V. Externalities and Industrial Development ［J］. Journal of Urban Economics, 1997, 42 (3): 449 – 470.

［115］Henderson, J. V., Kuncoro, A., Tumer, M. Industrial Development in Cities ［J］. Journal of Political Economy, 1995, 103 (5): 1067 – 1090.

［116］Henrich, J. Cultural Group Selection, Coevolutionary Processes and Large-scale Cooperation ［J］. Journal of Economic Behavior & Organizaiton, 2004, 53 (1): 3 – 35.

［117］Hirose, K., Yamamoto, K. Knowledge Spillovers, Location of Indus-try, and Endogenous Growth ［J］. The Annals of Regional Science, 2007, 41 (1): 17 – 30.

［118］Ho, C., Li, D. Spatial Dependence and Divergence across Chinese Cities ［J］. Review of Development Economics, 2010, 14 (2): 386 – 403.

［119］Hodgson, G. M. Darwinism in Economics: from Analogy to Ontology ［J］. Journal of Evolutionary Economics, 2002, 12 (3): 259 – 281.

［120］Hodgson, G. M., Knudsen, T. Why We Need a Generalized Darwini-sm, and Why Generalized Darwinism is not Enough ［J］. Journal of Economic Behavior and Organization, 2006, 1 (1): 1 – 19.

[121] Hodgson, G. M. , Knudsen, T. In Search of General Evolutionary Principles: Why Darwinism is Too Important to be Left to the Biologists [J]. Journal of Bioeconomics , 2008, 10 (1): 51 – 69.

[122] Hodgson, G. M. Meanings of Methodological Individualism [J]. Journal of Economic Methodology, 2007a, 14 (2): 211 – 226.

[123] Hodgson, G. M. Taxonomizing the Relationship between Biology and Economics: A Very Long Engagement [J]. Journal of Bioeconomics, 2007b, 9 (2): 169 – 185.

[124] Holmes, T. , Stevens, J. Geographic Concentration and Establishment Scale [J]. The Review of Economics and Statistics, 2002, 84 (4): 682 – 690.

[125] Holmes, T. , Stevens, J. Geographic Concentration and Establishment Size: Analysis in an Alternative Economic Geography Model [J]. Journal of Geography, 2004, 4 (3): 227 – 250.

[126] Hoover, E. M. Location Theory and the Shoe Leather Industries [M]. Cambridge: Harvard University Press, 1937.

[127] Illeris, J. P. Introduction: The Role of Services in Regional Economic Growth [J]. Service Industries Journal, 1993, 13 (2): 83 – 101.

[128] Illeris, S. Proximity between Services Producers and Service Users [J]. Tijdschrift voor Economische en Sociale Geogruafie, 1994, 85 (4): 294 – 302.

[129] Illeris, S. The Service Economy: A Geographical Approach [M]. Roskilde University Denmark, England: John Wiley & Sons Ltd. , 1996.

[130] Jacobs, J. The Economy of Cities [M]. New York: Vintage, 1969.

[131] Jaffe, A. B. , Trajtenberg, M. , Henderson, J. V. Geographic Localization of Knowledge Spillovers as Evidenced by Patent Citations [J]. The Quarterly Journal of Economics, 1993, 108 (3): 577 – 598.

[132] Juleff – Tranter, L. E. Advanced Prducer Services: Just a Service to Manufacturing? [J]. The Service Industries Journal, 1996, 16 (3): 389 – 400.

[133] Kahneman, D. , Tversky , A. Prospect Theory: An Analysis of Decision under Risk [J]. Econometrica, 1979, 47 (2): 263 – 291.

[134] Kapoor, M. , Kelejian, H. H. , Prucha, I. R. Panel Data Models with Spatially Correlated Error Components [J]. Journal of Econometrics, 2007, 140 (1): 97 – 130.

[135] Karaomerioglu, D. C. , Carlaaon, B. Manufacturing in Decline? A Matter of Definition [J]. Economy Innovation of New Technology, 1999, 8 (3): 175 – 196.

[136] Keeble, D. , Bryson, J. , Wood, P. Small Firms, Business Services Growth and Regional Development in the United Kingdom: Some Empirical Finds [J]. Regional Studies, 1994, 25 (5): 439 – 457.

[137] Kelejian, H. H. , Prucha, I. R. A Generalized Moments Estimator for the Autoregressive Parameter in a Spatial Model [J]. International Economic Review, 1999, 40 (2): 509 – 533.

[138] Knudsen, T. Economic Selection Theory [J]. Journal of Evolutionary Economics, 2002, 12 (4): 443 – 470.

[139] Kohler, H. P. The Effect of Hedonic Migration Decisions and Region-specific Amenities on Industrial Location [J]. Journal of Regional Science, 1997, 37 (3): 379 – 394.

[140] Krugman, P. The Myth of Asia's Miracle: A Cautionary Fable [J]. Foreign Affairs, 1994, 73 (6): 62 – 78.

[141] Krugman, P. , Elizondo, R. Trade Policy and the Third World metropolis [J]. Journal of Development Economics, 1996 (1): 137 – 150.

[142] Krugman, P. , Venables, A. J. Globalization and the Inequality of Nations [J]. Quarterly Journal of Economics, 1995, 110 (4): 857 – 880.

[143] Lammarino, S. an Evolutionary Integrated View of Regional Systems of Innovation: Concepts, Measures and Historical Perspectives [J]. European Planning Studies, 2005, 13 (4): 497 – 519.

[144] Lee, E. S. A Theory of Migration [J]. Demography, 1966, 3 (1): 47 – 57.

[145] Lee, L. , Yu, J. Estimation of Spatial Autoregressive Panel Data Models with Fixed Effects [J]. Journal of Econometrics, 2010, 154 (2): 165 – 185.

[146] Lewin, A. Y. , Volberda, H. W. Prolegomena on Coevolution: A Framework for Research on Strategy and New Organizational Forms [J]. Organization Science, 1999, 10 (5): 519 – 528.

[147] Lucas, R. E. , Rossi – Hansberg, E. On the Internal Structure of Cities [J]. Econometrica, 2002, 70 (4): 1445 – 1476.

[148] Luigi, M. , Marc, W. Evolutionary Economics Alternative Methodolo-

gies for Modeling Evolutionary Dynamics: Introduction [J]. Journal of Evolutionary Economics, 1997, 7 (4): 331 – 338.

[149] Lundvall, B. A. National Systems of Innovation: Towards a Theory of Innovation and Interactive Learning [M]. London: Anthem Press, 1992.

[150] MacKinnon, D., Cumbers, A., Pike, A., et al. Evolution Ineconomic Geography: Institutions, Political Economy, and Adaptation [J]. Economic Geography, 2009, 85 (2): 129 – 150.

[151] Maddison, A. The World Economy (Volume1, Volume2) [M]. OECD Publishing, 2006.

[152] Malerba, F. Innovation and the Evolution of Industries [J]. Journal of Evolutionary Economics, 2006, 16 (1): 3 – 23.

[153] Markusen, J. R. Trade in Producer Services and in Other Specialized Intermediate Inputs [J]. American Economic Review, 1989, 79 (3): 85 – 95.

[154] Marshall, A. The Principles of Economics [M]. London: MacMillan, 1890.

[155] Martin, P. The New "Geography turn" in Economics: Some Critical Reflections [J]. Cambridge Journal of Economics, 1999 (1): 65 – 91.

[156] Martin, P., Mayer, T., Mayneris, F. Spatial Concentration and Plant – Level Productivity in France [J]. Journal of Urban Economics, 2011, 69 (2): 182 – 195.

[157] Martin, P., Ottaviano, G. I. P. Growing Locations: Industry Location in a Model of Endogenous Growth [J]. European Economic Review, 1999, 43 (2): 281 – 302.

[158] Martin, P., Ottaviano, G. I. P. Growth and Agglomeration [J]. International Economic Review, 2001, 42 (4): 947 – 968.

[159] Martin, P., Rogers, C. A. Industrial Location and Public Infrastructure [J]. Journal of International Economics, 1995, 39 (3/4) 335 – 351.

[160] Mathieu, V. Service Strategies within the Manufacturing Sector: Benefits, Costs and Partnership [J]. International Journal of Service Industry Management, 2001, 12 (5): 451 – 475.

[161] Maynard, S. J. Evolution and the Theory of Games [M]. Cambridge University Press, 1982.

[162] McEvily, B., Marcus, A. Embedded Ties and the Acquisition of Com-

petitive Capabilities [J]. Strategic Management Journal, 2005, 26 (11): 1033 – 1055.

[163] Meijers, E. J., Burger, M. J. Spatial Structure and Productivity in US Metropolitan Areas [J]. Environment and Planning A, 2010, 42 (6): 1383 – 1402.

[164] Melo, P. C., D. J. Graham, and B. B. Noland. A Meta-analysis of Estimates of Urban Agglomeration Economies [J]. Regional Science and Urban Economics, 2009, 39 (3): 332 – 342.

[165] Mills, E. S., Hamilton, B. W. Urban Economics [M]. Harper Collins College Publishers, 1994.

[166] Mills, E. S., Lubuele, L. S. Inner Cities [J]. Journal of Economic Literature, 1997, (35): 727 – 756.

[167] Moomaw, R. L. Productivity and City Size: A Critique of the Evidence [J]. Quarterly Journal of Economics, 1981, (4): 675 – 688.

[168] Moreno, R., Paci, R., Usai, S. Spatial Spillover and Innovation Activity in European Regions [J]. Environment and Planning A, 2005, 37 (10): 1793 – 1821.

[169] Murmann, J. P. Knowledge and Competitive Advantage: The Co-evolution of Firms, Technology, and National Institutions [M]. Cambridge: Cambridge University Press, 2003.

[170] Nelson, R. R. and Winter, S. An Evolutionary Theory of Economic Change [M]. Cambridge, MA and London: The Belknap Press, 1982: 96 – 179.

[171] Nelson, R. R. The Co-evolution of Technology, Industrial Structure, and Supporting Institution [J]. Industrial and Corporate Change, 1994, 3 (1): 47 – 63.

[172] Nelson, R. R., Winter, S. G. Evolution Theorizing in Economics [J]. The Journal of Economic Perspectives, 2002, 16 (2): 23 – 46.

[173] Noyelle, T. J., Stanback, T. M. The Economic Transformation of American Cities [M]. New York: Rowman and Allenheld, 1984.

[174] Oliva, R., Kallenberg, R. Managing the Transition from Products to Services [J]. International Journal of Service Industry Management, 2003, 14 (2): 160 – 172.

[175] Ottaviano, G. I. P. "New" New Economic Geography: Firm Hetero-

geneity and Agglomeration Economies [J]. Journal of Economic Geography, 2011, 11 (2): 231 –240.

[176] Ottaviano, G. I. P., Tabuchi, T., Thisse, J – F. Agglomeration and Trade Revisited [J]. International Economic Review, 2002, 43 (2): 409 –435.

[177] Ottaviano, G. I. P., Pinelli, D. Market Potential and Productivity: Evidence From Finnish Regions [J]. Regional Science and Urban Economics, 2006, 36 (5): 636 –657.

[178] Paelinck, J., Klaassen, L. Spatial Econometrics [M]. Farnborough: Saxon House, 1979.

[179] Peneder, M. Structural Change and Aggregate Growth [J]. Structural Change and Economic Dynamics, 2003, 14 (4): 427 –448.

[180] Phelps, N. A., Ozawa, T. Contrasts in Agglomeration: Proto – Industrial, Industrial and Post – Industrial Forms Compared [J]. Progress in Human Geography, 2003, 27 (5): 583 –640.

[181] Pialt, D., Wölfl, A. Measuring the Interaction between Manufacturing and Services [R]. STI Working Paper 2005/5. Statistical Analysis of Science, Technology and Industry: 1 –47.

[182] Porter, M. E. The Competitive Advantage of Nations [M]. New York: Free Press, 1990.

[183] Porter, T. B. Coevolution as a Research Framework for Organizations and the Natural Environment [J]. Organization & Environment, 2006, 19 (4): 479 –504.

[184] Ravenstein, E. G. The Laws of Migration. [J] Journal of the Royal Statistical Society, 1885, 48 (2): 167 –235.

[185] Rey, S. J., Montouri, B. D.. US Regional Income Convergence: A Spatial Econometric Perspective [J]. Regional Studies, 1999, 33 (2): 143 –156.

[186] Rodriguez – Pose, A., Fratesi, U. Between Development and Social Policies: The Impact of European Structural Funds in Objective 1 Regions [J]. Regional Studies, 2004, 38 (1): 97 –113.

[187] Romer, P. M. Increasing Returns and Long – Run Growth [J] Journal of Political Economy, 1986, 94 (5): 1002 –1037.

[188] Rowthorn, R., Ramaswamy, R. Growth, Trade and Deindustrializa-

tion [J]. IMF Staff Papers, 1999, 46 (1): 18 - 41.

[189] Samuelson, P. A. The Transfer Problem and Transport Costs, II: Analysis of Effects of Trade Impediments [J]. Economic Journal, 1954, 64 (254): 264 - 289.

[190] Samuelson, P. A. Thünen at two hundred [J]. Journal of Economic Literature, 1983, (21): 1468 - 1488.

[191] Sassen, S. The Global City: New York, London, Tokyo [M]. Princeton, NJ, Princeton University Press, 1991.

[192] Schumpeter, J. A. The Theory of Economic Development [M]. Cambridge, MA: Harvard University Press, 1934.

[193] Scott, A. J. Flexible Production Systems and Regional Development the Rise of New Industrial Spaces in North America and Western Europe [J]. International Journal of Urban and Regional Research, 1988, 12 (2): 71 - 86.

[194] Shearmur, R., Alvergne, C. Intrametropolitan Patterns of High-order Business Service Location: A Comparative Study of Seventeen Sectors in Ile-de - France [J]. Urban Studies, 2002, 39 (7) 1143 - 1163.

[195] Silva, S. T., Teixeira, A. C. On the Divergence of Evolutionary Research Paths in the Past Fifty Years: A Comprehensive Bibliometric Account Journal of Evolutionary Economics [J]. 2009, 19 (5): 605 - 642.

[196] Simon, H. A. Rationality in Psychology and Economics [J]. Journal of Business, 1986, 59 (4): 209 - 224.

[197] Smith, M. J. Evolution and The Theory of Games [M]. Cambridge University Press, 1982.

[198] Storper, M., Walker, R. The Capitalist Imperative: Territory, Technology and Industrial Growth [M]. New York: Basil Blackwell, 1989.

[199] Sveikauskas, L. The Productivity of Cities [J]. The Quarterly Journal of Economics, 1975, 89 (3): 393 - 413.

[200] Szalavetz, A. Tertiarization of Manufacturing Industry in the New Economy: Experiences in Hungarian Companies [D]. Hungarian Academy of Sciences Working Papers, 2003.

[201] Tabuchi, T., Thisse, J - F., Zeng, Dao - Zhi. On the Number and Size of Cities [J]. Journal of Economic Geography, 2005, 5 (4): 423 - 448.

[202] Tan, J., Tan, D. Environment-strategy Coevolution and Co-align-

ment: A Steged – Model of Chinese SOEs under Transition [J]. Strategic Management Journal, 2005, 26 (2): 141 – 157.

[203] Temple, J. , and L. Wößmann, Dualism and Cross-country Growth Regressions [J]. Journal of Economic Growth, 2006, 11 (3): 18 – 31.

[204] Tichy, G. Clusters, Less Dispensable and More Risky than Ever [M]. London: Pion Limited, 1998.

[205] Tobler, W. A. A Computer Movie Simulating Urban Growth in the Detroit Region [J]. Economic Geography, 1970, 46 (2): 234 – 240.

[206] Toffe, M. W. Contracting for Servicizing [D]. Haas School of Business University of California – Berkeley Working Paper, 2002.

[207] Tversky, A. , Kahneman, D. Rational Choice and the Framing of Decisions [J]. Journal of Business, 1986, 59 (4): 251 – 278.

[208] Valli, V. , and D. Saccone. Structural Change and Economic Development in China and India [J]. The European Journal of Comparative Economics, 2009, (6): 101 – 129.

[209] Vandermerwe, S. , Rada, J. Servitization of business: adding value by adding services [J]. European Management Journal, 1988, 6 (4): 314 – 324.

[210] Venables, A. J. Equilibrium Locations of Vertically Linked Industries [J]. International Economic Review, 1997, 37 (2): 341 – 359.

[211] Volberda, H. W. , Lewin, A. Y. Co-evolutionary Dynamics Within and Between Firms: From Evolution to Co-evolution [J]. Journal of Management Studies, 2003, 40 (8): 2111 – 2136.

[212] Wang, P. Agglomeration in a Linear City with Heterogeneous Households [J]. Regional Science and Economics, 1993, 23 (2): 291 – 306.

[213] Warf, B. Segueways into Cyberspace: Multiple Geographies of the Digital Divide [J]. Environment and Planning B: Planning and Design, 2001, (1): 3 – 19.

[214] Watts, D. Network, Dynamic and the Small-word Phenomenon [J]. American Journal of Sociology, 1999, 105 (2): 493 – 527.

[215] Werner, M. , Sharpe, C. "High Order" Producer Services in Metropolitan Canada: How Footloose Are They? [J]. Regional Studies, 2003, 37 (5): 469 – 490.

[216] White, A. L. , Stoughton, M. , Feng, L. Servicizing: the Quiet

Transition to Extended Product Responsibility [R]. Boston: Tellus Institute, 1999.

[217] Williamson, G. J. Regional Inequality and the Process of National Development: A Description of the Patterns [J]. Economic Development and Cultural Change, 1965, 13 (4): 1 – 84.

[218] Wise, R., Baumgartner, P. Go Downstream——The New Profit Imperative in Manufacturing [J]. Harvard Business Review, 1999, 77 (5): 133 – 141.

[219] Ying, L. G. Understanding China's Recent Growth Experience: A Spatial Econometric Perspective [J]. Annals of Regional Science, 2003, 37 (4): 613 – 628.

[220] Zeng, Dao – Zhi. Redispersion Is Different from Dispersion: Spatial Economy of Multiple Industries [J]. The Annals of Regional Science, 2006, 40 (2): 229 – 247.

[221] Zheng, X., Y. Yu, J. Wang, and H. Deng. Identifying the Determinants and Spatial Nexus of Provincial Carbon Intensity in China: A Dynamic Spatial Panel Approach [J]. Regional Environmental Change, 2014, 14 (4): 1651 – 1661.

# 后　记

这部著作是对博士阶段及后续拓展性研究的一个总结。

时光荏苒，岁月如梭，转眼间博士毕业已三年有余。两年多的博士生活、学习既经历了在茫茫学术海洋中艰辛探索的困苦，也收获了求得真知过程中的喜悦，这些经历让我对未来的生活和工作满怀憧憬。博士毕业后，进一步对博士阶段的研究工作进行了补充性和拓展性研究，进而形成了这本著作。在著作即将出版之际，最要感谢我的两位恩师陆立军教授和胡汉辉教授。

自从硕士阶段成为"陆家军"的一员之后，陆老师就一直对我的学习、生活和工作给予无私的扶持和帮助。陆老师是一位在学术上对学生要求极为严格，在生活中又如慈父般关怀备至的导师。我之所以能较早地获得博士学位，正是陆老师在硕士阶段给我培养的学术基础。从一个不知学术为何的懵懂小子，到现在决定为此终生奋斗的探索者，也正是在陆老师的严厉和苛刻下完成了蜕化。陆老师虽已年近花甲，却依然活跃在学术舞台，而且仍然不知疲倦地为学生一字一句地修改论文，小到标点符号的使用。还记得陆老师第一次将修改过的论文交回自己时，上面密密麻麻的红色、蓝色和黑色标注使我倍感面红耳赤、难以自处，深觉能力之低下、态度之马虎，更佩服陆老师以身作则、精益求精的治学态度。不仅如此，陆老师也是一位理论创新与实践创新相结合的经济学家（《光明日报》2008年11月14日第1版）。现在还清楚记得第一次跟随陆老师到义乌调研时，与地方政府有关负责人座谈的经历。由于自己从未参加过如此正式的座谈会，因而也不知道问些什么，说些什么，整个过程只是坐着听。会后，陆老师将我叫到一旁进行了严厉的批评和悉心指导。随后，在陆老师的关照下，自己驻扎在义乌几个月，逼着自己去与当地的政府官员、企业家、商户等联系、交流，搜集第一手材料，掌握第一手情况，最终完成理论联系实际的学术成果，并作为主要成员两次获得浙江省科技进步二等奖。在三年的硕士阶段，我跟师兄弟们以义乌为基地，调研足迹遍布浙江省内外。这也让我学习到，如何根据选题进行调研，如何在现实经济现象中提炼学术问题，是我一生宝贵的财富。

胡老师是一位胸怀天下、心系国家、知识渊博的学者。在胡老师的教诲和关怀下，我体会到了"一日为师，终身为父"的威严和信赖。现在还清楚地记得跟胡老师的第一次见面，那时胡老师就要求我用国际化视野来研究中国问题，培养形成"系统化""结构化"的独立研究能力。我非常庆幸能成为"胡家村"大家庭的一员，并深切地感受到胡家村"顶天立地"的学术文化和"合作、勤奋、求精"的研究宗旨。在博士期间，我参与了胡老师的多项产业规划课题，多次到苏南、苏北等各个地区进行实地调研和访谈，这让我开阔了眼界，拓展了研究视野，尤其是对博士论文的写作提供了第一手资料和素材。之所以能够比较早地完成博士论文，正是胡老师在立题、设计、调研和写作过程中的悉心指导和帮助。博士毕业后，胡老师借到杭州开会之机，多次为我的学术研究提供建议，全力支持我运用博士论文的后续研究申请国家自然科学基金并获得成功。

在此，还要感谢浙江工商大学经济学院为本著作出版提供的经费支持。本著作也收录了教育部人文社会科学研究青年基金项目"新型城镇化下区域经济增长的空间溢出效应：基于结构调整与效率改进视角的研究"（项目编号：16YJC790127）和全国统计科学重点研究项目"经济新常态下产业结构调整的效率评价与路径优化研究"（项目编号：2017LZ03）的部分研究成果。此外，还要感谢浙江工商大学经济学院赵连阁院长、浙江理工大学发展规划处胡剑锋处长、浙江理工大学经济管理学院程华院长、中共绍兴市委党校杨宏翔教育长等为本著作的写作、修改提出了很好的指导性意见和建议。

由于作者学术水平有限，难免存在诸多不足之处，敬请广大读者批评指正。

于斌斌

2018 年 12 月